Wulf Beeck

Mit Überschall durch den Kalten Krieg
Ein Leben für die Marine

Mit Überschall durch den Kalten Krieg
Ein Leben für die Marine

Wulf Beeck

2013

Carola Hartmann Miles-Verlag

CIP-Kurztitelaufnahme der Deutschen
Nationalbibliothek:
Wulf Beeck: Mit Überschall durch den Kalten Krieg.
Ein Leben für die Marine

Carola Hartmann Miles-Verlag, 2013
ISBN 978-3-937885-70-4

Titelbild: Wulf Beeck

Herstellung: Books on Demand, Norderstedt

© Carola Hartmann Miles-Verlag,
George-Caylay-Str. 38, 14089 Berlin
(E-Mail: Miles-Verlag@t-online.de; www.miles-verlag.jimdo.com)

Alle Rechte, insbesondere das Recht der Vervielfältigung und Verbreitung sowie der Übersetzung, vorbehalten. Kein Teil des Werkes darf in irgendeiner Form (durch Fotokopie, Mikrofilm oder ein anderes Verfahren) ohne schriftliche Genehmigung des Verlages reproduziert oder unter Verwendung elektronischer Systeme gespeichert, verarbeitet, vervielfältigt oder verbreitet werden.
Printed in Germany

ISBN 978-3-937885-70-4

Inhaltsverzeichnis

Die Vorgeschichte	7
1. Kapitel: Bei der Offizierbewerber Prüfzentrale	9
2. Kapitel: Die Grundausbildung in Glückstadt	12
3. Kapitel: An der Marineschule Mürwik	29
4. Kapitel: „Bierzapflehrgang" an der MUS in Plön	58
5. Kapitel: Beim Fluganwärterregiment n Uetersen	60
6. Kapitel: Meine Kommandierung in die USA	71
7. Kapitel: Ausbildung in Sheppard auf der T-37	79
8. Kapitel: Ausbildung auf der T-38	109
9. Kapitel: F-104 Waffentraining auf der Luke Air Force Base, Arizona	140
10. Kapitel: „Sea Survival Lehrgang" in Homestead, Florida	173
11. Kapitel: Rückkehr nach Deutschland	179
12. Kapitel: Meine neuer Standort in Tarp / Eggebek	183
13. Kapitel: Europäisierungskurs in Jever (Wetterumschulung)	186
14. Kapitel: Die Zeit bei meinem Einsatz-Geschwader, de, MFG 2	187
15. Kapitel: NATO-Staffelaustausch nach Lossiemouth/ Schottland	202
16. Kapitel: Absturz auf Terschelling	213
17. Kapitel: Die 1. Staffel des MFG 2 bekommt einen neuen Staffelchef	215
18. Kapitel: Staffelaustausch nach Tanagra, Griechenland	218
19. Kapitel: Der Absturz von Joachim von Hassel	229
20. Kapitel: Der Flugbetrieb geht weiter	235

21. Kapitel: Als Bergungsleiter bei der Segel-Olympiade in Kiel	238
22. Kapitel: Der Sauerstoffzwischenfall	244
23. Kapitel: Als Hörsaalleiter an der Marineschule-Mürwik	249
24. Kapitel: Inspektionschef bei der Marinefliegerlehrgruppe / Sylt	259
25. Kapitel: Kompaniechef der Schweren Sicherungskompanie / Tarp	263
26. Kapitel: Bootsoffizier an der Marineschule-Mürwik	279
27. Kapitel: Als Truppenfachlehrer Nautik an der MSM	295
28. Kapitel: Lehrer beim TTTE Cottesmoore in England	304
29. Kapitel: Zurück in Deutschland	325
30. Kapitel: Noch einmal Dienst an der MSM als Nautiklehrer	330
31. Kapitel: Mein letzter Dienstposten: IT-Sicherheitsoffizier der Flotte	334
Nachruf	345
Anhang: Hinweis auf YouTube	347
Über den Autor	349

Die Vorgeschichte

Mit 18 Jahren hatte ich dem Elternhaus den Rücken gekehrt und war einer alten Familientradition folgend Seemann geworden. Mit einem der letzten Schiffe, auf dem ich noch als Mannschaftsdienstgrad fuhr, transportierten wir US- amerikanische Panzer aus Kanada nach Deutschland. Die Bundeswehr war noch immer im Aufbau begriffen und bezog sehr viele Waffensysteme aus den USA. Wir Seeleute turnten unten in den Ladeluken auf den Panzern herum, mussten diese mit dicken Balken und schweren Ketten festlaschen, um so zu verhindern, dass die Ungetüme bei schlechtem Wetter in Bewegung gerieten und wohlmöglich das Schiff in Schieflage brächten. Da die Panzer vom Typ M43 nicht verschlossen waren, als sie so dort unten im Schiffsbauch von uns festgezurrt wurden, kletterte ich aus Neugier in diesen Dingern herum und bekam sofort eine Beklemmung wegen der Enge in diesen stählernen Kisten. Ich stellte mir vor, wie einer Panzerbesatzung auf dem Gefechtsfeld zu Mute sein musste, mit solch einem Tank als Zielscheibe durch die Gegend zu fahren. Nur das U-Bootfahren konnte noch schlimmer sein. So jedenfalls stellte ich mir das vor.

Zu dieser Zeit lag bei unserem nächsten Einlaufen in Hamburg und einem Kurzbesuch zu Hause bei meinen Eltern ein Brief von einer Wehrerfassungsstelle der Bundeswehr auf dem Tisch.

„Sie haben sich dort und dann ... zur Wehrerfassung zu stellen. Militärfahrschein 2. Klasse liegt bei."

Also gönnte ich mir diese kostenlose Bahnfahrt und sah mich mit einer intensiven Befragung konfrontiert.

„Sie sind ja nun Seemann. Da werden sie ja gar nicht eingezogen" tönte es von der anderen Seite des Tisches. Seeleute wurden Anfang der 60ger Jahre generell nicht eingezogen. Die noch im Aufbau befindliche junge Bundesrepublik brauchte dringend Seefahrer. Das wirtschaftliche Wachstum der Republik nach dem verlorenen zweiten Weltkrieg hing entscheidend von der Ein- und Ausfuhr von Waren aus aller Welt ab. Mein Gegenüber fuhr fort:

„Falls sie aber dennoch einmal zu uns kommen sollten: sie gehen dann doch bestimmt zur Marine, oder?"

Ich wollte mich da nicht gleich festlegen und antwortete wahrheitsgemäß.

„Das ist mir egal, wohin ich komme, aber auf keinen Fall zu den Panzern"

„Warum denn nicht?"

Ich erzählte ihm meine Empfindungen und meine Bedrückungen, die mir vom Herumturnen in den M43 an Bord nur zu gut in Erinnerung geblieben waren.

„Wie groß sind sie denn eigentlich?"

„1,82"

„Dann kommt für sie die Panzertruppe nicht in Frage. Sie sind zu groß".

Er notierte das auf der vorderen Seite des Erfassungs-Bogens. Ich konnte über Kopf mitlesen:

-Zu groß für alle Panzer-

Als sich die Bundesmarine um Handelsschiffsoffiziere bemühte, studierte ich gerade an der Seefahrtschule in Hamburg, um mein Nautisches Patent „Seesteuermann auf Großer Fahrt" zu erwerben. Ich las irgendeine Annonce in der Zeitung, mit der sich die Marine in wohltuenden Worten um Umsteiger von der Handelsmarine bemühte.

Zu dieser Zeit hatte ich gerade meine erste feste Beziehung zu einem netten Mädchen und wir hegten vorsichtig Heiratspläne. Allerdings versuchte ich ihr klar zu machen, dass ich noch nicht heiraten würde, solange ich fast ständig von zu Hause fort und mit großen Schiffen die Weltmeere befahren würde. Aber durch das Angebot aus der Annonce, mich als Nautiker möglicherweise in die Reihen der Marine aufzunehmen, schien eine sehr gute Möglichkeit gekommen zu sein, um mit einem festen und vermutlich gut bezahlten Beruf als Offizier der Bundesmarine an Land bleiben zu können. Aber es musste erst einmal klappen mit einer Bewerbung und schließlich auch mit der erhofften Übernahme. Schließlich würde die Bundesmarine sicherlich auch nicht jeden haben wollen.

1. Kapitel
Bei der Offizierbewerber Prüfzentrale in Köln

Ich bewarb mich und teilte ihnen gleichzeitig mit, wann ich mit dem Studium an der Seefahrtschule fertig sein würde und dass mir meine Reederei, die Hamburg-Amerika-Linie, für unmittelbar nach erfolgreichem Abschluss des Studiums bereits mein erstes Schiff als Nautiker angeboten hatte.

Man lud mich zur Offizierbewerber Prüfzentrale, kurz OPZ genannt, nach Köln ein. Drei Tage sollte diese Auswahl- und Eignungsprüfung dauern. Militärfahrkarte 2. Klasse Hin- und Rückfahrt lag bei.

Da saß ich nun in Köln zusammen mit etlichen und durchweg viel jüngeren Bewerbern, musste englischen Text ins Deutsche übersetzen, Rechenaufgaben lösen, Quadrate und Dreiecke und andere Figuren irgendwie zu wieder anderen Figuren hinzuordnen und was weiß ich, was noch alles von mir abverlangt wurde.

Sogar ein gemeinsames Mittagessen mit Prüfoffizieren stand auf dem Stundenplan.

Mir ging der Begriff „Messer- und Gabellehrgang" durch den Kopf. Allerdings konnte mich so ein gemeinsames Essen überhaupt nicht aus der Ruhe bringen. Meine Großeltern und Eltern hatten mir zum Glück rechtzeitig verboten, mich während eines Essens mit der Gabel am Hals zu kratzen. Ich merkte sofort, dass die Herren Prüfer mit der Konservation so lange warteten, bis man gerade einen Bissen von der Gabel in den Mund geschoben hatte. Meine Mitprüflinge, ich glaube es saßen drei Prüfoffiziere und drei Prüflinge am Tisch, hatten da schon Mühe, mit vollem Mund auf irgendeine belanglose Frage zu reagieren. Ich kaute stets erst meinen Mund leer, ganz ohne dabei hilflos mit den Händen zu gestikulieren, um dann erst zu antworten. Offensichtlich wollten die Herren genau das prüfen.

Und dann kam das wahrscheinlich alles entscheidende Interview. Ich saß alleine mit mehreren Offizieren an einem großen runden Tisch. Die Luftwaffe, das Heer und die Marine waren mir gegenüber anwesend. Nun hatte in den Jahren meiner Seefahrt bereits so viel an Selbstvertrauen gewonnen, dass mich die Sterne und Streifen da drüben am Tisch in keiner Weise einschüchtern konnten. Vermutlich hatte ich inzwischen in meinem Berufsleben viel mehr und viel Interessanteres erlebt, als alle zusammen, die jede Bewegung von mir irgendwie auf Zetteln vermerkten. Auch hatte gelernt, mich mit Menschen, die irgendwo auf dem Globus wohnten, völlig ohne Scheu und Vorurteil zu unterhalten.

Die wahrscheinlich aber für das Bestehen dieser Prüfung entscheidenden zwei Fragen kamen nun aber vom Heer.

„Herr Beeck, erklären Sie mir doch bitte einmal, wie eine Haustürklingel funktioniert".

Natürlich konnte er nicht wissen, dass ich als Schüler einen Märklin Baukasten besaß, mit dem man genau solch eine Klingel basteln konnte. Und gerade ein paar Tage zuvor hatte ich die Klingel an der Haustür meiner Eltern repariert. Alle Herren am Tisch waren ob meiner schnellen, präzisen und richtigen Antwort so überrascht, dass dieses nur ein Zufall sein konnte. Die Luftwaffe schob sofort die nächste Frage hinterher.

„Sie bewerben sich ja nun für die Marine. Dort gibt es große Schiffe. Herr Beeck, wie kann es sein, dass so ein schweres und aus Eisen gebautes Schiff nicht einfach untergeht? Wieso schwimmt ein Schiff überhaupt?"

Mir schoss es durch den Kopf, dass der nun wirklich nicht wusste, dass ich ein Seemann war und gerade an der Seefahrtschule Trimm und Stabilität und Archimedes und Co. rauf und runter beten können musste.

„Die Auftriebskraft eines Körpers ist gleich dem Gewicht der verdrängten Flüssigkeit ..."

„Gut ... gut ... gut..."

Mehrere Köpfe nickten sich gegenseitig zu, dann fragte einer in die Runde:

„Meine Herren, möchten sie noch weitere Fragen stellen?"

Keiner wollte.

Ich bat ums Wort.

„Mein Wunsch ist die Ausbildung zum Piloten. Ich fliege ja inzwischen seit 10 Jahren auf Segel- und Motorflugzeugen und habe etliche hundert Flugstunden an Erfahrung gesammelt. Bei der Wehrerfassung hatte man mir gesagt, dass das sehr wohl möglich sei."

„Das werden wir sehr genau prüfen, Herr Beeck. Durchlaufen Sie erst einmal ihre Offiziersausbildung, dann sehen wir weiter. Viel Glück und viel Erfolg".

Ich wurde wohlwollend entlassen.

Leute lachen heute immer noch, wenn ich mit ernster Mine behaupte, ich habe nur deshalb Marineoffizier werden können, weil ich wusste, wie eine Türklingel funktioniert.

Am folgenden Tag war hauptsächlich Sport in einer Sporthalle angesagt. Ich war als Kind schon immer auf Bäume geklettert, hatte keine Höhenangst und von der harten Arbeit an Bord der Handelsschiffe, wo ich unter anderem bestimmt hunderte Male die Masten zum Anmalen rauf- und runter geklettert war, hatte ich genügend Kraft, um sowohl am Tau als auch an der Stange flink und immer als erster oben zu sein. Beim Völkerball wollte man schließlich noch feststellen, ob ein Bewerber zur Teamarbeit fähig oder doch eher nur ein Einzelgänger war. Ich gab den schweren Lederball fleißig ab, um dann letztlich kraftvoll auch den letzten der noch im Feld stehenden Gegner abzuwerfen.

„Sehr geehrter Herr Beeck" stand da schwarz auf weiß, „Sie haben die Eignungsprüfung bestanden. Wir werden uns wegen eines Einberufungstermins noch mit Ihnen in Verbindung setzen. Es ist beabsichtigt, Sie als Offizieranwärter der Marine einzustellen."

Bevor ich mich am 1. April 1965, „Militärfahrkarte 2. Klasse anbei", in Glückstadt an der Elbe beim Marineausbildungsbataillon zur Grundausbildung einzufinden hatte, vergingen noch ein paar Monate. Ich bekam meine ersten Einsätze als Nautiker bei der Hamburg-Amerika-Linie und genoss meine vermutlich letzte Zeit auf See auf den Kommandobrücken großer Frachtschiffe.

2. Kapitel
Die Grundausbildung in Glückstadt

Mit ohrenbetäubendem Quietschen der Bremsen hielt die Bahn auf dem dörflichen Bahnhof in Glückstadt. Nicht einmal das Kratzen der Kreide auf einer Schultafel konnte dermaßen durch die Knochen gehen, wie dieses Bremsgeräusch.

„Alles aussteigen, aber ein bisschen plötzlich…" schrie jemand draußen auf dem Bahnsteig.

„Raus – raus – raus …" brüllte es erneut.

Nun waren überwiegend junge Männer im Zug, die, wie sich inzwischen herausgestellt hatte, alle dasselbe Ziel hatten: die Marinekaserne in Glückstadt. Man beeilte sich nun zunehmends, aus den Waggons auf den Bahnsteig zu kommen. Koffer und Taschen verklemmten sich an den Türen. Es wurde gezerrt und geruckelt. Ein junger Mann motzte lauthals herum. „Die können mich mal – die Großmäuler da draußen können mich mal…"

Ich war mit meinem wenigen Gepäck schnell draußen. Normale Reisende, und davon gab es auch eine ganze Menge, Herrschaften jeden Alters und Geschlechts also, kletterten verwundert und irritiert aus den Waggons, als es noch einmal und noch lauter brüllte

„Das war viel zu lahmarschig! Alles wieder einsteigen, aber im Laufschritt, marsch- marsch…"

Sogar einige zivile Fahrgäste drehten sich um und stiegen völlig verwirrt und verunsichert wieder mit ein.

„Das ganze noch einmal – alles aussteigen, aber zack zack" brüllte der Unteroffizier erneut.

Es ging diesmal tatsächlich etwas schneller. Ich war allerdings ohne Folgen für meine spätere Karriere draußen stehen geblieben. Wir wurden zusammengeholt und in einer Reihe, wie gerade ertappte Verbrecher, auf dem Bahnsteig aufgestellt.

„Abzählen" schrie er uns an.

Ich erspare mir an dieser Stelle zu erzählen, wie problematisch das Aufsagen von Zahlen für einige Mitmenschen gewesen sein musste.

„Gepäck aufnehmen, rechts um machen und marsch zu den Lkws…"

Wir wurden auf Bundeswehrlastkraftwagen geladen und ab ging es in die Kaserne. Die Fahrt dauerte nicht lange. Auf dem Hof, zwischen den ersten beiden Blöcken gleich links hinter dem Kasernentor, wurden wir wieder ausgeladen und in Zweierreihe aufgestellt.

Unser Zugoffizier erschien. Das war ein sehr großer, fast dünner Mann mit zwei Ärmelstreifen am Jackett. Dazu gesellten sich einige Unteroffiziere in Kampfanzügen, die schon wenig später die Hauptlast unserer Ausbildung tragen sollten Sie meldeten dem Oberleutnant irgendetwas und dann erschien zusätzlich noch ein Korvettenkapitän. Das sollte für die nächsten drei Monate unser Kompaniechef werden. Wir wurden von ihm als die neuen Rekruten der Marinecrew 4/65 freundlich begrüßt. Ich dachte noch so bei mir, dass dieser Haufen Zivilisten, der mehr oder weniger geordnet in Reih und Glied stehend und mit dem bunt zusammen gewürfeltem Gepäck vor sich auf dem Hofpflaster abgelegt, schon ein wenig merkwürdig aussah. Von der Handelsmarine her war ich inzwischen das Tragen einer Marineuniform gewohnt. Bereits als Matrose OA (Offizieranwärter) und dann natürlich als Nautischer Offizier trug man bei der HAPAG stets und immer Uniform, auch auf See. Aber im Moment stand ich noch im zivilen Straßenanzug zusammen mit meinen neuen Crewkameraden in einer immer noch ziemlich ungeordneten Reihe.

„Der Spieß wird gleich ihre Namen verlesen und sie auf ihre Stuben verteilen. Wir sehen uns später wieder …"

Unser Zugführer und auch die drei anderen, vier Züge standen im Hof angetreten, grüßten zum Kompaniechef, der bereits im Begriff war, diese Szene zu verlassen. Dann erbot unser Kompaniefeldwebel unserem Oberleutnant zur See zackig seinen Gruß, blickte noch kurz hinter den außer Sicht kommenden Offizieren hinterher und wandte sich nun zu uns.

„Willkommen beim 2. MarineAusbildungsBatallion. Ich verlese jetzt die Namen und ihre Stubennummern. Sie antworten laut und deutlich mit HIER und warten, bis ich sie alle auf ihre Stuben verteilt habe."

Während der ganzen Zeit, von der Bahn bis zu diesem Moment, hörte ich irgendwo noch immer diesen einen Schlauberger herummotzen.

„Die spinnen doch ... und ... nicht mit mir, diese Affen."

Ich drehte mich zu ihm. Er stand ganz in meiner Nähe in der zweiten Reihe. Seine Haare waren etwa so lang, wie man sie erst später in den 68ger Jahren zu tragen pflegte. Er nervte einfach nur mit seinem blöden Gequatsche. Auch dem Spieß war er inzwischen aufgefallen und ich bemerkte, wie der sich auf die Zehenspitzen stellte und so ein wenig nach rechts und links kippte, um erkennen zu können, wer das Großmaul war.

Mit sechs Mann fand ich mich auf „unserer" Stube wieder. Man stellte sich etwas tollpatschig vor. Jedem einzelnen fehlte es offensichtlich noch gewaltig an Selbstsicherheit. Ich konnte das bemerken, weil ich nicht wie sie gerade von der Schule kam, sondern bereits Jahre im Beruf stand und als Schiffsoffizier gelernt hatte, Verantwortung für Mannschaft, Schiff und Ladung zu übernehmen. Und bereits davor hatte ich ja bei meiner Sportfliegerei gelernt, Verantwortung zu tragen. Ich steuerte schon seit über 10 Jahren teures Fluggerät durch die Lüfte und hatte auch oft genug Passagiere bei mir im Cockpit. Immerhin begann ich meine sportfliegerische Tätigkeit bereits im Alter von 15 Jahren. Jetzt war ich 26 Jahre alt. Die Jungs um mich herum, alle so um die 18 bis höchstens 20 Jahre alt, waren für mich noch richtige Bubis. Wir begannen damit, uns auf die doppelstöckigen Kojen zu einigen und fummelten an unserem Gepäck herum. Draußen auf dem Flur kreischte eine Bootsmannsmaatenpfeife, gefolgt vom „Alles auf dem Hof antreten, marsch – marsch".

Wir standen nun zum zweiten Male an diesem Tag in Zivil zwischen unseren beiden Kasernenblöcken auf dem asphaltierten Hof.

„Abzählen..."

Es ging auch nicht besser als auf dem Bahnhof. „Noch mal" und … „Noch einmal abzählen". Es ging nun schon schneller, aber nicht besser.

„Oh Gott" dachte ich, „hier gibt es Abiturienten, die nicht einmal bis zehn zählen können…"

Die Crew 4/65 bestand im Wesentlichen aus frisch gebackenen Abiturienten, die alle Marineoffizier werden wollten. Nur eine gute Handvoll Kameraden waren dazwischen, die als Seiteneinsteiger von der Handelsmarine kamen, wie ich auch. Diejenigen von ihnen, die bereits das Kapitänspatent A6 der Handelsmarine besaßen, wurden als Oberleutnant zur See übernommen, ich selber besaß erst das Nautische Patent A5, Seesteuermann auf großer Fahrt, und wurde als Seekadett eingestellt. Damit war ich vom Dienstgrad her höher angesiedelt, als die meisten unserer Ausbilder, die den Rang Maat und Obermaat hatten. Aber: ich war eben auch erst ein blutiger Anfänger in der Sparte Offizieranwärter. Alle anderen meiner jungen Kameraden, bis auf uns Seiteneinsteiger, waren als Matrosen OA eingestellt worden.

Die Kleiderkammer wartete bereits auf uns und es dauerte nicht lange, bis wir schwer bepackt mit Seesack, großem und kleinem Kampfgepäck, Essgeschirr, Spaten, Seestiefeln und Seesack feststellten, dass unsere Stube viel zu klein war. Es gab ein erstes Gerangel, aber keinen Streit. Innerlich musste ich grinsen. Nun waren diese kleinen Bubis weg von Mama zu Hause und sollten Unterhemden und Kampfanzüge nach vorgegebenem Schema in einem viel zu kleinen Spind eigenhändig einpacken. Zum Glück ging ein Ausbilder von Stube zu Stube und räumte jeweils einen „Musterspind" ein. Das half uns allen, schneller fertig zu werden.

„Besorgen sie sich in der Kantine als erstes einmal DIN A4 Papier. Das wird mit in die Unterhemden eingefaltet. Dann sind die Hemden vorne schön glatt und alle gleich breit."

Es wurde langsam wieder etwas geräumiger in unserer Stube, und als auch das Kampfgepäck auf den Schränken vereilt und die Stahlhelme schön gerade oben auf zu liegen kamen, konnte man sich nun um die Kojen kümmern. Auch früher schon, an Bord meiner etlichen Seeschiffe, habe ich immer und stets meine Koje gebaut. Ich hasse Unordnung und finde auch heute noch im Dunkeln meine Socken im Schrank.

Auf dem Flur trillerte die Bootsmannmaatenpfeife gefolgt vom Kommando: „In zehn Minuten im Kampfanzug, mit Seestiefeln und Stahlhelm draußen antreten".

Es wurde augenblicklich wieder viel zu eng in der Stube. Wie sich herausstellen sollte, zogen in diesem Moment mehr als 300 neue Offizieranwärter für die kommenden 6 Wochen letztmalig ihre zivilen Klamotten aus.

Mein Stahlhelm drückte. Draußen auf dem Flur trillerte es erneut und es folgte „alles draußen im Hof antreten".

Die Türen aller Stuben flogen auf und es stolperten die ersten Rekruten nach draußen. Die meisten hatten weder die Hosen zu noch die Jacken richtig geschlossen. Hier und dort klapperte ein heruntergefallener Stahlhelm über die breiten Flure. Bemerkungen fetzten vorbei. Man traf sich draußen, wieder in Zweierreihe.

„Abzählen …" brüllte es.

Die Uniform schien Wunder zu wirken. Es klappte schon viel besser. Nur ein paar gymnasiale Sitzenbleiber hatten die Reihenfolge der Zahlen von eins bis zehn noch immer nicht drauf. Dabei gab es zu dieser Zeit noch nicht die Möglichkeit, Mathematik irgendwann vor dem Abitur als Schulfach abzuwählen.

„Das Raustreten geht viel zu langsam. Das üben wir gleich noch einmal … Alles auf die Stuben wegtreten, marsch - maaarrrsch…" brüllte ein Obermaat.

Kaum war unsere Stubentür von innen geschlossen, brüllte es schon wieder:

„Alles draußen und ohne Stahlhelm antreten, marsch - maarrrsch…" Und dennoch polterte irgendwo auf dem Flur wieder ein Stahlhelm über den Steinfußboden.

„Abzählen … Die ersten Zehn: Einrücken zum Frisör. Der sitzt im Keller im Block gleich hinter ihnen. Der Rest zurück auf die Stuben. Stubendurchgang… Nach hinten …wegtreten!"

Ich hörte die ewige Quasselstrippe noch immer irgendwelche blöden Bemerkungen machen. Als ich mit neun anderen an der

Reihe war und beim Frisör auftauchte, war der auch mit unter uns zehn Kandidaten. Er setzte sich auf einen Wartestuhl und meckerte herum, was das Zeug nur so hielt. Ich wunderte mich nur, was der denn hier überhaupt wollte.

„Entweder er will Marineoffizier werden, oder er sitzt hier auf dem völlig falschen Dampfer" ging es mir durch den Kopf.

Der Frisör musste schon sehr, sehr lange tausenden von Offizieranwärtern die Mähne gestutzt haben. Er war sehr ruhig, sehr schnell und schien durch nichts zu erschüttern zu sein.

„Der Nächste..."

Unser Großmaul war jetzt an der Reihe. Seine Mähne war wirklich ungewöhnlich üppig für diese Zeit.

„Bitte nur etwas von den Spitzen abschneiden" hörte ich ihn den Meister der schnellen Schere anweisen.

„Geht in Ordnung" erwidere der trocken, drehte den Stuhl um 180 Grad so herum, dass unser Kandidat nun den großen Spiegel im Rücken hatte und er in unsere Gesichter schauen musste. Der Meister nahm den elektrischen Haarschneider, setzte zügig im Nacken an, musste ganz geschwind ein oder zweimal nachsetzen und schwups, der Rasierer erschien vorne an der Stirn, eine perfekte Schneise bis auf die Kopfhaut zurücklassend. Unser Kandidat wollte mit der Hand auf seinem Kopf nachfühlen, aber der Meister der Haarprachten verhinderte das ganz geschickt und unter unserem lautem Gelächter war der Schreihals von eben aller seiner Haare entledigt. Er sah in diesem Moment schlimmer aus, als ein russischer Rekrut.

Mir ist in den nächsten drei Monaten nie wieder ein Wort von ihm zu Ohren gekommen. Ich habe sogar vergessen, wie er aussah.

Als Seekadett in Glückstadt (April 1965)

Die ersten Tage vergingen mit Formaldienst, Sport in der Halle und, nachdem wir unser G-3 Gewehr empfangen hatten, mit dem Zerlegen und wieder Zusammensetzen der Waffe nach Zeit. Die besagte Sporthalle hatte eine Besonderheit: der Fußboden bestand aus senkrecht in den Boden gerammten Rundhölzern, etwa 6 bis 7 Zentimeter im Durchmesser. Da die Anlage schon etliche Jahrzehnte auf dem Buckel hatte und mehrere Generationen vor uns bereits diese Sportstätte verflucht haben dürften, waren nun wir an der Reihe. Unser Schweiß versickerte aber nach wie vor problemlos in den Holzstümpfen. Die „besondere" Besonderheit lag für uns allerdings in einer Sportübung, die von unseren Ausbildern zum Beginn jeder Sportstunde in der Halle befohlen wurde, nämlich der sogenannte Entengang. Dabei mussten wir auch noch unsere Fußknöchel mit den Händen umfassen. Wenn man so in tiefster Hockstellung im Kreis durch die Sporthalle watschelt, ist jede Unebenheit im Boden ein fast unüberwindbares Hindernis. Und die Hölzer standen überall in leicht unterschiedlicher Höhe. Bums, schon fiel wieder jemand um.

„Aufstehen … sofort gegen die Richtung eine Extrarunde um die Halle … los sie Heimchen, machen sie schon…"

Die Stimme unseres Ausbilders war nicht zu überhören und er meinte es stets sehr ernst und gnadenlos.

Abends, wir hofften auf etwas Ruhe nach ziemlich vollgepackten Ausbildungstagen, wurden wir in die Kellerflure beordert. Dort mussten wir verschiedene Signale auf der Bootsmannsmaatenpfeife einstudieren. Ein Laie kann sich nicht vorstellen, welchen Qualen unsere Ohren ausgesetzt waren. Vom hinteren Ende des langen Kellerflures hörte ich dennoch einen Ausbilder durch den Lärm brüllen.

„Mann, sie Weichkeks, was pfeifen sie denn da? Wir sind doch nicht auf dem Rangierbahnhof bei der Reichsbahn …"

Zum Ausgleich für diese hochfrequenten Abende gab es welche, an denen wir, auch wieder im Keller, Marschlieder aus dem „Liederbuch der Bundeswehr" auswendig lernen mussten. Tagsüber wurden die dann während unserer immer häufiger stattfindenden Märsche, zum Schrecken der Tierwelt am Wegesrand, ausprobiert.

Schon damals gab es viel zu viele Mitmenschen, die nicht einen einzigen Ton richtig herausbrachten. Wenn so einer direkt hinter einem marschiert, kann man schon mal aus dem Tritt kommen …

Immer montags war Übungstag in Nordoe, dem nahe Glückstadt gelegenen Truppenübungsplatz. Meist ging es mitten in der Nacht von Sonntag auf Montag per Lkw bis wenige Kilometer vor den Platz, dann zu Fuß ins Gelände. Die Besonderheit während der fast drei Monate: es goss an jedem Montag wie aus Eimern. Die Stimmung war entsprechend mies. Gleich nach der Ankunft auf fremden Boden erfolgte der nächtlichen Aufbau eines Biwaks aus unseren Zeltbahnen. Je zwei Mann knöpften ihre Zeltplanen zusammen und versuchten in der Finsternis, daraus ein Zweimannzelt zu basteln. So durchnässt wie wir inzwischen waren, kam man auch in dem viel zu kleinen Zelt nie zur Ruhe. Es war einfach alles nur klitschnass und saukalt. Und wenn man meinte, irgendeine Stelle im Schlafsack könnte tatsächlich etwas angewärmt sein, ertönte es draußen:

„Aaalaaarmmm ! Alles raus und gefechtsbereit machen."

Die Stille im Wald wurde jäh durch das Geklapper der Tragegestelle unseres Kampfgepäcks, der Spaten und der Gewehre meilenweit unterbrochen.

„Antreten" dröhnte es und wieder stand man im strömenden Regen.

„Abzählen…"

Wenigstens das klappte inzwischen sogar nachts im Dunkeln und bei Regen. Aus irgendeiner Ecke des Versammlungsplatzes schrie jemand:

„Blitz! ABC-Alaaarmmm… Volle Deckuuung…"

Naja, wenn man auf fremder Erde mitten in der Nacht eine volle Deckung aufsuchen sollte, war das nicht ganz einfach. Einfach hinter einem Baum stehen zu bleiben, war gegen die Spielregeln. Es blieb nur eines von etlichen Ein-Mann-Schützenlöchern, die von einer Vorcrew ausgehoben waren, wenn man denn in der Finsternis eines fand. Ich hatte erstens Glück und fand eins, gleichzeitig hatte ich aber großes Pech, denn mehr als einmal sprang ich ein mit Regenwasser randvoll gefülltes Deckungsloch. „Verfluchte Scheiße…"

Aber worüber sollte man sich aufregen. Man war ja eh schon nass bis auf die Knochen. Es goss ununterbrochen in Strömen.

Neben dem Gewehr G-3 lernten wir die Handhabung von Handgranaten und Flammpatronen, der Uzi, dem Maschinengewehr 42, jetzt in M1 umgetauft, und der Pistole Walter P1 so lange auswendig, bis man davon nachts zu träumen begann.

Noch bevor ich mit der P1 aber wirklich vertraut war, die Grußabnahme hatten wir allerdings bereits überstanden, teilte man mich zu sogenannten Streifengängen ein. Vor der Grußabnahme durfte sowieso niemand an Land. Diese Streifengänge musste ich dann zusammen mit einem Bootsmann an jedem Sonnabend und Sonntag abends durch Glückstadt ablaufen. Zusammen mit der Armbinde „Streife" am rechten Oberarm wurde mir dann eine P1 umgehängt. Mit einem VW-Bus ging es von der Kaserne in die Stadt und dort zu Fuß durch sämtliche angesagten Kneipen und Restaurants. Auftrag: dafür Sorge tragen, dass sich die Herren Offizieranwärter in der Öffentlichkeit und in der zu jedem Ausgang befohlenen Ausgehuniform anständig benahmen. Kneipen gab es etliche und mein begleitender Unteroffizier war bei jedem Wirt hinreichend persönlich bekannt. Unsere Ausbilder wohnten schließlich alle im Ort. Nun gab es wohl ein schon vor langer Zeit eingeführtes Ritual. Immer wenn eine Streife in ein Lokal kam, wurde meist ohne weitere Konversation außer „guten Abend" eine sogenannte Streifencola vom Wirt bereitgestellt. Ich war noch nie ein Getränksmann und roch den Braten sofort: eine Streifencola war ein Mixgetränk aus Rum und Rum und Rum und, mit etwas Glück, einem Spritzer Coca Cola. Alleine vom Geruch konnte mir schon übel werden. Meine Bootsleute aber schienen zumindest an Wochenendabenden davon zu leben.

Die Streifen wurde zweimal pro Abend gegangen. Die letzte kurz vor 22:00 Uhr. Dann gingen wir zu Fuß quasi hinter dem letzten Offizieranwärter in Richtung Kaserne zurück, nicht selten einen Unglücksraben aufschreiben zu müssen, weil der nicht mehr rechtzeitig vor Zapfenstreich das Kasernentor erreichte.

Die Streifengänge brachten mein Privatleben durcheinander. Während meine anderen Kameraden zumindest ab der sechsten

Ausbildungswoche an den Wochenenden ihre Eltern und Freundinnen sehen konnten, war ich wegen der Steifengänge an die Kaserne gebunden. Und dabei wollten meine Verlobte und ich zu gerne Eheringe aussuchen. Das ging dann nach langwieriger Absprache und mit Sondergenehmigung an einem Samstag. Damals hatten die Geschäfte sonnabends noch durchweg geschlossen. Der Juwelier in Celle allerdings machte eine Ausnahme, weil meine Eltern schon lange bei ihm gute Kunden waren. So durften wir uns dann außerhalb der Öffnungszeiten unsere Ringe aussuchen.

Die Ausbildung schritt zügig voran und im dritten Ausbildungsmonat wurde ein Crewfest irgendwo in einem Restaurant hinterm Elbdeich arrangiert. Da etliche Kameraden noch keine Freundin hatten, half stets, und oft sogar auch mit dauerhaftem Erfolg, die Krankenschwesternschule aus Heide oder Itzehoe, jedenfalls von irgendwo dort oben, mit Mädels aus. Die wurden hochoffiziell über die Oberschwester der jeweiligen Einrichtung von unserer „Crew 4/65" eingeladen und sogar mit Bundeswehrbussen pünktlich abgeholt. „Als Bekleidung wird langes Kleid erbeten." Damals wussten die Mädels noch, was so etwas war und wie man das trug.

Das Fest selber ist mir nicht mehr wirklich in Erinnerung geblieben. Allerdings saß ich rechts neben unserem Zugführer, dem Oberleutnant zur See. Der trug am Ärmel zwei schlichte goldene „Kolbenringe", sonst aber weder Orden noch Ehrenzeichen. Links neben ihm saß ein nettes junges Mädel und neben ihr auf ihrer anderen Seite ein alt gedienter Hauptbootsmann. Der hatte in seinem schon längeren Marineleben etliches Lametta an die Brust geheftet bekommen und, wenn man das Gewicht dessen zusammenrechnete, machte seine Lametta-Ausstattung sehr viel mehr her, als die schlichte schmucklose Uniform unseres Oberleutnants. Die junge Frau schaute sich ihr Rechts und danach ihr Links immer wieder sehr genau an, ihre Augen leuchteten dann hinauf zum Zugführer und unschuldig, oder besser unbedarft wie sie war, fragte sie:

„Herr Oberleutnant, wann werden sie eigentlich Bootsmann?"

Der Saal lachte, sie wusste aber nicht warum.

Nach knapp drei Monaten näherte sich unsere militärische Grundausbildung ihrem Ende. Im „Bundeswehr-Durchhalteblatt" erschein ein Artikel über zwei Unteroffiziere des Heeres, die in einem Gewaltmarsch sage und schreibe in einem Stück 90 Kilometer zu Fuß zurückgelegt hatten. Unsere beiden schärfsten Ausbilder, ein Maat und ein Obermaat, wurden vom Ehrgeiz gepackt.

„Was die Spatenpaulis da gemacht haben, das können wir schon lange".

Irgendwann abends machten sich die beiden auf, anders als die beiden Heereskameraden sogar mit leichtem Kampfgepäck und mit Waffe, und am nächsten Mittag standen wir alle am Kasernentor Spalier, als sie sichtlich erschöpft und nach 105 Kilometern Fußmarsch wieder in der Kaserne eintrafen.

„Gott sei Dank" schoss es mir durch den Kopf, „dann fällt heute Nachmittag wenigstens der Sport in der Halle aus".

Pustekuchen, das war wohl nichts. Um 15:00 Uhr pfiffen beide schon wieder den Takt zum Entengang. Nach fast drei Monaten gab es aber kaum noch jemanden, der eine Ehrenrunde in entgegen gesetzter Richtung absolvieren musste.

Die Grundausbildung war so gut wie beendet. Nur die „Besichtigung" stand noch aus. Wir wurden, wie jede Nacht von Sonntag auf Montag, per Lkw nach Nordoe gefahren, diesmal aber bis direkt ins Übungsgelände. Der Marsch entlang der letzten Kilometer blieb uns diesmal erspart. Wir bauten wie üblich unser nächtliches Camp aus Zweimannzelten auf. Zu unserer Überraschung regnete es nicht. Es war der erste Montag in drei Monaten ohne Regen. Auch blieben die Alarme aus und ich glaube, ich habe sogar etwas geschlafen. Ein sehr schöner Sonnenaufgang trieb uns aus den Zelten. Wir wurden zum Antreten gerufen und nach einer kurzen Belehrung, was an diesem letzten Ausbildungstag auf uns zukommen würde, gab es ein wirklich deftiges Frühstück. Unser Spieß hatte das gerade aus der Kasernenküche mit einem Unimog herangekarrt.

Der Tag verlief wie geplant. Einziger Unterschied zu früheren Übungen: es wurde ein wolkenloser, sonniger und schließlich ein sehr warmer Tag. Eigentlich viel zu warm für die Übungen, die den ganzen Vormittag anstanden. Das Geschehen wurde dann auch noch von einigen höheren Offizieren in Marineuniform begleitet. Man schrieb Notizen, fragte den einen oder anderen von uns nach der Bedienung des Maschinengewehrs oder der Handhabung der Handflammpatrone. Auch Sicherheitsbestimmungen beim Handgranatenweitwurf wurden abgefragt und wir durften alle zeigen, mit welchem Schwung wir über die Kampfbahn stolpern konnten. Alles in allem schien man mit unseren Leistungen sehr zufrieden zu sein.

Ich gestehe, dass ich nach all dem Herumgerenne, Geklettere und Strammstehen und Grüßen ziemlich kaputt war.

Am Maschinengewehr MG-42 (liegend)
Meine Trefferquoten waren immer und an jeder Waffe überdurchschnittlich hoch.

Auf der Kampfbahn

... ziemlich geschafft nach all den Übungen und Vorführungen ...

Es gab Mittagessen aus dem Essgeschirr. „Gar nicht schlecht" dachte ich bei mir, vermied aber tunlichst einen Nachschlag. Dafür trank ich sehr viel kalten Tee. Schließlich stand uns ja noch ein Härtemarsch von etwa 20 Kilometern unter vollem Gepäck und mit dem Gewehr G3 bevor.

Wir bauten unser Camp ab, verpackten Schlafsäcke und Zeltbahnen in unserem großen Kampfgepäck und traten zur Musterung an.

„Abzählen..."

Man ließ drei Schritte vortreten und ein 4-Streifer schritt vor unserem Kompaniechef und den vier Zugführern die Fronten ab. Der eine oder andere von uns wurde angesprochen und antwortete brav und knapp, einen zackigen militärischen Ton vorgebend. Wir wurden schließlich entlassen und konnten uns noch einmal kurz die Beine und Füße lockern, bevor es losging.

„Gepäck aufnehmen und in Zweierreihe antreten, marsch - marrrsch ..." hallte es durch den Wald.

Die Sonne brannte uns auf den viel zu dicken Kampfanzug und unter dem ewig auf meine Stirn nach vorne rutschenden Stahlhelm lief mir bereits jetzt der Schweiß in die Augen.

„Reeechts ummm - ohne Tritt - marrrsch!"

Eine Raupe aus klapperndem Tragegestellen, Gewehren, Stahlhelmen und Rekruten darunter setzte sich erst schwerfällig, dann aber den Tritt gleichmäßiger aufnehmend, in Richtung Glückstadt in Bewegung.

Es vergingen die ersten Stunden, bis es zwischen den marschierenden Reihen unruhiger wurde. Die ersten Ausfälle machten sich bemerkbar. Der eine oder andere von uns trug inzwischen zwei Gewehre, um einen Schwächeren zu entlasten. Das nennt man heute Teamgeist oder so und wurde früher Kameradschaft genannt. Irgendwie, aber total erschöpft, erreichten wir die ersten Häuser Glückstadts.

„Ein Lied ..." brüllte es von irgendwo an der Seite.

„Edelweiß" rief einer und los ging das Gekeuche.

Texte aus dem „Liederbuch der Bundeswehr" hatten wir ja in den Kellern zur Genüge eingepaukt, so dass es einigermaßen klappte. Im Sangestakt fiel das Marschieren im Gleichschritt nun gleich wieder etwas leichter. Die ersten Passanten blieben am Straßenrand stehen. Es ging unter verschiedenem Deutschen Militärliedgut nun mitten durch die Innenstadt. Die Reihen waren fester geschlossen als noch einen Kilometer vorher, und der Tritt hallte ziemlich gleichmäßig von den Mauern alter Glücksstädter Gebäude zurück. Ich glaube, bis auf das Horst Wessel Lied und noch ein oder zwei andere waren in dem Liederbuch alle Marschlieder vertreten, nach denen schon unsere Väter knappe 25 Jahre zuvor nicht ganz bis nach Moskau marschiert waren.

Irgendwo in der Stadt stand dann unser Kommandeur in hoher Begleitung am Straßenrand. Später erzählte man, einer der Begleiter sei der Bürgermeister von Glückstadt gewesen. Die Herren grüßten militärisch, auch der Bürgermeister. Ein total verschwitzter Haufen marschierte klappernd vorbei. Bis zur Kaserne war es nun zum Glück nicht mehr weit und teils getragen, teils gezerrt, kam auch der letzte der Crew 4/65 am Kasernentor an. Das folgende „Abteiluuung - halt!" hätte genügt. Es folgte aber noch die Wendung, das Ausrichten und „Augen – geradeee - ausss".

Naja, das musste wohl unbedingt auch noch sein zum Abschluss dieser ersten drei Monate bei meiner Marine.

In den wenigen noch folgenden Tagen hatte der Sanitätsbereich in der Kaserne Glückstadt reichlich damit zu tun, Blasen an Füßen zu kurieren.

Auf dem 20-Kilometer Härtemarsch kurz vor Glückstadt.

Crew 4/65 in Glückstadt. (Juni 1965)

3. Kapitel
An der Marineschule-Mürwik

Ich bekam zusammen mit den anderen Seiteneinsteigern die Versetzung zur Marineschule Flensburg-Mürwik ausgehändigt, „ohne Umzugskostenzusage und Fahrschein 2. Klasse anbei." Gleichzeitig wurden wir offiziell in die Vorjahrescrew 4/64 eingegliedert.

Ob ich zwischen dem Ende der militärischen Grundausbildung in Glückstadt und meinem Erscheinen in Flensburg-Mürwik noch ein paar Tage Urlaub hatte oder überhaupt zu Hause war, ist mir nicht erinnerlich.

Die Marineschule-Mürwik.
Ganz im Vordergrund der Nord- und Südhafen. Links außerhalb des Bildes lag das damals noch vorhandene Freibad. Es wurde später wegen Baufälligkeit abgerissen.
Links, eben oberhalb der Turmspitze, liegen die lange Sporthalle und der Sanitätsbereich.

Die Marineschule in Flensburg Mürwik beeindruckte mich zunächst einmal als riesiger Gebäudekomplex aus rotem Backstein. Dieser noch heute imposante Bau wurde ab 1907 errichtet und am 21. November 1910 vom Kaiser Wilhelm II eingeweiht. Seit Beginn der Erziehung und Ausbildung der Fähnriche für den Kaiser wurden anschließend auch alle Marineoffiziere der deutschen Marinen hier ausgebildet. Das ist auch noch bis heute so geblieben. Nur in den Jahren nach dem verlorenen zweiten Weltkrieg wurde das weitläufige und von einem Park umgebene Anwesen fremd genutzt. Neben einem Lazarett waren dort zum Kriegsende und noch eine ganze Zeit danach Flüchtlinge und später auch angehende Lehrer und Lehrerinnen der pädagogischen Hochschule zu Flensburg untergebracht. Letztere teilten sich die weitläufigen Flure eine zeitlang mit den jungen Offizieranwärtern der neuen Bundesmarine, bis diese dann schließlich die Herrschaft über die "Burg" alleine übernahm.

Kaiser Wilhelm II, Gründer der Marineschule-Mürwik.
(Das Gemälde hängt heute im Säulengang der „MSM")

Dieses ist ein Brief des Kaisers vom 21. November 1910.
Er trägt unter seiner Unterschrift den Zusatz:
„An die Fähnriche der Marineschule"

Da ich als ehemaliger Nautiker der Handelsmarine zur Bundesmarine übernommen worden bin, ersparte man mir und auch den anderen Seiteneinsteigern die nach der Grundausbildung vorgesehenen ersten drei Ausbildungsgänge. Das waren eine Ausbildung von drei Monaten auf dem Schulschiff „Deutschland", die Teilnahme an einem Lehrgang an der Technischen Marineschule und drei weitere Monate auf dem Segelschulschiff „Gorch Fock". Ich fand das auch ganz in Ordnung so, denn schließlich war ich bereits auf großen Handelsschiffen als verantwortlicher Wachoffizier gefahren und hätte auch die „Gorch Fock" als Nautiker segeln können. Und eine Fahrzeit als Kadett auf dem Schulschiff "Deutschland" wäre im Grunde auch nichts gewesen, was ich nicht schon irgendwie kannte, bis auf die Unterrichtung an der Bewaffnung. Auch das an Bord der „Deutschland" verpasste Erlebnis, mit sehr vielen anderen Offizieranwärtern zusammen ein enges Deck als Schlafsaal teilen zu müssen, hat meiner Karriere nicht geschadet. Letztlich war da noch die Technische Marineschule, auf der ich Feilen und Schweißen hätte lernen sollen. Meine Marine war aber gnädig und ersparte mir diese drei Ausbildungsabschnitte.

An der Marineschule wurde nicht so viel herumkommandiert. Zwar gab es auch wieder die üblichen Antretearien mit „Stillgestanden - Augen rechts", aber sonst störte nur der morgendliche Pfiff der Frühwache, der uns aus den Kojen holte, um rechtzeitig im Remter zum Frühstück zu erscheinen.

Wir wohnten zu viert in einem Unterkunftsarrangement. Dieses bestand aus einem Wohn- und gleichzeitig Arbeitszimmer, dem gleich großen Schlafraum und einem angrenzenden Badezimmer, welches aber auch von den daneben wohnenden vier anderen Kadetten mitbenutzt wurde. Im Bad gab es drei Duschen, ich glaube drei Waschbecken und eine frei stehende Badewanne mit Löwentatzen als Füße. Diese Wanne war garantiert noch ein Überbleibsel aus der Kaiserzeit. Alle Räume verfügten über massive und mit schmiedeisernen Scharnieren versehene Holztüren. Es gab viel kunstvolle Ornamentmalerei um jede Tür herum, und, wenn man sich Zeit ließ und mit offenen Augen durch das Gebäude stromerte, konnte man selbst am Mauerwerk aus rotem Backstein sehr viele Verzierungen und Reliefs entdecken.

Im Wohnraum standen zwei Tische als Mittelblock und vier einfache Holzstühle drum herum. Die hatten auf der Unterseite der hölzernen Sitzfläche eine eingebrannte Versorgungsnummer. Ich weiß das deshalb so genau, weil wir mindestens freitags zum Reinschiff die Unterseite der Stuhlbeine mit dem Bundeswehrmesser abkratzen mussten, damit auch dort ja kein Stäubchen Schmutz hängen blieb. Es gab einen Aktenhocker und so etwas wie einen oder zwei Sessel. Die hatten Holzlehnen und eine gepolsterte Sitzeinlage. Bequem war von all diesen Möbeln keines.

Eine der vielen Türen in der „MSM".

Eigentlich hatte ich mir vorgenommen, in diesem Buch möglichst keine Namen zu nennen. Einen meiner Mitbewohner möchte ich denn aber doch nicht verschweigen: Tewin Mungtanya. Er war einer von den ganz wenigen Offizieranwärtern aus Nicht-Nato-Ländern, die in der Bundesmarine ausgebildet wurden und er kam aus Thailand. Kurz darauf war er einer unserer Trauzeugen in Faßberg. Später wurde er Oberbefehlshaber der thailändischen Marine.

Schöne Ornamente und Reliefs an den Wänden gab es überall im Haus.

Solche Kunstschmiededetails fanden sich an allen Türen und Fenstern im Gebäude.

Der Blick aus den ehrwürdigen und mit Metallverzierungen eingefassten „kaiserlichen" Doppelfenstern war atemberaubend. Man hatte einen fantastischen Ausblick über die ehemalige kaiserliche Paradewiese vor dem Hauptgebäude und dahinter über die Flensburger Förde. Gegenüber, am anderen Ufer, lag die Flensburger Schiffbauwerft und der Strand von Wassersleben, einem nördlichen Stadtteil Flensburgs und weiter rechts erblickte man bereits Dänemark. Butterdampfer fuhren ununterbrochen unter der Schule vorbei, um hauptsächlich Urlauber und Rentner nach und von Kollund und von weiter außerhalb der Förde hin- und her zu schippern. Der Blick von unseren Zimmern war auch deshalb so überwältigend, weil die Marineschule oberhalb eines Steilhanges thronte und so einen viel weiteren Ausblick über Förde und Land ermöglichte.

Von ganz unten, wo der Bootshafen der Schule lag, waren es 102 Treppenstufen bis hinauf zum seewärtigen Eingang ins Hauptgebäude. Beim späteren Bootsdienst wurde diese Treppe immer und ausschließlich nur im Laufschritt überwunden. Der letzte durfte ausnahmslos noch einmal runter und wieder rauf. Unser Schlafraum schließlich war mit zwei eisernen Doppelstockbetten und vier Holzspinden ausgestattet und ich glaube, mit noch ein oder zwei Hockern ohne Lehne. Das war es aber auch schon. An irgendeiner Wand hing ein großes schwarz-weiß Foto irgendeines höheren Dienstgrades mit vielem Lametta an der Brust. Aber wer das letztlich war, blieb unbekannt.

Blick über einen Teil der Freitreppe vom Bootshafen hinauf zur Wiese vor dem Hauptgebäude.

Der Remter war der Speisesaal der Schule. Erbaut mit Kreuzbögen und Pfeilern machte dieser Raum schon etwas Außergewöhnliches her. An den Wänden prangten Wandmalereien. Eine Kadettengruppe nannte sich nun Hörsaal und bestand aus 24 Offizieranwärtern, die alle zusammen mit ihrem Hörsaalleiter an einem großen Tisch Platz fanden. Der HSL saß am Kopf des Tisches so, dass sein Blick auf die Fensterfront gerichtet war. Quer davor stand die sehr lange Back des Admirals, also die des Kommandeurs der Schule. Ihm zu jeder Seite saßen die Herren Offiziere des Schulstabes und einige Truppenfachlehrer. Auf dem Tisch stand vor dem Kommandeur eine alte Schiffsglocke. Sie hing in einem geschnitzten Holzgestell, ähnlich einem Glockenstuhl in Miniatur.

Der Eingang zum Remter. (2013)

Kreuzbögen im Remter, dem Speisesaal der Marineschule.

Die Eingangstür von innen. An den Wänden erkennt man die Wandmalereien.

Fensterfront im Remter
Die frühere Admiralsback gibt es heute nicht mehr. (Foto 2013)

Beim ersten Frühstück wurden wir von unserem Hörsaalleiter erst einmal eingewiesen.

„Dieses betrifft ab sofort das Mittagessen. Sie bleiben alle ruhig aufrecht stehen mit Blick zur Eingangstür. Wenn der Admiral in Sicht kommt, gibt der Matrose der Wache, der auch die Tür aufhält, ein Zeichen. Dann sind sie alle mucksmäuschenstill. Sie drehen sich langsam so mit herum, dass der Kommandeur immer genau in ihrem Blickfeld bleibt. Der Kommandeur wird sich an seinen Platz begeben, ihnen den Gruß entbieten, den wir alle gleichzeitig mit „guten Tag Herr Admiral" beantworten. Er wird eventuell noch etwas ankündigen oder sagen, dann wird er sich setzen. Erst danach setzen sie sich alle hin, ohne groß mit den Stühlen zu scharren. Wenn wir alle mit dem Essen fertig sind, werde ich dem Admiral ein Handzeichen geben. Das machen alle anderen Tische auch so. Wenn alle klar gezeigt haben, wird der Kommandeur die Tafel aufheben. Das erfolgt in der Regel nach etwa 20 Minuten Essenszeit. Er schlägt dann kurz die Glocke an. Wir stehen alle gleichzeitig auf und drehen uns mit dem Admiral mit, bis er den Remter verlassen hat. Wir gehen aber erst raus, nachdem der Schulstab hinter dem Admiral den Raum verlassen hat. Ist das klar?"...

„Jawolll Herr Kaleu".

„Na dann... Mahlzeit, wenn es soweit ist..."

Das waren die Regeln in diesem Teil des Gebäudes.

Unsere Unterrichtsräume lagen im Nebengebäude, dem Schultrakt. Da gab es ganz normale Klassenzimmer, aber auch einen Chemiesaal mit Gasanschlüssen für jede Bankreihe, einen Physikraum mit allerlei Volt- und Amperemetern auf einer schweren Marmorplatte an der Wand, und riesige Schaltschütze wie in einem Umspannwerk. Beide Räume waren mit nach hinten ansteigendem, festem Klappgestühl ausgestattet, in welchem die Schnitzereien auch noch von Kadetten der Kaiserzeit zu bewundern waren. Früher mussten die Menschen kleiner gewesen sein, denn das knarrende Gestühl war eigentlich viel zu eng. Es gab auch einen Wärmelehreraum, einen Sprachenraum mit abgeteilten Kabinen und Kopfhörern und den ganz am hinteren Ende des Schultraktes fast vergessen gelegenen Schiffbauraum. Dort bewahrte der Truppenfachlehrer

Schiffbau seine Krängungsmodelle und Spantenrisse von Linienschiffen des Kaisers auf. Aber auch die anderen Truppenfachlehrer, zum Beispiel für Wehrgeschichte, verfügten über eigene Klassenzimmer. Im Wehrgeschichtsraum fristeten die Lagekarten von diversen und meist verlorenen Seekriegen fein säuberlich aufgerollt ihr Dasein. Von der Decke des Fliegerkunderaumes baumelten fein säuberlich in Handarbeit und teils aus Papier gefertigte Modelle von Flugzeugen aus der Zeit der Gebrüder Wright bis einschließlich dem Starfighter, der letzten und neuesten Wehrbeschaffung von Luftwaffe und Marine. Da die ehrwürdigen Fenster der Marineschule generell alle schon lange nicht mehr besonders dicht schlossen, der Zahn der Zeit war hier tätig gewesen, waren diese Modelle ständig in Bewegung.

Oben im Schultrakt gab es eine sehr umfangreiche Bibliothek, die auch mit viel Lesestoff von verlorenen Schlachten an Land, in der Luft und auf See bestückt war. Aber es gab dort aber auch modernere Bücher und Abhandlungen, sogar Romane und etliche Schriftstücke, die weder etwas mit Krieg noch mit der Marine zu tun hatten.

Durch ein Wäldchen hindurch ging es zu den Sportplätzen. Die waren meistens wegen Nässe oder laut einer aufgestellten Tafel wegen allgemeiner „Unbespielbarkeit" gesperrt. Nur die Laufbahnen standen meist zur Verfügung und wurden von uns regelmäßig abgelaufen. Bis zu 5000 Meter quälten wir uns dann nach der Stoppuhr über die Runden.

Noch hinter den Sportplätzen lag ein weiterer, aber viel kleinerer Gebäudekomplex, der irgendwie in die Historie eingegangen ist. Hier hatte Großadmiral Dönitz zum Ende des zweiten Weltkrieges als Regierungschef des schon gar nicht mehr existierenden Dritten Reiches seinen Amtssitz. Und hier wurde er schließlich, etwa 14 Tage nach der bedingungslosen Kapitulation, in Haft genommen. So lange hatte ihn die englische Besatzungsmacht noch unter Aufsicht werkeln lassen, bevor er ins Gefängnis kam.

In diesen Gebäuden befand sich nun das Krankenrevier der Marineschule, eine Sporthalle, Unterkünfte für die Sanitätssoldaten, und im ersten Stock ganz hinten befand sich der Boxsaal. Der

Reichsadler von damals prangt übrigens auch noch heute an der Außenwand des Gebäudes. Von der Mürwiker Strasse aus ist er sehr gut zu bestaunen. Nur das Hakenkreuz hatte man seinerzeit herausgemeißelt.

Der Reichsadler an Großadmiral Dönitz letztem Dienstgebäude
(Foto 2013)

Im Wäldchen versteckt befand sich auch noch ein mittelgroßer Hochbunker aus massivem Beton, in dem nun wohl schon länger die Ratten und Mäuse regierten und nicht mehr der Bunkerwart.

Auch lag dort hinten das sogenannte Trampedachlager, eine Art Siedlung, bestehend aus sieben massiven Holzbaracken. Die hatte man in den dreißiger Jahren errichten lassen, als die Kriegsmarine aufrüstete und Wohnraum für die Massen an neu hinzuströmenden Fähnrichen im Hauptgebäude zu knapp wurde. Umbenannt wurde diese Barackenbehausung allerdings erst später nach einem Fregattenkapitän und Kommandanten des Zerstörers Z3

„Max Schultz". Der wurde im Jahre 1940 von der eigenen Luftwaffe bombardiert, geriet schließlich beim Ausweichmanöver vor den erneut herabregnenden eigenen Bomben in ein englisches Minenfeld und ging mit Mann und Maus unter.

Ein Gedenkstein im Lager erinnert noch heute an dieses tragische Ereignis.

Eine der sieben noch stehenden Baracken des Trampedachlagers
(Fotos 2013)

An der Wasserseite und unterhalb der imposanten „Burg" lag der Bootshafen der Marineschule. Er bestand einmal aus dem Nordhafen, in welchem die Motorpinassen ihren Liegeplatz hatten. An der langen Mittelpier war das zweimastige Schulboot „Nordwind" beheimatet. Das war ein ehemaliger Kriegsfischkutter und sollte zu Navigations- und Ausbildungsfahrten für die Kadetten eingesetzt werden.

Zum anderen gab es den größeren Südhafen. Dort lagen schließlich etliche Segelkutter, Jollen und Segelyachten.

Im langgezogenen Bootsschuppen residierte der Bootsoffizier, ein Kapitänleutnant. Er war quasi der Vercharterer und Instandhalter des gesamten schwimmenden Fuhrparks der Schule. Ihm zur Seite standen zwei Bootsleute, ein ziviler Bootsbaumeister und diverse zivile Bootsbauer und Kraftbootsteurer sowie einige Marinematrosen.

Nördlich des Nordhafens gelegen ruhte offiziell wegen Baufälligkeit das marineeigene Freibad. Zwei hölzerne Stichpiers, eine mit Startblöcken für Schwimmveranstaltungen versehen, wurden landseitig durch eine schwimmbahnlange Holzbrücke verbunden, auf der unzählige Umkleidebutzen thronten. Die meisten von ihnen hatten gar keine Türen mehr und insgesamt machte diese die vergangenen 20ger Jahre repräsentierende Anlage schon lange keinen viel Vertrauen erweckenden Eindruck mehr. Wir haben dort allerdings tatsächlich noch etliche Male dienstliches Schwimmen veranstaltet. Das Wasser der Flensburger Förde war mir aber immer viel zu kalt.

Die Ansicht der Marineschule-Mürwik mit dem markanten Turm.
Davor die frühere Paradewiese des Kaisers.
Heute finden dort die feierlichen Vereidigungen der Offizieranwärter statt. (Foto 2013)

Über der imposanten Backsteinanlage ragte der Turm der Marineschule auf. Zumindest für Boote und Schiffe, die den Flensburger Hafen anliefen, war das ein schon von sehr weit draußen erkennbares Wahrzeichen der Stadt Flensburg.

Im Turm ging es über eine ziemlich frei liegende und knarrende Holztreppe bis unters Dach. Dort gab es eine kleine eiserne Klappe, die jeden Sonntag von einem Kadetten der Wache geöffnet wurde, um die Bundesdienstflagge zu setzen. Eben unterhalb des

Daches gab es vier winzige Balkone, jeder in eine der vier Himmelsrichtungen schauend. Von denen hatte man einen atemberaubenden Ausblick über die Förde, das Flensburger Hinterland und hinein nach Dänemark. Wer nicht ganz schwindelfrei war, musste sich gut zusammenreißen, um nicht beim Hinabsteigen in dem hohlen Turm schwindlig zu werden.

Die Sage erzählt von einem „Crew- Bolzen", ich erzähle davon später auch noch einmal, bei dem Kadetten eine Kuh bis ganz nach oben getrieben haben sollen. Mag ja sein, dass das arme Vieh es bis oben geschafft hat, aber hinunter haben die Herren Offizieranwärter die Kreatur nicht mehr bringen können. Kühe steigen keine steilen Treppen hinunter. Angeblich wurde dann ein Schlachter bemüht, um dort oben sein Handwerk auszuüben.

Zum Komplex der Schulanlage, links am Schultrakt gelegen, gehörte auch noch eine Doppelturnhalle, die allerdings wegen Baufälligkeit oder aus anderen Leiden für uns gesperrt war. Dann gab es noch das ehemalige Pförtnerhaus, direkt rechts neben der durch einen Schlagbaum gesicherten Zufahrt zum Schulgelände gelegen, und, schräg gegenüber und fast vom Wildwuchs eingenommen, eine dem Verfall preisgegebene stattliche Villa. In der hatten früher die Schulkommandeure ihr zu Hause. Der erste Admiral, den ich in Mürwik kennenlernte, wohnte allerdings im ehemaligen Pförtnerhaus.

Oben das ehemalige Pförtnerhaus, unten die ehemalige Admiralsvilla, die nach sehr aufwendiger Restaurierung heute als Wehrgeschichtliches Ausbildungszentrum dient. (WGAZ)

Nicht unerwähnt bleiben darf an dieser Stelle die Aula der Schule mit ihrer hölzernen und mit allen Wappen der Länder des Kaiserreiches bemalten Decke und den riesigen Gemälden des Marinemalers Bergen. Die zeigten das Schlachtschiff „Bismarck" im Gefecht und ein U-Boot auf Feindfahrt. Ein mit einem Holzumschlag eingebundenes „Totenbuch" erinnerte an die Namen der gefallenen Marineoffiziere beider Kriege.

Insgesamt war diese Aula zweifellos die heilige Halle der Schule.

Die Mitte der Auladecke wurde vom Preußenadler geziert.

Vor dem Bereich der Büros des Schulkommandeurs befand sich der Säulengang. Der war auch so eine Art heilige Ecke im Gebäude und durfte von den Kadetten nicht als Abkürzung zu den Klassenzimmern genutzt werden. Im Gang neben den Säulen standen diverse Glasvitrinen mit großen Schiffsmodellen. Die „Gorch Fock" war da zu bewundern und etliche Kriegsschiffe aus dem ersten Weltkrieg. Ebenso stand dort ein neueres Schiff der Bundesmarine. Dieser von bunten Fenstern erhellte Flur wirkte fast wie ein kleines Museum.

Eine der Säulen im Säulegang.

Da wir Seiteneinsteiger von der Handelsmarine nun alle schon mit der praktischen Navigation rund um die Weltmeere hinreichend und verantwortlich vertraut waren, ersparte uns die Schule sämtlichen Navigationsunterricht bis auf die sogenannte „taktische Navigation". In den Nautikstunden für die übrige Crew wurden wir ehemaligen Schiffsoffiziere speziell und von einem extra für uns engagierten Mathematiklehrer in die Kunst der Integral- und Differenzialrechnung eingeführt. Bis heute weiß ich noch nicht, wozu man diese Rechenkunst benötigte.

Während dieser Extrastunden saß ein Kapitäns-Patentinhaber und damals schon Oberleutnant zur See neben mir auf der letzten Bankreihe. Er war genau so aufmerksam wie ich und drehte während der gesamten Schulstunde gaaanz laaangsaaam unter der Bank und ohne hinunter zu schauen eine Zigarette nach der anderen. Am Ende der 45 Minuten hatte er auf diese Weise vielleicht 5 oder 6 Zigaretten hergestellt und mit dem Klingelzeichen sprang er zur Pause auf, ein Häuflein Tabakreste auf dem Boden unter seinem Stuhl und noch mehr Tabakschnipsel auf seinem Hemd und Schlips hinterlassend. Die Raucher fanden sich zu den Pausen in einem Vorraum der Toilette wieder, wo der Stundenvorrat vermutlich verraucht wurde. Der Toilettengestank wich ein wenig dem Tabakduft...

Der Unterricht war insgesamt sehr vielseitig und für mich zuerst sehr anstrengend. Wenn man nach der eigenen Schulzeit bereits 5 Jahre Fahrzeit auf Handelsschiffen hinter sich hatte, unterbrochen vom Studium an der Seefahrtschule, dann war das Lernen nicht mehr ganz so einfach aus dem Hemdsärmel zu schütteln. Neben der Differential- und Integralrechnung, die zum Glück nicht in irgendeiner Klausur oder gar in einer Prüfung vorkam, machte mir die Wärmelehre und die Chemie ein wenig Kopfzerbrechen. Aber ich war ehrgeizig genug, das Klassenziel vernünftig zu erreichen. Ich erinnere mich dunkel, dass unser Wärmelehrer uns den damals ganz neu auf den Markt gekommenen Audimotor nachrechnen ließ. Am Ende sollten die Wärmeverluste des Motors im Verhältnis zur zugeführten Energie, oder so ähnlich, stehen. Leider habe ich mir nie einen Audi leisten können, um den praktischen Beweis meiner Ausrechnungen führen zu können.

Verglichen mit der Grundausbildung ging es militärisch eher ruhig zu. Wir hatten nur ein oder zweimal eine Alarmübung und mussten in blauer Uniform mit schwerem Kampfgepäck im Südhof antreten, aber das war dann auch schon alles.

Viel Spaß machte der Bootsdienst. Wegen meines Vorlebens wurde ich sofort zum Steurer beim Kutterpullen eingeteilt und kurz darauf begann unsere Segelsaison. Da ich bereits sehr gute Erfahrungen auf Yachten um die 11 Meter hatte, wurde ich auch hier zum „Ausbilder" ausgeguckt. Ich fand genügend Mitstreiter, die sich um Plätze bei mir an Bord eines Folkebootes oder eines 6,5ers rissen. Fast sofort entschieden wir uns, an den Wochenenden zu segeln, so oft es eben ging. So wurde die nähere dänische Südsee bisweilen unsere Wochenendheimat. Ich musste nun aber dieses wieder neu entdeckte Hobby mit meiner anderen Leidenschaft, der Sportfliegerei, teilen. Letztere war mit den nun zunehmenden familiären Verpflichtungen gut zu vereinen. Ich flog an einem Wochenende in Celle/Scheuen bei meiner Flugsportvereinigung Celle e. V. und dort quasi über das Haus meiner zukünftigen Schwiegereltern hinweg. Die wohnten nur wenige hundert Meter vom Segel- und auch vom Motorfluggelände entfernt. An einem der Wochenenden flog ich in Scheuen, dann wieder in Faßberg bei der Luftwaffensportfluggruppe. Meine Eltern wohnten in Faßberg. Dann kam wieder ein Wochenende an Bord einer Segelyacht der Marineschule. Auch in Kiel-Holtenau war ich bisweilen mit Segelflugzeugen der Marinesportfluggruppe am Himmel. Allerdings war das etwas problematischer, weil ich ganz alleine mehrere Segelflugzeuge zur Verfügung hatte, die auf der gegenüberliegenden Seite des Rollfeldes in einem Bundeswehrhangar standen. Ich brauchte immer zwei oder drei Helfer, die ich mir von der zivilen Fliegerseite aus dem Holtenauer Flugclub ausborgte, immer mit der Zusage, sie kostenlos bei mir auf dem hinteren Sitz mitfliegen zu lassen. Das klappte in der Regel ganz gut.

Jedes Verlassen des Marineschulgeländes musste an der Hauptwache dokumentiert werden. Dazu lagen für jeden Hörsaal getrennt sogenannte Landgangsbücher aus. Man trug sich mit Uhrzeit aus und wieder ein. Für die Wochenenden gab es extra Wochenend-Ausgangsbücher. Da wurde dann zusätzlich der Aufenthaltsort und Grund der Abwesenheit eingetragen, also zum Beispiel „Besuch der Eltern in Faßberg, Fuchsbau 7".

Bei mir stand da nun aber auffallend häufig der Zusatz: „Fliegen in Faßberg" oder „Fliegen in Celle/Scheuen" oder eben „Fliegen bei der Marinesportfluggruppe Kiel-Holtenau" oder „Segeln mit einem 6,5er".

Die Ausgangsbücher wurden regelmäßig von den Inspektionschefs kontrolliert und es soll vorgekommen sein, dass ein Kadett, der schlechte Leistungen zeigte, zum Chef zitiert wurde und Rede und Antwort zu stehen hatte, warum er denn nicht an den Wochenenden lernen würde.

Irgendwann während dieser einjährigen Ausbildung an der „MSM" wurde auch ich aus heiterem Himmel zu unserem Korvettenkapitän zitiert. Ich war mir keiner Schuld bewusst.

„Beeck, setzen sie sich mal".

Damals redeten die Offiziere ihre Untergebenen noch mit Nachnamen an, ohne Zusatz „Herr und Dienstgrad`".

„Erzählen sie doch mal. Wie ist das denn mit ihrer Fliegerei?"

Ich konnte aufatmen. Ich brauchte keinen Anschiss zu befürchten. So berichtete ich ihm, er war selber ein ehemaligen Marineflieger, was ich denn in den letzten elf Jahren bereits alles geflogen hatte, welche Flugscheine ich inzwischen besaß, wie viele Flugstunden ich in meinen Flugbüchern nachweisen konnte und dass mir die Fliegerei unendlich viel Spaß machen würde und überhaupt …

Er entließ mich mit daraufhin mit „na, denn man weiterhin Hals- und Beinbruch". Er war eben ein richtiger Flieger.

Irgendwann in dieser Zeit wurden wir fast alle, das waren mehr als 300 Kadetten, durch die ehemaligen Räume von Großadmiral Dönitz geschleust und vom Truppenarzt der „MSM" auf Fliegertauglichkeit hin voruntersucht. Wie zu erwarten, war ich gesund und wurde mit etwa 120 Kadetten auserkoren, nach Fürtsenfeldbruck geflogen zu werden, um dort die „richtige" Fliegertauglichkeits-Untersuchung zu durchlaufen. Die dauerte drei Tage.

Eine eingehende Augenuntersuchung fand genau vor dem Mittagessen statt. Da man uns kurz vorm Essen noch irgendwelche Augentropfen eingeträufelt hatte, welche die Pupillen erweiterten, konnten wir bei Tisch in der Kantine nicht einmal mehr die Speisekarte lesen. Die Bedienung schien das hineichend zu kennen und betete uns grinsend die angesagtesten Gerichte auswendig herunter. Ich bestellte Currywurst mit Pommes, dazu ein Glas Wasser.

Es gab dort auch so eine Art Flugsimulator. Der bestand aus einem Sitz mit Steuerknüppel, einem Gashebel, Seitenruderpedalen, Höhenmesser, Fahrtmesser, künstlichem Horizont, Variometer und Kompass. Hinter einer halbhohen Trennwand saß ein Prüfer. Sinn dieser Anlage war sicherlich festzustellen, ob jemand in der Lage war, Kaugummi zu kauen und gleichzeitig zu gehen, ohne hinzufallen. Man nennt das wohl auch „Fähigkeit zur Mehrfacharbeit- Multitasking-".

„Ich gebe ihnen nun ein paar Aufgaben. Hören sie bitte genau zu, was gesagt wird und führen sie danach die Flugmanöver aus, so gut es eben geht. Die Ergebnisse der Rechenaufgaben stellen sie bitte mit den Rädchen auf dem Steuerknüppel ein".

„Wie bitte" schoss es mir durch den Kopf, „Rechenaufgaben?"

Auf dem Knopf des Steuerknüppels bemerkte ich drei Rädchen wie an einem Zahlenschloss eines Koffers.

„Wir beginnen mit einem Geradeausflug mit 100 Knoten auf Kurs Nord. Folgen sie nun einfach den Anweisungen" hörte ich den Prüfer sagen.

Es ging los, aber nichts bewegte sich. Der Höhenmesser zuckte ein wenig, die Fahrt stand bei 100 Knoten und ich konnte das Variometer mit ganz leichten Knüppelbewegungen gut auf Null halten. Eine Stimme wie aus einer Konservendose begann mit sonorer Stimme eine erste Anweisung zu geben.

„Steigen sie um 1000 Fuß und drehen sie dabei um 90 Grad nach rechts. Behalten sie 100 Knoten bei..."

Na gut dachte ich. Nase ein wenig nach oben, Gas nachschieben, gleichzeitig etwas Schräglage rechts, noch ein wenig mehr … so schien es mir gut. Ich kam exakt nach einer 90 Grad Drehung die 1000 Fuß höher an. Ich rollte aus und flog nun genau nach Osten. Der Fahrtmesser stand bei 100 Knoten. Die Blechdose meldete sich erneut.

„Machen sie eine 180 Grad Linkskurve und sinken sie dabei um 2000 Fuß. Behalten sie die 100 Knoten bei".

Ich gehorchte und zog die Maschine ganz sauber und gleichmäßig in den Kurvenflug, dabei den Gashebel gefühlvoll zurückziehend. Nach 90 Grad Kursänderung hatte ich exakt 1000 Fuß an Höhe verloren und steuerte nun durch den Rest der Kehrtwendung und verlor dabei die anderen 1000 Fuß. Während ich mich auf den künstlichen Horizont und die anderen Instrumente konzentrierte wurde ich jäh unterbrochen.

„Was ergibt 3 x 17?" quakte mich die Dose an.

„Wie bitte?" dachte ich und drehte an den Rädchen, bis die Zahl 051 eingestellt war. „Was für ein Quatsch" ging es mir durch den Sinn …

„Machen sie nun eine 90 Grad Kursänderung nach links, steigen sie um 500 Fuß und erhöhen sie dabei die Fahrt auf 130 Knoten".

Ich gehorchte und flog sehr präzise. Die nächste Rechenaufgabe ignorierte ich einfach. Es folgten bestimmt noch weitere fünf oder sechs Kurs- Höhen- und Fahrtänderungen und ebenso viele Rechenaufgaben, die ich alle samt nicht mehr an den Rädchen einstellte.

Es folgte eine Manöverkritik.

„Sie sind ja beachtlich genau geflogen, aber warum haben sie die Rechenaufgaben nicht eingestellt?"

„Weil ich schon länger als 11 Jahre aktiv fliege und mir noch nie jemand während eines Fluges so dämliche Rechenaufgaben gestellt hat".

Er schaute mich etwas irritiert an, beließ es aber dabei.

Ich hatte in Fürtsenfeldbruck mit der Tauglichkeitsstufe „1A–jettauglich" bestanden.

Um den 2. April 1966 bekam ich einen Tag verlängerten „Wochenend-Landgang" und konnte in Faßberg heiraten. Mein thailändischer Stubenkamerad Tewin und auch die anderen zwei aus meiner Stube waren mit eingeladen und standen vor der Faßberger Kirche im Spalier. Auch die meisten Fliegerkameraden der Luftwaffensportfluggruppe Faßberg und die aus dem zivilen Fliegerclub warteten draußen angetreten und, soweit sie zur Bundeswehr gehörten, in Uniform. Mit einem sehr dicken Tampen war das Spalier am Ende abgesperrt. Den galt es erst einmal durchzuschneiden, bevor wir Brautleute weitergehen durften. Ich hatte allerdings gut vorgesorgt und trug während der gesamten Trauungszeremonie ein großes und sehr scharfes Brotmesser in meinem Jackett.

Heer, Marine und Luftwaffe standen Spalier.

Mit recht guten Ergebnissen näherte sich meine Offiziersausbildung an der „MSM" mit raschen Schritten ihrem Ende.

Erste Gerüchte über mögliche Anschlusslehrgänge und unsere weiteren Ausbildungswege kursierten schon länger durch die Flure der „Burg". Mir hatte man schon seit Wochen vorsichtig beizubringen versucht, dass ich wegen meines fortgeschrittenen Alters wohl doch nicht mehr zur Ausbildung zum Jetpiloten infrage kommen würde. Ich war inzwischen immerhin bereits 27 Jahre alt und man glaubte zu wissen, dass das Höchstalter für potentielle Strahlflugzeugführer bei 24 Jahren liegen würde. Ich rechnete schon mit einer Ablehnung meines immer wieder geäußerten Ausbildungswunsches und war deshalb nicht sehr überrascht, als mir der Inspektionsfeldwebel meine Versetzung auf den Zerstörer „Z2" zustellte.

Das war ein alter amerikanischer Zerstörer der Fletcher-Klasse und stammte noch aus dem zweiten Weltkrieg. Er war der noch relativ jungen Bundesmarine von den USA „geliehen" worden. Immerhin war „Z2" aber ein richtiges Schiff, allerdings noch immer kleiner als der kleinste Frachter, auf dem ich jemals vorher bei meiner Reederei HAPAG gefahren war. Aber immerhin besser als ein Schnellboot oder Minensucher, dachte ich bei mir.

Neben dieser Versetzung, die ich nun in Händen hielt, gab es noch eine weitere Verfügung, mit der etliche Offizierschüler von uns für knapp einen Monat nach Plön kommandiert wurden. Dort sollte für uns erst noch ein „Zugführerlehrgang" stattfinden. Die Masse unserer Crew war in diesen Tagen vor unserer Abreise gerade erst zum Leutnant zur See, ich zum Oberfähnrich zur See befördert worden.

Für eines der letzten gemeinsamen Mittagessen hatten wir Mariner von der Crew 4/64 uns nun auch einen sogenannten „Crew-Bolzen" ausgedacht. So ein Happening war einfach nur eine etwas ausgefallene Idee, bei der irgendetwas Lustiges passieren sollte. Bisweilen sollen aber derartige Späße in früheren Jahren auch schon einmal böse nach hinten losgegangen sein. Ich erwähnte solch ein Ereignis bereits einige Seiten früher. Das war die Geschichte mit der Kuh. Unser Plan war dagegen eher harmlos. Das Wetter und schließlich auch die betroffenen Zivilangestellten spielten mit. Wir räumten in Windeseile sämtliches Mobiliar aus dem Remter aus und platzierten es im Südhof exakt so, wie es oben im Gebäude angeordnet gewesen war. Selbst der sehr große und schwere Fußabtreter, der normalerweise vor der doppelflügeligen Eingangstür zum Remter ruhte, kam an seinen Platz.

Als der Admiral wie gewohnt aus seinem Büro kommend zum Remter zum Essen schritt, wurde er zu seiner Überraschung vor verschlossener Tür vom Wachposten abgefangen und nach draußen gebeten. Er folgte brav und konnte das Arrangement unter freiem Himmel erst sehen, als er um die Gebäudeecke zum Südhof schritt. Offensichtlich fand er das ganz toll, wir standen wie üblich mit dem Gesicht zu ihm, aber er wollte nun den ganz kurzen Weg von der Hausecke direkt zu seiner langen Admiralsback nehmen. Aus bestimmt 200 Kehlen brüllte es gleichzeitig...

„Füße abtreten!"

Er gehorchte mit einem breiten Grinsen und die Essenszeremonie verlief danach wie gewohnt. Allerdings gab die Glocke keinen Ton von sich, als er die Tafel aufheben wollte. Bauschaum verhinderte den Klang.

Unser Inspektionsfeldwebel ließ mich einen Tag vor meiner Abreise zu diesem „Zugführerlehrgang", zu sich rufen.

„Herr Oberfähnrich, wo ist die Versetzungsverfügung, die ich Ihnen neulich gegeben habe? Die brauche ich sofort zurück. Sie bekommen eine neue von mir."

„Kommandiert zum FAR Uetersen" stand auf der neuen Verfügung und weiter „...Fahrkarte 2.Klasse anbei." Die Fahrkarte brauchte ich nicht mehr. Ich besaß inzwischen mein erstes eigenes Auto, einen gebrauchten Fiat 500 für 1000,-DM erstanden.

„Was und wo bitte ist das FAR..." fragte ich den Spieß.

„Sie wollen doch Flieger werden. Das FAR ist das Fluganwärter-Ausbildungs-Regiment in Uetersen bei Hamburg..."

„Hurraaaa..." Ich war ganz aus dem Häuschen.

Wie es zu dieser Umorientierung auf höchster Ebene kam, wurde ich erst sehr viel später gewahr.

4. Kapitel
„Bierzapflehrgang" an der Marineunteroffizierschule in Plön

Am folgenden Tag schleppte mich mein Fiat samt Ausrüstung nach Plön. Wir waren vielleicht um die 40 Mann, die gerade von der Marienschule hier zum Zugführer geschult werden sollten. Dieser Kurzlehrgang war nur als eine kurze Zwischenverwendung gedacht, bis die nachfolgende Ausbildung terminlich anstand. Eine Vorstellung von dem, was uns hier am Plöner See erwarten sollte, hatte niemand von uns. So waren wir nicht sonderlich überrascht, als wir uns als aller erstes in der Bar neben der Offiziermesse einzufinden hatten. Und dort, ich traute meinen Ohren nicht, wurden wir allen Ernstes in die Bedienung der Bierzapfanlage eingewiesen.

„Zwei von ihnen werden hier jeden Abend im Wechsel Dienst machen..."

Was ich dort während dieses völlig überflüssigen "Biertrinkerlehrganges" gelernt habe, ist mir nicht in Erinnerung geblieben. Nur eines ist mir gegenwärtig geblieben. Ein Oberstleutnant des Heeres sollte lediglich eine einzige Stunde Unterricht vor uns abhalten. Er kam pünktlich ins Klassenzimmer und trug eine umfangreiche ZDV (Zentrale Dienstvorschrift) bei sich. Was in der dicken Schwarte abgedruckt war, weiß ich nicht mehr. Er baute sich vor uns auf und begann sehr förmlich.

„Guten Tag meine Herren. Mein Auftrag lautet: Erläuterung der ZDV und.... Dieses Buch hat 573 Seiten. Ich habe jetzt noch..." er schaute auf seine Armbanduhr „...genau 42 Minuten, ihnen befehlsgemäß den Inhalt und Sinn der ZDV beizubringen. Wenn ich eine Seite aus der Vorschrift lese, brauche ich etwa eine Minute. Dann habe ich zwar die Sätze vorgelesen, aber noch nichts erläutert. Da mir nun nur noch..." er schaute wieder auf seine Uhr „„...41 Minuten zur Verfügung stehen, werden sie mir zustimmen, dass es gar keinen Zweck hat, überhaupt damit anzufangen. Ich schlage deshalb vor, dass wir uns in fünf Minuten an der Bar wiedersehen. Guten Tag meine Herren".

Und schon war er wieder gegangen. Da wir während meiner gesamten Zeit als Marinesoldat keine Schlacht verloren haben, war der Inhalt dieses Buches offensichtlich völlig uninteressant.

5. Kapitel
Beim Fluganwärterregiment in Uetersen

Knappe vier Wochen später brachte mich mein Fiat bis kurz vor Hamburgs Tore in den mir unbekannten Ort namens Uetersen. Wir waren schließlich mit 12 Mann von der Marineschule dort eingetroffen, die wir für die fliegerische Ausbildung ausgewählt worden waren. Man wies uns unsere Unterkünfte zu. Es waren Zwei-Mann Stuben. Mein neuer Stubenkamerad und ich erschraken, als wir in den uns zugewiesenen Raum eintraten. Trotz des noch hellen Tages draußen war es eher duster. Das lag an dem durch Efeu fast zugewucherten Fenster, durch das kaum noch Tageslicht einfiel. Viel schlimmer als die Düsterheit aber war die Tatsache, dass unsere Vorgänger offensichtlich mit Feuerzeugen eine Invasion von Spinnen an allen Wänden abgewehrt hatten. Das hinterließ erhebliche Brandflecken überall im Raum und machte einen fürchterlich verwahrlosten Eindruck. Wir protestierten, packten gar nicht erst aus und bekamen dann, erst widerwillig, doch noch eine sehr gute Stube im Nebenblock.

Völlig ungewohnt für uns war am ersten Morgen die Aufforderung von höherer Stelle, im Marschblock und unter Absingen von Liedern aus dem „Liederbuch der Bundeswehr" zum Frühstück zu marschieren. Wir zwölf von der Marine verweigerten uns und kamen damit auch problemlos durch. „Mit 12 Mann in Marschformation und mit Gesang zum Frühstück… die spinnt doch, die Luftwaffe" war die Bemerkung eines von uns zwölf Marinern dann auch gleich am ersten Tag.

Wir wurden kurz eingewiesen, was auf uns als nächstes zukommen sollte. Unser Klassenzimmer lag in einer Flugzeughalle oben hinter der die ganze Halle umlaufenden Brüstung, die einem Balkon ähnlich war. Unterrichtsbeginn sollte täglich um 08:00 Uhr sein. Unsere Lehrer waren durchweg ältere Fluglehrer im Dienstgrad Ober- und Hauptfeldwebel. Unser Staffelchef war ein Major und der Kommodore der gesamten Ausbildungseinheit ein Oberst der Luftwaffe.

08:00 Uhr war längs vorüber, aber kein Fluglehrer war zu erblicken. Wir warteten und warteten. Schließlich tauchte dann unser Lehrer mit einer guten halben Stunde Verspätung doch noch auf.

Die ersten Unterrichtsfächer befassten sich mit Aerodynamik, Instrumentenkunde, Motorenkunde, Propellerschub, Einstellwinkeln und artverwandten Dingen. Interessant war der Unterricht schon, aber die Schulzeiten wurden nie eingehalten. Wir von der Marine waren so etwas nun gar nicht gewohnt.

Ganz schlimm wurde es beim Mittagessen. Der große Speisesaal blieb zunächst geschlossen und ich weiß nicht, wie viele Offiziere sich vor der Doppelflügeltür drängten. Ein ganz beflissener junger Luftwaffenleutnant riss erst in dem Moment die Tür auf, als der Kommodore auftauchte und sich seinen Weg durch die wartende Menge gebahnt hatte. Innen waren die Tische in einem großen „U" zusammengestellt. Der Kommodore hatte seinen Platz direkt hinter der nun geöffneten Tür. Alle Essenteilnehmer mussten sich deshalb erst einmal hinter seinem Rücken vorbeischlängeln, um dann rechts und links an den langen Schenkeln der Tischanordnung Platz zu nehmen. Für uns Mariner war kein Platz vorgesehen, aber mit einem schnellen Blick erkannten wir genügend freie Stühle ganz am Ende des fensterseitigen Flügels. Alle zwölf von uns passten dort „im Block" an den langen Tisch. Während noch nicht einmal jeder im Saal Platz genommen hatte, brachten die Küchenfrauen bereits die ersten Schüsseln herein und platzierten diese zuerst direkt vor den Kommodore. Der hatte es offensichtlich dermaßen eilig, dass er augenblicklich damit anfing, sich zu bedienen. Andere rückten noch immer mit ihren Stühlen, als er bereits seinen ersten Happen in den Mund schob. Wir Mariner schauten uns nur stumm an.

Ich bin ganz sicher, dass ich noch nicht mit dem Hauptgericht fertig war, als es von ganz vorne „Mahlzeit" hieß. Alles ließ Messer und Gabel fallen, stand auf und strömte durch eine Seitentür in die nebenan liegende Bar. Wir Mariner waren auch aufgestanden, setzten uns dann aber gleich wieder hin. Während sich der Saal leerte, aßen wir in aller Ruhe zu Ende, ohne allerdings zu trödeln. Eine Küchefrau schaute aus der Kombüse eher schüchtern um die Ecke.

„Kann ich ihnen noch etwas nachreichen?"

Sie durfte.

Dieses für uns völlig ungewohnte Spiel wiederholte sich prompt am folgenden Tag. Wir Mariner waren uns inzwischen völlig einig „„...ohne uns". Als das „Mahlzeit" von vorne ertönte und alles aufsprang, blieben wir demonstrativ sitzen. Ich bemerkte den ungläubig bis irritiert wirkenden Blick des Kommodore, bevor dieser genau gegenüber von uns mit der Masse der anderen Offiziere in der Bar verschwand. An diesem Tag schauten mindesten vier Küchenfrauen um die Ecke „Dürfen wir ihnen noch etwas bringen?"

Am dritten Tag unserer Teilnahme am gemeinsamen Mittagessen gegen Abgabe der Essenmarken passierte nun etwas völlig Unvorhergesehenes: als der Kommodore aufstand und „Mahlzeit" sagte, fügte er in einem Atemzug hinzu „...außer Marine".

In der Bar wurde es daraufhin sehr laut. Man bemühte den Vertrauensmann der Offiziere und bekniete diesen, mit dem Kommodore zu reden. Wie sich herausstellte, hatten alle anderen auch längst die Nase voll von den Tischsitten des obersten Dienstgrades der Kaserne. Warum hatte sich vorher nie jemand getraut, den Mund aufzumachen?

An einem der nächsten Tage fanden wir endlich heraus, wo sich unsere stets zu spät auftauchenden Fluglehrer aufhielten. Da wir bislang noch nichts auf dem Hallenvorfeld zu suchen hatten, dort parkten unsere zukünftigen Fluggeräte vom Typ „Piaggio 149 D", hatten wir auch die eine Baracke übersehen, die den Lehrern als Arbeits- und Vorbereitungsraum diente. Dorthin schickten wir nun unseren ältesten Mitschüler nach genau 10 Minuten Wartezeit, um nach unserem Lehrer zu suchen. Er kam erschüttert wieder und noch bevor unser Fluglehrer schließlich auftauchte, berichtete er uns vom Betrieb dort, ähnlich wie in einer Bar. Offensichtlich wurde dort bereits vor 08:00 morgens Cognac und ähnliches konsumiert.

Als wir schließlich auf das Flugfeld gelassen wurden und die folgenden Tage des „Flugbetriebes" erst nur im Cockpit saßen und die Instrumente, Hebel und Schalter auswendig lernten, tauchte ab und zu ein Lehrer neben uns auf der Tragfläche auf, um Fragen zu stellen oder unsere zu beantworten. Da bemerkte auch ich die Schnapsfahne meines Lehrers.

Wir stellten immer mehr Ungereimtheiten im Ausbildungsbetrieb fest. Obwohl uns die Tatsache wenig interessierte, dass einige Leutnants der Luftwaffe, die nun zu unserer Gruppe gehörten, länger als ein Jahr hier in Uetersen warteten, um bis an diese Stelle der Ausbildung zu gelangen, war alleine diese Tatsache bezeichnend für den Betrieb in dieser Ausbildungseinrichtung. Unseren Staffelchef, das war ein Major der Luftwaffe, hatten wir lediglich einmal zu Beginn der Ausbildung zu Gesicht bekommen, als er uns willkommen hieß. Danach tauchte er nur sehr selten, aber stets und immer und bei jeder Gelegenheit in einer unter den Achseln total durchgeschwitzten Fliegerlederjacke auf. Das sah einfach nur eklig aus.

Alle Hebel, Instrumente und Schalter musste ich auswendig lernen.

Der „richtige" Flugbetrieb begann etwa drei Wochen nach unserer Ankunft. Mein Fluglehrer roch leicht nach Schnaps, schnallte sich rechts von mir auf seinem Sitz fest, ich war schon angeschnallt, und er fragte mich nach den Handgriffen zum Anlassen des Sechszylinder Flugmotors, bevor ich den dann endlich zum Leben erwecken durfte.

Nun war zwar dieser Flugzeugtyp für mich neu, das Bedienen eines Motorflugzeuges aber grundsätzlich schon fast Routine. Ich besaß inzwischen seit zehn Jahren den Privatpilotenschein, hatte mit 17 Jahren erst auf einer „Tiger Moth", einem alten englischen Doppeldecker, meine ersten Schulflüge absolviert, später dann auf dem Muster „Bücker 181" meine Flugschulung bis zum Scheinerwerb fortgeführt. Die „Bücker" stammte noch aus Görings Luftwaffe. Nach Erwerb des Privatpilotenscheines, ich war damals gerade 18 Jahre alt, flog ich hauptsächlich, aber nicht nur, „Cessna 180", „Cessna 182" und auch diverse viersitzige Modelle des Herstellers Piper. Bei der Luftwaffensportfluggruppe Faßberg war ich darüber hinaus die „Elster" und „Piper L-18" geflogen. Insgesamt konnte ich einige hundert Motorflugstunden nachweisen. Was mir jetzt aber ganz entscheidend zum Vorteil gereichen sollte, war die Tatsache, dass ich in Faßberg viel mit einer „Do-27" bei Segelflugzeugschlepps mitgeflogen war und die „Do" auch öfter selber vom Start bis zur Landung steuern durfte. Die „Do-27" besaß nämlich denselben Motor und vollkommen identische Motorinstrumente und Bedienhebel wie jetzt diese „Piaggio".

Vor meinem ersten Einweisungsflug...

...und unterwegs auf einem Schulflug. Wir trugen grundsätzlich Fallschirme.

Um es kurz zu machen: alle meine Schulflüge verliefen reibungslos und ich bekam ausnahmslos gute bis sehr gute Beurteilungen. Jeder einzelne Flug wurde benotet. Nur eines störte mich: mein stets nach Schnaps riechender Fluglehrer nahm auch nicht für eine Sekunde seine Hand vom Doppelsteuer. Er „fummelte" also ständig mit.

Die Marinefliegerdivision in Kiel-Holtenau, der wir nun als Flugschüler unterstanden, hatte vor Ort einen Verbindungsoffizier zur Luftwaffe eingesetzt. Den trafen wir jeden Abend nach dem Dienst in der Offiziermesse. Er war Kapitänleutnant und vertrat die feste Auffassung, unsere Marine müsse einen Flugzeugträger anschaffen und in der Ostsee als Marinefliegerbasis einsetzen. Offensichtlich hatte der von der Seefahrt nun gar keine Ahnung, denn die westliche Ostsee ist durchweg nur 19 bis 20 Meter tief und würde einem so großen Schiff niemals erlauben, seine Höchstgeschwindigkeit zu erreichen. Außerdem waren die neuen Flugzeuge der Marine vom Typ „F-104 Starfighter" für einen Einsatz auf Trägern gar nicht geeignet. Vielleicht war das der Grund, warum er nun hier in der Offiziermesse saß, um mit uns seinen Quatsch zu diskutieren.

Wir klagten ihm unser Leid. Meinen anderen elf Marinekameraden ging es wirklich noch viel schlechter als mir, der ich „nur" nie alleine den Steuerknüppel führen durfte, aber schon seit Jahren eine Fluglizenz besaß und problemlos fliegen konnte.

Es wurde eine hitzige Diskussion, bei der weder unsere angetrunkenen Lehrer, noch der ganze Rest der Ausbildung gut dabei weg kamen. Schließlich versprach unser Kaleu, sich zu kümmern.

Nur Tage später hatten sich ein Vollkapitän, einige Fregattenkapitäne und weitere Dienstgrade aus Kiel bei uns in Uetersen angesagt. Es entstand Unruhe in der Kaserne und alles schaute irgendwie anders auf uns Mariner. Am folgenden Tag wurde der Flugbetrieb abgesagt. Dafür wurden wir zwölf von der Marine für 09:00 Uhr in „Erster Geige Blau" in die Offiziermesse bestellt. Der Kapitän zur See hörte sich sehr geduldig unsere gut begründeten und nachprüfbaren Beschwerden an. Es gab nach längerer Aussprache eine kurze Pause. Als wir wieder zusammentrafen, war auch der Kommodore anwesend und einige seiner Stabsoffiziere. Unser Kapitän aus Kiel stellte ihm sehr peinliche Fragen, angefangen mit den Brandflecken in der Unterkunft, über mit öligen Putzlappen „gesäuberten" Kabinendächern bis zum Alkoholproblem der wohl überwiegenden Zahl der Fluglehrer. Mitten im Gespräch platzte dann mit erheblicher Verspätung auch noch unser Staffelchef herein, sogar zu diesem Anlass wieder in seiner durchgeschwitzten grauen Fliegerlederjacke. Es gab einen Ruck durch die Reihen und das Gespräch mit dem Kommodore war beendet. Als die Luftwaffe draußen war, stellte unser Kapitän zur See eine einzige Frage.

„Wer will unter diesen Umständen hier weitermachen und wer möchte zurück in die Flotte?"

Er versicherte jedem, der jetzt und hier aufgeben wollte, ein problemloses Weiterkommen im Bereich der Flotte, garantiert ohne irgendwelche Nachteile für eine individuelle Karriere.

Am nächsten Tag waren nur noch fünf Marineoffiziere und ich als Oberfähnrich zur See übrig geblieben. Und dabei brauchte die Marine händeringend fliegerischen Nachwuchs, hauptsächlich für das Waffensystem „Starfighter".

Wir von der Marine mit Fluglehren und Verbindungsoffizier.

Ich bekam als neuen Fluglehrer einen Major, den ich noch nie gesehen hatte. Ein Überlandflug stand für heute an.

„Kannst du fliegen…?" fragte er, nachdem wir beide angeschnallt waren …

„Natürlich kann ich fliegen"

„Na, dann flieg mal. Wohin würdest Du denn gerne mal einen Ausflug machen?"

Wir einigten uns auf Michaelisdonn, danach Kiel-Holtenau und dann zurück nach Uetersen. Überlandflüge hatte ich zur Genüge absolviert. Ich hatte mir sogar einmal auf Puerto Rico eine „Cessna Rocket" gechartert, als wir dort mit einem HAPAG Schiff im Hafen lagen. Damals hatte ich auf mehreren Flügen hintereinander fast alle meine Kameraden vom Schiff zu Rundflügen entlang der Küste Puerto Ricos eingeladen und ihnen die Schönheit der Insel gezeigt.

Er saß neben mir, schaute aus dem Cockpit und summte ein Lied. Er fasste nicht ein einziges Mal irgendetwas im Cockpit an und schien gar nicht wirklich anwesend zu sein. Ich flog ihn spazieren. Wir landeten, tranken eine Cola in der Flugabfertigungsbude von St. Michaelisdonn und machten uns auf den Weg nach Kiel. Während sich dort eine Bodencrew ums Betanken kümmerte, gingen wir in die dortige O-Messe, wo wir wegen unserer Fliegerbekleidung in einem Nebenzimmer zu Mittag aßen, gegen Bezahlung. Essenmarken für Kiel hatten wir ja keine.

Kurz darauf kutschierte ich ihn dann zurück nach Uetersen, landete auch dort butterweich, rollte zum Abstellplatz und stellte den Motor ab.

„Morgen machst du den Checkflug, und zwar mit mir."

Er stieg aus, summte ein Lied und verschwand hinter der Halle.

Der Checkflug verlief wie erwartet sehr gut und meine „Vorfliegerische Ausbildung" war erfolgreich abgeschlossen. Amerika wartete auf mich …

Noch ein paar Geschichten am Rande. Zur Zeit unserer Ausbildung hier in Uetersen wurden auch junge Offiziere aus Ghana zu Piloten ausgebildet. Zumindest versuchte man das. Die Schwarzen schulten auf den knallgelb angemalten „Piper L-18". Einmal, als ich noch einfache Platzrunden drehen musste, hörten wir über Funk „Everybody stay clear. Mulumba in the air…" Das kam in typisch afrikanisch gesprochenem Englisch über unsere Kopfhörer. Augenblicklich sah man diverse „Piaggios" aus der Platzrunde ausbrechen und in irgendeine Richtung gen Horizont verschwinden. Diese Burschen flogen „wie die gesengten Säue". Einmal kam sogar einer mit einer „Piper" zur Landung eingeschwebt, aber nicht etwa in Richtung auf die Landebahn, sondern von irgendwo her und quer über unsere Halle. Dort berührte er mit dem Fahrwerk gerade noch die Kante des Hallendaches, hüpfte dann über die vor der Halle geparkten anderen „Piper" und „Piaggios" und setzte dann ziemlich hart mitten auf der Wiese, beinahe quer zur eigentlichen Landebahn, auf. Es wurde, so erzählte man sich, eine „Wochenlandung". Flieger haben die Angewohnheit, die Landungen ihrer Kollegen nach Wochentagen zu zählen. Wenn die Räder den Boden berühren und dort bleiben, ist es eine Montag-Landung. Hüpft der Flieger aber wieder hoch und setzt erneut auf, ist es schon eine Dienstag-Landung. Wenn man bewusst hinschaut und schon vorher weiß, dass der Kandidat nicht wirklich ein Gefühl für saubere Landungen entwickelt hat, wird bisweilen im Chor mitgezählt „… Montag, - Dienstag, -- ohoh – Mittwoch, - Donnerstag …" Dieses war dann eben eine „Wochenlandung…"

Man erzählte sich auch, dass die zivilen Putzfrauen sich nicht mehr in die Unterkünfte der Schwarzen trauten. Die hätten nämlich aus einem Raum ihres Kasernenblocks diverse Planken des alten Fischgrätenparketts einfach herausgerissen und damit auf einer ihrer Stuben mitten im Zimmer ein Lagerfeuer angezündet.

Eine „Piaggio 149 D" im Fluge
(Foto aus dem Internet)

6. Kapitel
Meine Kommandierung in die USA

Es war Ende September 1966. Unser Flugprogramm auf der „Piaggio" lag erfolgreich hinter uns und wir packten für Amerika. Der Kammerbulle war etwas begriffsstutzig und wollte partout nicht einsehen, dass wir von der Marine nun wirklich nicht den hohen Khaki-Hut der Luftwaffe haben wollten. Er aber hatte den Auftrag, uns strikt nach seiner Checkliste für die USA auszurüsten. Neben der Khaki-Uniform war dort auch die entsprechende Uniformmütze aufgeführt. Schließlich verzichtete er aber doch noch auf diese Ausgabe und nahm uns schließlich auch noch unsere komplette Kampfausrüstung ab, inklusive Seestiefel und Stahlhelm. Die brauchten wir in den USA nun ganz bestimmt nicht.

Ich wurde am 28. September 1966 unter Vorbehalt und mit Wirkung zum 1. Oktober zum Leutnant zur See befördert.

„Dass sie mir nicht noch dumm auffallen"

bekam ich mit auf den Weg. Ich war ja auch erst 27 Jahre alt…

Da wir zwei Tage später über den großen Teich in die USA fliegen sollten, musste mir die Kleiderkammer noch rechtzeitig die entsprechenden Streifen auf die Ärmel nähen. Da das ja nun während des Fluges nach Amerika schlecht ging, mussten alle meine Dienstgradabzeichen noch rechtzeitig hier in Uetersen geändert werden. Deshalb „durfte" ich an den letzten beiden Tagen, aber nur in der Kaserne, schon mit Leutnantsstreifen herumlaufen.

Am 30. September 1966 ging es sehr früh los. Uns war „Erste Geige Blau" befohlen worden, mit Wintermantel, hohem Hut (Marineversion…) und Handschuhen. Per Bundeswehrbus ging es nach Hamburg zum Hauptbahnhof. Mit uns im Bus saßen noch achtzehn Flugschüler der Luftwaffe, die parallel zu uns ausgebildet worden waren und nun zusammen mit uns in Amerika schulen sollten. Wir sechs von der Marine und diese achtzehn kannten uns zwar noch gar nicht, aber wir bildeten nun die nächste Ausbildungsgruppe in Amerika. Sie hielten sich teilweise schon bis zu eineinhalb

Jahren in Uetersen auf, um letztlich jetzt erst ihren Lehrgangsabschluss zu erreichen. Teilweise hatten Sie vorher noch über ein Jahr die Sprachenschule besuchen müssen, um für Amerika gewappnet zu sein. Unsere Marine verzichtete auf eine solche Sprachausbildung. „Marineoffiziere können genug Englisch..." war das Motto. Natürlich waren unsere Kameraden von der Luftwaffe auch deshalb stocksauer auf uns, die wir in lediglich sechs Wochen das erreicht hatten, wofür manch einer von ihnen 18 Monate gebraucht hatte.

Ursprünglich sollte unsere neue Amerikagruppe aus zwölf Anwärtern der Luftwaffe und zwölf von uns bestehen. Da inzwischen sechs Mann der Marine die Ausbildung freiwillig quittiert hatten, konnte die Luftwaffe auf 18 Mann erhöhen. Ein Ausbildungskurs in den USA bestand immer aus 24 Schülern. Für jeden von ihnen wurde pro Kopf etwa 1,5 Millionen Dollar von den USA vorab in Rechnung gestellt. Fiel ein Schüler während der Ausbildung wegen mangelnder Leistungen durch und wurde deshalb wieder nach Deutschland geschickt, war das Geld verloren.

Von den 18 Männern der Luftwaffe kam mir nur ein Gesicht sehr bekannt vor. Das hatte ich mir nur Tage vorher von der anderen Straßenseite her sehr gut gemerkt.

Die Bahn fuhr pünktlich aus Hamburg ab und wir kamen am späten Nachmittag in Köln auch sehr pünktlich an. Es war noch immer das Zeitalter der Dampflokomotiven und des Mannes mit der roten Mütze. In Stellwerken bedienten Bahnbeamte über oft kilometerlange Eisendrähte die Signale und Weichen. „Pünktlich wie die Eisenbahn..."

Mit einem Bundeswehrbus ging es ab Köln Hauptbahnhof zum militärischen Teil des Köln-Bonner Flughafens. Ein Hauptfeldwebel empfing uns in der kahlen Abfertigungshalle der Bundeswehr.

„Stellen Sie ihr gesamtes Gepäck dort auf die Wagen. Es wird gleich alles verladen."

Unser Flug sollte um 18:00 Uhr starten. Als Fluggerät stand nur eine alte amerikanische „DC-4" zur Verfügung, obwohl die Flugbereitschaft der Bundesluftwaffe auch gerade die „Boeing 707" in ihren fliegenden Bestand aufgenommen hatte.

Kurz vor 18:00 Uhr führte uns der Hauptfeldwebel nach draußen und zum Flugzeug. Zusammen mit uns Marinern und unseren Kameraden von der Luftwaffe stiegen noch weitere Soldaten von Heer und Luftwaffe mit ein. Sogar einige Zivilisten mischten sich unter die Passagiere. Die Tür wurde geschlossen und wir ruckelten uns in den engen Sitzen zurecht.

Der erste von den vier großen Sternmotoren lief an. Kurz darauf sprang auch ein zweiter an und der dritte kam kurz darauf, erst leicht stotternd, auch auf Touren. Dann aber passierte erst einmal nichts weiter. Ein Besatzungsmitglied lief zwei- oder dreimal von vorne den Mittelgang bis ganz nach hinten und kam sofort wieder nach vorne zurück.

„Der Magnetkompass geht nicht richtig" belehrte er uns im Vorbeigehen. Er wusste nicht, dass wir gerade von der Flugausbildung kamen. Wir sahen uns an und zuckten die Achseln. Kurz darauf trat in der Kabine wieder totale Ruhe ein. Man hatte die drei laufenden Motoren wieder abgestellt und die Tür wurde geöffnet.

„Sie gehen jetzt alle wieder zum Empfang zurück. Es wird nicht lange dauern. Ich hole sie gleich wieder ab".

Eine Schlange gepäckloser Passagiere trabte über das Vorfeld. In der Halle war es kühl und ungemütlich. Es gab nicht einmal einen Getränkestand. Wir warteten und warteten und warteten. Etwa gegen 22:00 Uhr kam jemand.

„Ihr Flugzeug fliegt jetzt schnell nach Brüssel zur Reparatur. Es wird nicht lange dauern, bis es wieder hier ist. Haben sie bitte etwas Geduld".

Weg war er wieder und es wurde still im Wartesaal und offensichtlich auch langsam immer leerer. Niemand zeigte sich, den wir hätten ansprechen können. Erst gegen Mitternacht und inzwischen durstig geworden, erschien erneut jemand in Uniform.

„Tut uns leid. Es dauert nun doch noch etwas länger. Wir werden sie gleich abholen und in ein Hotel fahren."

Na bravo... Kein Gepäck bei der Hand, nicht einmal eine Zahnbürste, und dann ins Hotel. Mit einem Minibus der Bundeswehr ging es gefühlte Stunden übers Land. Erster Stopp war in irgendeinem Dorf j. w. d.

„Die ersten sechs bitte aussteigen" kam die Anweisung.

Passte gut. Wir Mariner waren draußen und standen vor einem Hotel Garni. Ein halb verschlafenes Männchen kümmerte sich um uns.

„Ich habe nur zwei Zimmer für je drei Mann" hörte ich ihn sich entschuldigen. Der Tag war schon lang genug und wir verteilten Betten. Es gab ein Ehebett und ein separates.

„Auf einem U-Boot ist es enger..." hörte ich einen von uns sinnieren.

Es gab Frühstück und irgendwo in einer Ecke klingelte ein Telefon. Die Wirtin nahm das Gespräch an, dreht sich zu uns und bat einen von uns, das Gespräch zu übernehmen. „Da will einer was von den Herren Offizieren ..."

Unser Flug war inzwischen auf 18:00 Uhr an diesem zweiten Abend verschoben worden. Man würde uns rechtzeitig abholen. Wir sollten uns aber besser gar nicht erst vom Hotel entfernen. Das allerdings wäre wohl sowieso keine gute Idee gewesen. Jetzt nach eineinhalb Tagen und in Winteruniform und dann irgendwo in der „Wüste", draußen sah es sehr ländlich aus, und ohne Zivilklamotten und ohne Zahnbürste, das wäre wohl nichts gewesen. Aber was tut man den lieben langen Tag in einem dörflichen Garni-Hotel? Also dösten wir mehr oder weniger verärgert auf dem Zimmer und im Frühstücksraum vor uns hin oder versuchten zu schlafen. Es gab später am Vormittag sogar eine einzige Tageszeitung. Wir teilten uns die einzelnen Blätter und lasen sogar die lokalen Anzeigen. Herr Peter Gernot war gestorben und es gab Herbstangebote eines Baumarktes.

Der Minibus fuhr vor und holte uns gegen 16:00 Uhr ab. Das Einsteigen in die „DC-4" verlief planmäßig und diesmal sprangen sogar alle vier Motoren brav an. Kurz darauf rollten wir auch schon über den Platz und wenig später waren wir in der Luft. Als ersten Zwischenstopp auf dieser langen Reise und mit diesem ältlichen Flugapparat wurde uns Prestwig in Schottland genannt.

Irgendwann nach Mitternacht fanden wir uns dort in einer absolut unbewohnten Wartehalle wieder. Es gab irgendwo hinten in einer dunkleren Ecke so etwas wie einen Kiosk, aber der war mit

Gittern fest verschlossen. Da nirgendwo Personal zu erblicken war, schwärmte die Marine in alle Richtungen aus. Wir trieben schließlich jemanden auf der sich auskannte, und kurz darauf ratterte das Eisengitter in die Höhe. Selbst wenn man halb verhungert ist, schmecken die Sandwiches im Vereinigten Königreich auch nicht viel besser. Ein größeres Problem als der fade Geschmack der lapperigen Weißbrote allerdings stellte die Bezahlung dar. Wie wir das letztlich geregelt haben, ist mir nicht erinnerlich. Niemand besaß Englische Pfund.

Etwas über eine Stunde später saßen wir wieder auf unseren Plätzen und hoben kurz darauf zum zweiten Teilstück unseres Fluges ab. Es ging mit sonorem Motorengebrumm über den Nordatlantik. Nächster Halt was Goose Bay in Kanada. Es war eisig kalt dort und noch immer stockdunkel, als wir ausstiegen. Die Maschine wurde betankt. Diesmal dauerte es nicht ganz so lange, bis wir wieder in der Luft waren. Unser nächstes Ziel sollte Washington DC werden. Wieder waren wir etliche Stunden in der Luft. Es war jetzt aber angenehmer, weil die Sonne das unter uns vorbeiziehende Land beleuchtete. Viel Grün und sehr viele Buchten und Wasserläufe waren zu erkennen und große Städte mit ausgedehnten Vororten. Wir landeten auf einer Militärbasis in Washington DC und wurden darüber informiert, dass der Flug erst am kommenden Tag fortgesetzt werden würde. Man habe Unterkünfte für uns in der Kaserne in den sogenannten „VOQs" arrangiert, also den „Visiting Officer Quarters". Auf die Frage nach unserem Gepäck, wir waren ja nun bereits drei Tage ohne Zahnbürste unterwegs, wurden wir sehr enttäuscht.

„Gepäck gibt es erst am Zielort".

Der Tag war noch jung und ich fragte mich zum BX durch. Alle amerikanischen Militäreinrichtungen unterhielten für ihr Militär und deren Familien innerhalb der Kasernenanlagen große Einkaufszentren, in denen es von der Stecknadel bis zu riesigen Kühlschränken alles zu kaufen gab. Ich hatte das dringende Bedürfnis, mir wenigstens neue Unterwäsche und ein frisches Uniformhemd, weiß, zu besorgen. Eine sehr junge Verkäuferin half mir bei der Suche. Allerdings konnte sie mir nicht wirklich bei den Größen helfen, da sie sich mit den europäischen Bekleidungsmaßen und ich mich nicht mit den in den USA verwendeten auskannte. Als ich mir dann eine Unterhose zum Maßnehmen vor meinen völlig bekleideten Körper hielt, errötete die junge Dame.

Die dann doch noch mit ihrer Hilfe erstandenen Wäschestücke waren allerdings alle mindestens eine Nummer zu klein. Letztlich aber hielten die Knöpfe am Uniform-Oberhemd und die zu knappe Wäsche darunter konnte man ja nicht sehen.

Der jüngste Bruder meines Großvaters mütterlicherseits, einer von sechs Geschwistern, lebte schon seit den 20ger Jahren in den USA und hatte sich eine Existenz in Philadelphia aufgebaut. Dort entwarf und baute er Restaurants und Nachtbars und verzierte deren Innenwände mit seinen speziellen Gemälden in einer „Schwarzlichttechnik". Ich hatte ihn vor Jahren schon mehrfach besuchen können, als ich mit einem meiner HAPAG-Schiffe regelmäßig im Liniendienst auch in Philadelphia anlegte.

Ich rief ihn von Washington aus an und er freute sich riesig, mich zu einem Kurzbesuch abholen zu können. Von Washington nach Philadelphia ist es nicht sehr weit. Ich durfte noch einen meiner Kameraden mitnehmen und wir waren am späten Nachmittag bereits in seiner Wohnung und lernten seine sehr junge Frau und seine drei Kinder kennen. Kurz darauf fanden wir uns sogar noch in einem Supermarkt wieder. Onkel Paul wollte unbedingt zum Abendessen etwas typisch Deutsches auf dem Tisch sehen. Auch wenn er nun schon Jahrzehnte nicht mehr in Deutschland war: im Herzen blieb er immer ein Hamburger Jung Er war noch auf Großseglern der Reederei Laeisz aufgewachsen. Sein letzter Windjammer, auf dem fuhr er als Zahlmeisterassistent, war die „Padua". Dieser stolze Windjammer fährt sogar heute noch unter russischer Flagge und trägt jetzt den Namen „Krusenstern".

Der Einkauf fürs Abendessen scheiterte fast an den Kartoffeln, die er unbedingt nach heimatlicher Art kochen wollte. Auf seinem Speiseplan standen Rouladen mit Kartoffeln und Gemüse. Offensichtlich war das ein Essen, was es so in den USA gar nicht gab. Er half seiner jungen Ehefrau anfänglich in der Küche, bevor er sich wieder zu uns in die Stube setzte und Geschichten aus Hamburg erzählte. Und Gedichte auf Plattdeutsch konnte er vortragen, ohne Ende. Sein über die Dekaden veramerikanisiertes Deutsch klang auf Platt nun noch viel lustiger. Seine Frau hatte Probleme in der Küche und ich konnte es mir nicht verkneifen, auch einen Blick in die Kochwerkstatt zu werfen, als Onkel Paul zu ihr eilte und sie beinahe schon beschimpfte. Die Ärmste hatte in ihrem ganzen Leben noch nie Rouladen gesehen. Wie sollte sie nun wissen, wie man die brät. Sie hatte sechs Stück nach Onkel Pauls Anweisung gerollt und dann in einer viel zu kleinen Bratpfanne übereinander gestapelt, und zwar so, dass unten drei Stück lagen, darüber zwei und in die oberste Lücke noch eine. Ganz oben drauf in luftiger Höhe wackelte ein Deckel ohne Funktion. Paul wechselte eigenhändig die Pfanne gegen eine große und irgendwann gab es etwas zu essen.

Es war schon spät geworden, als er uns mit seiner riesigen Familienkutsche, einem sogenannten „Hatchback", nach Washington zur Base zurückbrachte.

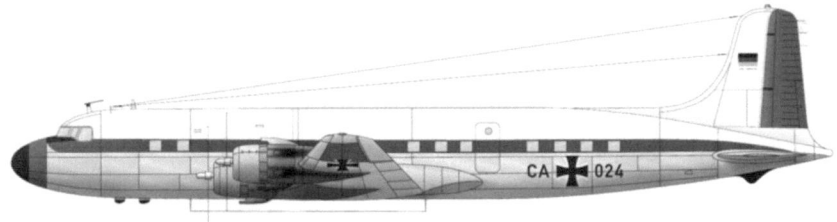

Mit solch einer „DC-4" der Flugbereitschaft der Bundeswehr flog man uns in 3 Tagen von Köln-Bonn nach Sheppard AFB in Texas

Unser Weiterflug klappte am kommenden Morgen reibungslos. Ich war fasziniert vom Farbenspiel der Erde unter uns. Meist leuchteten Sand und Fels in rötlichen Variationen zu uns hinauf. Grüne Wälder säumten größere und kleine Flussläufe, in denen sich nur kurz das Sonnelicht spiegelte. Ortschaften lagen friedlich in der Landschaft und man konnte bisweilen sogar Autos auf den Highways erkennen.

Über Texas wurde es vom Bewuchs her immer kahler und wir schwebten nach Stunden des gleichmäßigen Motorenlärms schließlich zur Landung ein. Der Flugplatz nannte sich „Sheppard

Air Force Base" und war angeblich vor vielen Jahren einem Schafhirten von der Regierung für nur einen US Dollar erworben worden. Die größere Stadt Wichita Falls, die sich beim Anflug bis hinter den Horizont ausbreitete, lag eben vor den Toren des Platzes.

7. Kapitel
Ausbildung in Sheppard auf der T-37

Wir kamen zum Stillstand und das Motorengeräusch ebbte ab. Dann wurde es ganz still. Die Tür flog auf und steif vom langen Sitzen quälten wir uns ins Freie. In „Erster Geige Blau" mit hohem Hut, Wintermantel und Handschuhen fanden wir uns auf einem riesigen Beton-Vorfeld wieder. Es herrschten über 30 Grad im Schatten, den es dort aber nicht gab. Der Schweiß rann uns von der Stirn. Zwei Nächte zuvor lag noch Eis und Schnee in Goose Bay. Jetzt harrten wir der Dinge und packten unsere Mäntel und die doppelreihigen Jacketts samt hohem Hut erst einmal auf unser inzwischen ausgepacktes Gepäck. Wir waren mit 24 Mann ausgestiegen. Alle anderen Passagiere waren bereits in Washington an ihrem Reiseziel angekommen. Hier standen wir nun, die neuen Flugschüler, sechs von der Marine und achtzehn von der Luftwaffe, und schauten uns etwas ratlos an. Nur eines der Luftwaffengesichter hatte ich mir von Uetersen her sehr gut gemerkt. Die anderen kannte ich noch immer nicht.

Ein in fliegerblau umgespritzter typischer „Schulbus" kam angefahren und ein deutscher Luftwaffenmajor in Khaki-Uniform stieg als erster aus und kam auf unseren schwitzende Haufen zu.

„Guten Tag, meine Herren, willkommen in Sheppard. Wir wollen erst einmal antreten. Der DDO (Dienstältester Deutscher Offizier) in Sheppard wird sie gleich begrüßen".

Wir machten Anstalten, uns in Reih und Glied und in Zweierreihe aufzustellen. Vierundzwanzig Mann, in Zweierreihe angetreten, machen eh nicht viel her. Unser Haufen sah darüber hinaus sowieso nicht sehr professionell aus, da die meisten von uns, aber nicht alle, das Jackett ausgezogen hatten und teilweise mit hochgekrempelten Uniformhemden dastanden. Wir einigten uns schließlich auf Jackett für alle, es würde ja wohl nicht lange dauern, und mit Hut. Ein deutscher Oberst kam nun aus der Richtung des Schulbusses, wo noch einige andere Herren im Schatten des Busses warteten.

„Flight 68-03 ... still..ge..staan..denn ..." ertönte der Major.

„Ach du liebe Güte" schoss es mir durch den Kopf. „Der kann ja nicht einmal ein Kommando geben".

So langgezogen und ohne Betonung kann kein Kommando funktionieren, weil niemand weiß, auf welcher Silbe er sich bewegen soll. Altgediente Soldaten wissen an dieser Stelle, was ich meine.

„Zur Meldung an den DDO ... Augen rechts ..."

Herr Oberst kam einige Schritte näher, blieb stehen und ließ sich Meldung machen. Wir standen mit militärischem Gruß erstarrt und er trat vor uns.

„Guten Tag Flight 68-03 ..."

„Guten Tag Herr Oberst" kam es von uns zurück.

„Augen geradeee ... ausss ... rührt Euch."

Unsere Ausgehschuhe erzeugten ein eher verhaltenes Geräusch.

Was nun folgt, möchte ich mir an dieser Stelle teilweise ersparen, weil ich sonst sofort wieder zu schwitzen anfange. Nur so viel: Herr Oberst hielt eine längere Ansprache unter brennender Sonne. Uns lief der Schweiß unter den Hüten hervor und alles andere klebte am Körper.

„Blaahh blaahh blaablabaaa..." und so weiter.

Ich habe keine Ahnung, was er sagte und wie lange seine Ansprache dauerte. Es war jedenfalls sehr viel zu lange. Schließlich war auch noch der Major erneut an der Reihe. Der Oberst verschwand nun von der Bühne und drei Amerikaner in Fliegerkombinationen standen vor uns.

„At ease! Welcome to Sheppard Air Force Base. It's very hot out here. Grab your stuff and hop into the bus. We will bring you to your quarters first. Take a shower and we'll meet you later, in two hours perhaps... Rührt Euch! Willkommen in Sheppard. Es ist sehr heiß hier draußen. Schnappen sie sich ihr Gepäck und ab in den Bus. Wir bringen sie zuerst in ihre Unterkünfte. Gehen sie erst einmal unter die Dusche... wir sehen uns später, so etwa in zwei Stunden etwa..."

Nur Minuten später luden wir unser Gepäck vor einer typischen Offiziersunterkunft aus. Ein amerikanischer Unteroffizier wartete schon auf uns. Er verlas jeweils zwei Namen und nannte die Unterkunftsnummern, während er mit der Hand in die jeweilige Richtung zeigte. Mit einem Marinekameraden teilte ich mir nur Sekunden später ein sehr geräumiges Drei-Zimmer-Appartement mit Bad und Küchenzeile. Jeder von uns hatte sein eigenes Schlafzimmer. Das Wohnzimmer besaß neben einem Sofa noch zwei bequeme Sessel, einen Tisch, Kommode und ein Schränkchen. Die Küchenzeile besaß alles, was zwei Leute denn so am Nötigsten brauchen konnten. Wir räumten unsere Klamotten im Schlafzimmer aus und dort in je einem sehr geräumigen Wandschrank wieder ein. Die Unterkunft war sehr gut klimatisiert. Nachdem wir völlig verschwitzt von draußen reingekommen waren, fühlte es sich fast ein wenig zu kühl an.

Die Dusche tat gut. Wir gingen zu unseren Marinenachbarn und trafen uns kurz darauf mit allen Marinekameraden in einem Appartement wieder, um erste Eindrücke auszutauschen. Wir waren alle sehr angenehm überrascht. Immerhin war dies eine Kaserne. Es fühlte sich aber an wie in einem Best Western Hotel. Der amerikanische Sergeant erschien und verkündete den weiteren Ablauf des Tages. Er verteilte an jeden von uns einen detaillierten Lageplan der riesigen Kasernenanlage. 20.000 Soldaten sollten hier wohnen und ihren Dienst tun, ließ er uns noch wissen. Grundsätzlich sollte an diesem ersten Tag nichts weiter passieren. Darum war der Hinweis auf die Lage der Offiziermesse zunächst das Wichtigste.

Wir waren tatsächlich in Amerika!

Woher der Sekt so schnell kam, weiß ich nicht mehr. Jedenfalls wurde erst einmal auf meine nun wirksame Beförderung angestoßen.

Man traf sich irgendwann danach in der O-Messe wieder, Anzug Khaki mit Marineschiffchen. Schnell lernten wir hier die Regeln und Abläufe für die kommenden Stunden und Tage. Wir trafen einige von unserer Vorgängercrew, die uns willkommen hießen. Sie berichteten uns, wie es am kommenden Morgen weitergehen würde. Um 08:00 Uhr texanischer Zeit würde uns ein „Schulbus" von der Unterkunft abholen, um uns zum deutschen Dienstgebäude am anderen Ende des Flugplatzes zu bringen. Das deutsche Dienstgebäude lag weit draußen am Rollfeld, auf dem auch die „T-37" und die „T-38" parkten. Zu Fuß wäre das bei den herrschenden Temperaturen eine Tortour gewesen und hätte viel zu lange gedauert.

Ich weiß nicht mehr, wie lange ich in der O-Messe war und was ich mir in den weitläufigen Räumen an diesem ersten noch Tag angesehen habe. Aber ich bemerkte, dass es draußen vor der Tür sogar ein sehr großes Schwimmbad gab. Kurz darauf fiel ich in meiner neuen Unterkunft in tiefen Schlaf.

„Good night America and thanks for having me…"

Unsere Unterkünfte in Sheppard sahen sehr ähnlich aus, lagen aber abseits und sehr viel ruhiger.

(Diese Aufnahme stammt aus dem Internet und wurde Anfang der 60er aufgenommen)

Fünf Cent kostete die erste Tasse Kaffee in der O-Messe. Ab der zweiten Tasse kostete es nichts mehr. Wir hatten uns alle zum Frühstück eingefunden und probierten American Breakfast. Der Bus wartete draußen und wir wurden nach Eiern mit Speck zum ersten Begrüßungsempfang in die „Deutsche Staffel" gefahren. Das war ein sehr neues Flachdachgebäude, in rotem Stein errichtet und mit einer sehr gut funktionierenden Klimaanlage ausgestattet. Hier sollten wir in den kommenden Wochen erst einmal allerlei Fliegertheorie büffeln. Unsere zukünftigen „T-37" Schulflugzeuge parkten direkt außerhalb des Gebäudes auf einem riesigen Vorfeld. Sie wurden derzeit noch fleißig von unserer Vorgängercrew durch die Lüfte bewegt. Es roch draußen nach JP-4 Düsenkraftstoff.

Die Begrüßung war extrem freundlich. Unser amerikanischer Staffelchef war den Umgang mit den „Germans" schon von zwei unserer Vorklassen gewohnt. Wir fühlten uns bereits in den ersten Minuten sehr gut aufgehoben. Alleine schon die Einrichtung der Klassenzimmer und des gesamten übrigen Gebäudes war erheblich moderner und besser, als wir es aus unseren Kasernen gewohnt waren. Dies war eben Amerika.

Wir wurden unseren Fluglehrern zugeteilt und über den Ablauf der nächsten Tage informiert. Erst einmal sollten wir unsere komplette Fliegerbekleidung und Flugausrüstung bekommen. Neben den Fliegerkombinationen, Pilotenhelmen, Fallschirmen, die individuell angepasst wurden, gab es auch Dinge wie das Kniebrett oder die hervorragenden Sonnenbrillen mit dem geraden Bügel. Der war deshalb gerade, weil man eine Sonnenbrille sonst nicht hätte unter dem Helm auf- und absetzen können. Mit geradem Bügel konnte man die Brille bei aufgesetztem Helm und Atemmaske einfach unter den Kopfhörermuscheln in Position schieben, ohne den Helm abnehmen zu müssen. Mit uns vierundzwanzig Mann ging die Ausrüstung inklusive individueller Anpassung des Fallschirmes relativ schnell und problemlos vonstatten. Es waren genügend Bekleidungsspezialisten vor Ort. Ab jetzt sollte die Flieger-Kombination unser alltäglicher Anzug sein. Vom morgendlichen Aufstehen bis zum Schlafengehen sah man uns nun nur noch in Kombi. Uns allen kam das sehr gut zu pass, denn das ewige Bügeln der weißen Marine-Uniformhemden war nicht so ganz unser Ding, meines schon gar nicht.

An den ersten Tagen bekamen wir erst einmal alle erdenklichen Sicherheitseinweisungen und es gab sehr viele Formulare auszufüllen und noch mehr Unterschriften zu leisten.

Der allererste Unterricht, den wir überhaupt bekamen, war texanische Fahrschultheorie. Wir sollten nämlich alle einen texanischen Führerschein bekommen. Unser Fahrschullehrer war ein echter Sheriff aus Wichita Falls, den ich anfänglich nur sehr schwer verstehen konnte, weil er ein furchtbar breites Texanisch sprach. Als er zum ersten Male vor unserer Klasse auftauchte, trug er einen tief hängenden Revolver im Halfter, den er niemals ablegte.

„Why is driving at night more dangerous than during daylight?" war seine erste Frage überhaupt.

Die Antwort gab er selber.

„...because of reduced visibility at night. Remember this question."

Das taten wir denn ja auch und es gab noch etliche Fragen und Antworten gleich dazu, die er uns sehr ans Herz legte. Ich glaube mich zu erinnern, dass wir das gesamte Fahrschulprogramm an nur drei Vormittagen abgeschlossen hatten. Im schriftlichen Test kamen danach nur die Fragen dran, auf die er uns wiederholt aufmerksam gemacht hatte. Ich erreichte 98 von 100 Punkten. Für die praktische Fahrprüfung lieh ich mir einen riesigen amerikanischen Wagen von einem Kameraden der Vorklasse. Die Prüfungsfahrt fand gleich zwischen den Kasernenblöcken statt. Ich fuhr den Sheriff auf dessen Anweisung „einmal um den Block". Dann sollte ich zwischen zwei geparkten Wagen rückwärts einparken. Das klappte auf Anhieb sehr gut und besonders deshalb, weil es an der langen Straße gar keine geparkten Wagen gab.

„Just imagine..." war seine Antwort. In der Tat reichte mein Vorstellungsvermögen dafür völlig aus. Ich bekam noch am selben Tag einen texanischen Führerschein.

Nach nur 10 Stunden Unterrichtung gab es diesen Nachweis und einen texanischen Führerschein.

```
              ISSUED BY
    TEXAS DEPT. OF PUBLIC SAFETY
              AUSTIN, TEXAS
    YOU MUST CARRY THIS LICENSE WITH YOU WHEN YOU DRIVE
              TEXAS OPERATOR LICENSE

  LICENSE NO.    EXPIRATION    WEIGHT    COLOR HAIR
                    DATE
   6183280        103168        162       BLND
  RESTRIC-  RACE  SEX   DATE OF BIRTH   HEIGHT   COLOR-EYES
  TIONS
  SEE
  CODE  O    W    M       50139          600      BLUE
  RESTRICTION CODE:
  1. WITH CORRECTIVE LENSES            4. OUTSIDE REAR VIEW MIRROR
  2. ACCOMPANIED BY LICENSED DRIVER,   5. APPLICABLE MECHANICAL
     AGE 21 OR OVER, IN FRONT SEAT.       DEVICES
  3. WITH CORRECTIVE LENSES AND LICENSED  6. PASSENGER CAR ONLY
     DRIVER, AGE 21 OR OVER, IN FRONT SEAT.  7. DETAILS

  WULF  HEINRICH  BEECK
  BOX  A  4142  CMR  1
  SHEPPARD  AFB                              , TEXAS
                           Wulf Beeck
  USUAL SIGNATURE HERE - IN INK              (OVER)
```

Der theoretische Unterricht für unseren ersten Jet, der „T-37", war dagegen anfänglich sehr anstrengend. Einmal lag es an der Sprache, die trotz vermeintlich „gewisser" Übung sehr viel Geduld von unseren Lehrern und natürlich besonders von uns abverlangte. Aber wir hörten uns so langsam hinein in den amerikanischen Tonfall. Es gab eine Menge Fächer, die wir pauken mussten. Allesamt waren zwar hochinteressant und wurden von unseren Lehrern außerordentlich professionell vorgetragen, aber über uns hing durchgehend das Schwert des Damokles. „Ever so often..." wurden Zwischentests und Abschlusstestes geschrieben. Wehe, wenn man die erforderliche Punktzahl nicht erreichte. Es gab dann höchstens eine individuelle Wiederholung, danach war man in der Regel raus aus der Ausbildung. Jemand sagte einmal: „Du sitzt schneller wieder im Flieger nach Deutschland, als du es deinen Eltern per Telefon ankündigen kannst." Alle theoretischen Stunden wurden peinlichst genau dokumentiert und einzeln zensiert.

					SUMMARY RECORD OF TRAINING (FLYING)				
1. LAST NAME BEECK, Wulf	FIRST	MIDDLE INITIAL	2. AFSN 2343Ger	3. GRADE: MSM	4.	5. SEX: M	6. NATIONALITY: German		7. TRAINING BASE: Sheppard AFB, Texas
8. DATE OF BIRTH 1 May 1939	9. EDUCATION Jr. Col.	10. APTITUDE NA	11. PAFSC NA	12. OTHER AFSC's: NA		13. SOURCE: Germany	14. COMMAND: Germany		15. PREVIOUS BASE: Germany
16. COURSE TITLE: Undergraduate Pilot Training		17. COURSE NR. 111123	18. DATE ENT. 4 Oct 66	19. CLASS DESIGNATION Class 68-03		20. AERO RATING None	21. FLYING STATUS: Yes		22. TYPE OR SOURCE: Foreign
23. ACADEMIC TRAINING RECORD					24. OFFICER TRAINING RECORD				
23A. SUBJECT OR PHASE		23B. PRESCRIBED HOURS	23C. HOURS COMPLETED	23D. GRADE	24A. SUBJECT OR PHASE		24B. PRESCRIBED HOURS	24C. HOURS COMPLETED	24D. GRADE
Aviation Physiology T-37		28:00	28:00	84	Orientation & Processing		28:00	28:00	comp
Physiological Support		10:00	10:00	comp	Counterinsurgency		10:00	10:00	ca
Aircraft Engineering T-37		22:00	22:00	91	Leadership & Character Guid		56:00	56:00	comp
Instr Proc & Radio Aids T-37		15:00	15:00	97	Basic Military Knowledge		6:00	6:00	comp
Principles of Flight		10:00	10:00	93	Air Tactics		10:00	10:00	comp
Flight Instruments		13:00	13:00	91	Military History		6:00	6:00	comp
Aural and Visual Code		8:00	8:00	comp	Drill Instruction		12:00	12:00	comp
Navigation		23:00	23:00	95	Physical Development & Cond		125:00	125:00	comp
Flying Safety		6:00	6:00	comp					
Flight Planning T-37 92/73		36:00	36:00	80.6					
Weather 90/100		36:00	36:00	96					
Aviation Physiology		4:00	4:00	comp					
Aircraft Engineering T-38		17:00	17:00	89					
Inst Proc & Radio Aids T-38		16:00	16:00	93					
Flight Planning 97/93		34:00	34:00	94.6					
Applied Aerodynamics		21:00	21:00	97					
Radar		5:00	5:00	comp					
					24E. TOTAL HOURS AND FINAL MILITARY TNG AVERAGE		253:00	253:00	comp
					24F. FINAL MILITARY TRAINING GRADE				comp
					INTERPRETATION OF GRADES (Exclusive of averages): 93 - 100 Superior 88 - 92 Excellent 83 - 87 Good 78 - 82 Fair 70 - 77 Weak				
23E. TOTAL HOURS AND FINAL ACADEMIC TNG AVG		289:00	289:00	91.76	Grades in parenthesis indicate grades made on remake examinations or repeats of the phase.				
23F. FINAL ACADEMIC TRAINING GRADE				92					

Hier sind alle Theoriefächer dokumentiert.

Meinen ersten Einweisungsflug auf der „T-37" machte ich mit meinem Fluglehrer Jim Martin am 28. Oktober 1966. Wir starteten um 07:45 und landeten nach genau einer Stunde. Das war ein super tolles Erlebnis. Ich hatte diverse Tage vorher gemäß dem Programm meine Cockpit-Times gut genutzt, um alle Hebel, Instrumente und Schalter bereits fast auswendig zu kennen.

Vor meinem ersten Einweisungsflug. Das war das einzige mal, dass ich auf dem linken Sitz flog.

Das reine Fliegen, obwohl ja nun erheblich schneller als alles andere, was ich vorher durch die Lüfte bewegt hatte, fiel mir am leichtesten. Aber an die doch sehr umfangreiche Instrumentierung des Jets mit all seinen Funktionen musste ich mich natürlich erst gewöhnen. Trotzdem machte es einfach nur riesigen Spaß. Zugegeben: das Atmen durch die Sauerstoffmaske, besonders wenn es rauf ging in größere Höhen, war sehr gewöhnungsbedürftig. Da mir allerdings der Anblick der Erde von oben und die Orientierung im dreidimensionalen Raum seit nunmehr elf Jahren vertraut waren, konnte ich mich auf alles Neue besonders intensiv konzentrieren. Das handwerkliche Fliegen ging fast wie von selber.

Mit der „T-37" am Himmel über Texas.

Es wurde wochenweise gewechselt: Unterricht am frühen Morgen bis zur Mittagspause, nachmittags bis oft zum Dunkelwerden wurde geflogen. In der darauf folgenden Woche waren wir schon um 06:00 Uhr auf der Flight line. Dann ging es vormittags zum Fliegen und nach der Mittagspause folgte der theoretische Unterricht bis 17:00 Uhr.

Auf den ersten Flügen drehten wir überwiegend kleine und große Platzrunden. Die Flughöhe war dabei exakt vorgeschrieben. Mein Lehrer Jim ermahnte mich mehrfach, weil ich oft so um die 50

Fuß, also etwa 15 Meter, zu tief flog. In meiner bisherigen mehr als 11 jährigen Sportfliegerei hatte das nun gar keine Rolle gespielt. Ich nahm daher seine Aufforderung nicht besonders ernst. Dann aber drückte er mir meinen Sauerstoffschlauch zu und schimpfte mit mir.

„Wenn Du stundenlang genau 50 Fuß tiefer fliegen kannst, dann kannst du das auch genau auf der richtigen Höhe."

Ich konnte...

Es war erst mein zwölfter Flug auf der „T-37". Ich war um 07:35 mit meinem Fluglehrer gestartet und wir drehten eine Platzrunde nach der anderen. Bei einem der vielen Anflüge zum „touch and go", also dem kurzen Aufsetzen auf der Startbahn mit anschließendem Durchstarten, hielt mein Lehrer beide Gashebel in Leerlaufstellung zurück und gab das Kommando „I have it". Er übernahm also die Kontrolle über das Flugzeug.

„You have it" bestätigte ich wie vorgeschrieben. Er trat auf die Bremsen. Wir stoppten mitten auf der Landebahn und er stellte das rechte Triebwerk ab. Die Kabinenhaube fuhr nach oben, er schnallte sich ab und stieg aus. Während er das Gurtzeug an seinem Sitz ineinander steckte und sicherte, gab er mir eine letzte Anweisung.

„Du startest direkt von hier aus. Der Rest der Startbahn ist für dich noch immer mehr als lang genug. Flieg noch ein paar Platzrunden, achte dabei auf den restlichen Sprit und dann kommst du endgültig runter. Alles klar?"

„Yes Sir..."

„Have a nice flight."

Ich fuhr das Kabinendach runter und sah ihn zur Seite der unendlich langen Startbahn weggehen. Das war also der Tag, von dem schon eine Weile gesprochen wurde: der Tag unseres ersten Solofluges. Nein, ich war nicht aufgeregt, dennoch war es anders als bisher, ganz anders. Ich startete das rechte Triebwerk, holte mir vom Tower die Startfreigabe und war nur Sekunden später wieder in der Luft. Noch vier oder fünf Platzrunden flog ich mit weiteren „Touch and go". Dann erreichte der Treibstoffpegel die Marke, die uns eine letzte Landung vorschrieb. Butterweich setzte ich den Vogel hin, rollte zurück zum Abstellplatz, wo mich der Wart schon mit zum Einwinken hoch ausgestreckten Armen erwartete. Nach dem Abstellen beider Triebwerke ging mein Daumen zum „Alles klar" nach oben. Er gab dieses Zeichen an die Techniker weiter, die irgendwo abseits warteten. Alles war heil und flugbereit geblieben. Der nächste Pilot konnte die Maschine nach dem Auftanken sofort wieder übernehmen.

Ich musste mich durch ein langes Spalier von Gratulanten hindurchzwängen und war stolz auf mich. Ich war zum ersten Male in meinem Leben ganz alleine mit einem Düsenjet geflogen.

Aber das Leben kann selbst bei solchen Anlässen immer ein klein wenig ungerecht sein. Wie sich herausstellen sollte, war ich tatsächlich der erste von uns 24 Flugschülern gewesen, der heute und als erster überhaupt auf seinen Alleinflug geschickt wurde. Direkt nach mir ließ noch ein zweiter Fluglehrer seinen Schüler zu dessen erstem Soloflug starten. Der aber war jedoch bereits wieder gelandet, als ich noch ein oder zwei weitere Platzrunden ohne meinen Lehrer drehte. So war er also der „erste" Soloflieger, der wieder am Boden war und ausstieg. Man „feierte" ihn als den ersten Solisten.

Im Laufe der kommenden Tage schafften dann auch alle anderen den ersten Sprung in die Lüfte ohne Aufpasser. Wir alle bekamen aus diesem Anlass das unten abgebildete, sehr humorvoll verfasste Diplom.

3631st Pilot Training Squadron

Be it known that on this day 22 Nov. One Thousand Nine hundred and 66 , MSM Wulf Beeck distinguished himself, his flight and the 3631st Pilot Training Squadron by hurtling his shivering young body, not once, but several times around the Sheppard Air Force Base traffic pattern aboard a jet powerd „Doubled Throated Humming Bird" alone unassisted, and completely scared out of his young mind.

Fearlessly he knifed among other aircraft that were rolling high key, straight in, no flap, low key, single engine, closed downwind, on the go, and creating sheer terror among the airliners, light aircraft and helicopters, to bring his all metal, aluminum machine to a solid three point landing in front of mobile control, causing the controllers to shoot multi-colored flares in celebration. Herewith, heretofore, and notwithstanding, said terror of the sky has undergone the painless, yet warming, initiation into the fraternity of „Düsenjäger Piloten" in the subsonic, almost as light as air division.

This super swell certificate is herewith presented to certify that the aforementioned deed of reckless bravery is now a matter of record and is to be known by all.

WITNESSED BY _____
most worthy grey haired flying
instructor and nervous wreck.

APPROVED BY _____
birdwatcher hatchet man and
terror of the time board.

SECONDED BY _____
keeper of the sick sacks from
whom all learning flows.

SANCTIONED BY _____
ultra high flave driver and
keeper of the red pencils.

Hier sitze ich stolz im Cockpit einer „T-37".

Am folgenden Tag erschien diese Anzeige über uns beide in der lokalen Presse. Nur wir zwei durften am Vortag zu unserem jeweils ersten Solo-Flug starten.

Nachdem alle von uns ihren ersten Soloflug erfolgreich absolviert hatten, wurde draußen an der Flight Line eine zünftige Party gefeiert. An diesem Tag war ich der letzte, der noch flog und schließlich erst in der Abenddämmerung landete.

Auf dem Grillplatz ging es bereits hoch her und man meinte, ich müsste erst einmal „aufholen". Aus einem großen Pappbecher gab es eine Art Punsch, aber der wurde trotz meines Protestes mit sehr viel Rum aufgefüllt. Letztlich verkürzte dieses Gesöff meinen Abend etwas. Wie ich nach Hause gekommen bin, weiß ich nicht mehr. Ein eigenes Auto hatte ich zu der Zeit noch nicht.

Soloparty „T-37" In der Mitte unser amerikanischer Staffelchef.

Es ging später ganz schön hoch her auf unserer Soloparty.

Mein Fluglehrer Jim Martin

Es gab einen Wettbewerb. Wir sollten, jeder für sich, ein Wappen für unsere „Flight" entwerfen. Eine Jury würde dann entscheiden, welches wir für unsere Zeit in den USA an unseren Fliegerkombinationen tragen dürften. Ich war schon immer ein Fan für die Comic Hefte von Snoopy und Charlie Brown und seinen Freunden. So entwarf ich ein Snoopy Abzeichen. Zu meiner großen Freude wurde das einstimmig ausgewählt. Fortan trugen wir alle als „unser" Erkennungszeichen den Snoopy.

Unser Staffelwappen.
Die kräftigen Farben sind blau (Himmel), weiß (Snoopy), rot (Flugzeug) und gelb (Schal).

Die Ausbildung schritt rasch voran. Soloflüge und solche, bei denen wieder ein Fluglehrer auf dem rechten Sitz mitflog, lösten sich ab. Zwischendurch gab es hin und wieder einen Checkflug. Den durfte man auf gar keinen Fall in den Sand setzten. Wenn jemand einen „pink" bekam, läuteten alle Alarmglocken. Man bekam dann mit einem anderen Lehrer die Gelegenheit, diesen Flug nur noch einmal zu wiederholen. Zu jedem Flug gab es ein exakt vorgegebenes Flugprofil, das man während der „mission" abarbeiten musste. Sollte jemand auch noch durch den Wiederholungsflug durchfallen, trat das sogenannte „Board" zusammen. Dieses Gremium aus Fluglehrern, dem Staffelchef und eventuell noch anderen, wie zum Beispiel dem Fliegerarzt oder dem Flugpsychologen, entschied schließlich darüber, ob ein Schüler sofort abgelöst würde, oder ob man ihm noch eine weitere Chance einräumen wollte. Auch hier konnte man schneller wieder in Deutschland sein, als man es glauben konnte. So streng waren hier die Anforderungen.

Wir begannen nun mit dem Formationsflug und dem Kunstflug. Mehrere Flüge, erst wieder mit Lehrer, wurden als Soloflüge fortgeführt. Meist saß in einer Maschine der Zweierformation noch ein Lehrer mit im Cockpit, während das andere Flugzeug solo gesteuert wurde. Wenn man den Kunstflug mit all den Manövern wie „Clover leaves", „Barrel rolls", „Loopings", „Split S", „Slow rolls" und „Lazy eights" einigermaßen beherrschte, wurde man zum weiteren Training alleine in seine „Area" entlassen. Solch eine „Area" war ein genau seitlich und in der Höhe abgegrenzter Luftraum, in den sonst niemand einfliegen durfte. Weder der allgemeine Flugverkehr noch die großen Passagierflugzeuge durften dort auftauchen. Ein so definierter Luftkorridor hatte bisweilen mehr als 20 Kilometer Länge und reichte etwa von 6000 Fuß bis 14000 Fuß, während ein zweiter ab 14000 Fuß genau darüber lag. In jedem derart genau definierten Luftraum befand sich jeweils nur eine „Mission". Die Zu- und Abflugkorridore waren ebenso genau nach Flugführung und Höhe festgelegt. So war sichergestellt, dass niemand einem anderen in die Quere kommen konnte. Unbeabsichtigte Zusammenstöße waren so gut wie ausgeschlossen.

Gleich zu Beginn unseres Kurses auf der „T-37" stieß noch ein weiterer Schüler zu uns. Er war jetzt Zivilist, flog aber früher als Major der Luftwaffe unter anderem die Typen „T-33", „F-84" und „F-86". Um zu studieren, hängte er seine Uniform an den Nagel. Die Bundeswehr wollte ihm kein Studium finanzieren. Nun war er aber mit seinem Ingenieursdiplom bei den Messerschmidt Werken in Manching angestellt und die schickten ihn zu uns nach Amerika. Er sollte für MBB Testpilot werden. Wir gaben ihm kurz darauf den Spitznamen „Mister Wait-a-minute". Fast bei jeder Frage, die ihm ein Lehrer während des theoretischen Unterrichtes stellte, kam erst einmal: „wait a minute..." Er schien immer wie aus einem Traum hochzuschießen, bevor er antworten wollte. Da er nie die Frage so ganz 100%-tig verstanden zu haben schien, schaute er sich bei uns kurz um und von irgendwo her kam dann ein passendes Stichwort. Dabei war er ein ganz hervorragender Pilot mit bereits sehr viel Erfahrung auf diversen Düsenflugzeugen und einer der besten

Flugschüler überhaupt. Vielleicht kam er deshalb im Klassenzimmer stets mit einem Lächeln des Lehrers davon.

Auf dieser Karte erkennt man sehr gut die einzelnen Übungskorridore. Der Fluglehrer zeigt auf den Flugplatz Sheppard.
Das Übungsgebiet war mindestens so groß wie ganz Schleswig-Holstein.

Man erzählte sich nun folgende Geschichte: ein Solo-Schüler wurde in „seinen" Luftraum geschickt, um dort das Tagesprogramm zu fliegen. Ihm gehörte das „oberen Stockwerk" einer Übungszone. Als sich sein Sprit der festgelegten Marke näherte, verließ er das Übungsgebiet und flog nach Sheppard zurück. Zur gleichen Zeit beendete auch ein Lehrer mit seinem Schüler das Programm im Luftraum genau darunter. Der Fluglehrer bemerkte den Soloflieger, als der sich nur eine kurze Strecke vor dem Lehrer befand. Allerdings unterschritt der Solist seine vorgeschriebene Höhe, sank immer tiefer, um dann im Tiefstflug in Richtung Landeplatz abzudüsen. Da das ja nun absolut gegen alle Regeln verstieß, blieb der Lehrer unbemerkt hinter dem Tiefflieger, bis der kurz vor der Landung wieder brav auf seine Platzrundenhöhe aufstieg und schließlich landete. Die Geschichte endete angeblich damit, dass der Schüler bereits drei Tage danach wieder vor seiner Haustür in Deutschland stand.

„Stick to the rules and read the checklist... Beachte die Regeln und lies die Checkliste…"

Einer unserer Fluglehrer kannte einen hohen Beamten bei der NASA in Houston in Texas. Er arrangierte eine ganz individuelle Besichtigungstour für drei Lehrer mit ihren Schülern. Ich hatte Glück. Mit drei Flugzeugen machten wir also einen Überlandflug in Richtung Houston. Die Besichtigung war einfach nur toll. Alleine die Gebäudeanlage der NASA hat mich sehr beeindruckt. Der gesamte und sehr weitläufige NASA Komplex war so angelegt, dass er später einmal als geschlossenes Areal für eine zukünftige Universität genutzt werden könnte.

Wir erhielten eine sehr umfangreiche Führung. Es ging durchs große Kontrollzentrum mit den drei riesigen Wand-Monitoren und den unzähligen Bildschirmen an den Arbeitsplätzen, die man auch aus dem Fernsehen kennt. Wir wurden durch summende Computeranlagen geführt, die ganze Häuserblocks ausfüllten und schließlich ging es ins Außengelände, wo etwas abseits auf einem „Schrottplatz" sehr viele Gemini Kapseln in verschiedenen Größen herumlagen. Die waren einmal hauptsächlich dazu genutzt worden, um erste Cockpiteinrichtungen zu entwerfen. Die Instrumente in den Kapseln bestanden anfänglich meist nur aus aufgeklebten Papierattrappen. Und dann gab es noch eine sehr große Gesteinsgegend mit einem riesigen Gerölltrichter. Der sah einem Mondkrater sehr ähnlich. Hier konnten wir das erste im Maßstab eins zu eins gebaute Modell der späteren Mondlandefähre bestaunen. Alles in allem war es ein unglaublich interessanter Einblick in das gesamte NASA Kontrollzentrum.

Das Jahr 1966 neigte sich seinem Ende zu. Beim Autohändler in Faßberg hatte ich über meine dort wohnenden Eltern einen VW-Variant 1600 S bestellt, nachdem ich ursprünglich den Plan hatte, mir einen großen amerikanischen Straßenkreuzer zuzulegen. Als ich aber sah, welche Schrottlauben sich meine Kameraden aus der Vorcrew gerade so leisten konnten, obwohl Gebrauchtwagen sehr preisgünstig zu haben waren, wollte ich mein Geld eher besser anlegen. Ich schreckte vor der Anschaffung eines gebrauchten amerikanischen Wagens vor allen Dingen deshalb zurück, weil die erschwinglichen Kisten häufiger in die Werksatt mussten, als es den Besitzern lieb war. Ich wartete lieber geduldig auf die Ankunft meines VW, der noch vor Weihnachten per Frachter in Houston/Texas ankommen sollte. Aber noch bevor ich mobil war, sollte meine Ehefrau per Flug in Dallas ankommen.

Wie fast alle Kameraden aus meiner Crew war ich Anfang Dezember in eine tolle Wohnsiedlung außerhalb des Flugplatzes nach Wichita Falls gezogen. Über unsere Vorcrew bekamen wir die erforderlichen Hinweise und Tipps, wie so etwas am besten anzustellen war und wo man sehr gute Wohnquartiere für sich und die Familien finden konnte. Obwohl alle bisherigen Flugschüler, wir „Neuen" eingeschlossen, lediglich in die USA „kommandiert" und nicht versetzt worden waren, zog man das Wohnen außerhalb der riesigen Kasernenanlage vor. Der Unterschied zwischen einer Kommandierung und einer Versetzung war letztlich eine Frage des Geldes. Hier sparte die Bundeswehr enorme Kosten. So durften wir auf dem Weg von Deutschland offiziell lediglich nur die üblichen 20 Kilogramm Fluggepäck mitnehmen. Als Kommandierter bekam man auch keine Umzugskostenzusage und auch die monatliche Bezahlung fiel niedriger aus, als wenn man uns versetzt hätte.

Ich zog also in die „Timbers" um. Das war eine moderne und sehr gut ausgestattete Wohnanlage. Die Appartements waren voll möbliert. Es gab einen gemeinsamen Swimmingpool mit Grillplatz, schöne Parkanlagen um die Wohnungen herum und eine sehr gute Verkehrsanbindung in die Stadt und von dort weiter zur Sheppard Air Force Base. Bestimmt sieben oder mehr Familien von unserer Vorcrew lebten dort und inzwischen waren bereits auch einige von meiner Gruppe eingezogen. Ich lieh mir einen Straßenkreuzer von einer Autovermietung und kaufte im BX für auf den Cent genau für 200 US-Dollar die gesamte erforderliche Erstausstattung für unsere neue Behausung. Meine Frau sollte bei ihrer Ankunft alles vorfinden, was man im Haushalt so brauchte. So erstand ich denn je 2 x Bettwäsche, Handtücher, Geschirrtücher, Pött und Pann und Besteck für sechs Personen, Gläser, Becher und Nachtischschalen,

Rührlöffel und Kochutensilien aller Art inklusive Korkenzieher, Topflappen und eine volle Ladung für den riesigen Kühlschrank. Solch ein großes „Möbelstück" hatte ich in Deutschland noch nie gesehen. Kurzum: es war nach dem Einkauf aber auch alles vorhanden, um sofort den Haushalt auf vollen Touren starten zu können. Ich hatte sogar einige gerahmte Drucke gekauft und damit die Wände geschmückt. Das vorhandene Sofa wurde mit zwei Kissen dekoriert. Und das alles für unglaubliche 200,- Dollar.

Mein unmittelbarer Nachbar nahm mich täglich mit zum Dienst und auch wieder mit zurück. Seine Gattin war bereits mehrere Wochen vorher eingetroffen. Zunehmend füllten sich nun die reichlich vorhandenen Parkplätze in der Wohnanlage mit gebrauchten amerikanischen Autos. Meine Kameraden hatten sich nun alle so einen zugelegt. Da standen nun die Traumautos der 60ger Jahre in Reih und Glied. Chevrolets mit Flügelheck, Chrysler, Pontiacs und andere Traumautos reihten sich nebeneinander. Aber: es waren Fahrzeuge mit teils sehr hohen Kilometerständen, hohem Ölverbrauch und auch schon einmal leckenden Ölwannen. An Hand einzelner leerer Parkbuchten konnte man bald ahnen, wer sein Fahrzeug wieder in einer Werkstatt stehen hatte. Ich wartete noch geduldig auf meinen fabrikneuen VW-Variant.

Der eine Leutnant der Luftwaffe, dessen Gesicht ich nie wieder vergessen werde, lief fast jeden Morgen auf der anderen Parkplatzseite an mir vorbei, ohne mich anzuschauen. Es war ihm nun sichtlich peinlich, was er nur Wochen vorher mit mir für einen Terz auf der Straße in Uetersen angestellt hatte. Er war noch immer Leutnant, ich inzwischen Leutnant zur See.

Ich pflegte damals scherzhaft zu sagen: „„...wenn der mich irgendwo sieht, dreht er seinen Kopf zur Seite und zählt die Mauersteine, anstatt mich freundlich als Kameraden zu begrüßen".

Als meine Frau vermutlich schon im Flugzeug von Frankfurt nach New York saß, verhandelte ich mit einigen Kameraden, um mir ein Auto auszuleihen. Von Wichita Falls nach Dallas zum Flughafen war es eine ganz schön weite Strecke. Ich wusste sogar, dass besagter Leutnant auch seine Frau abholen wollte, sogar vom selben Flugzeug. Als ich ihn nach einer Mitfahrgelegenheit fragte, ließ er mich mit einer Bemerkung, die ich inzwischen vergessen habe, abblitzen. Andere Kameraden brauchten ihre Wagen auch irgendwie alle, was ich verstehen konnte. Ohne Auto war man in den USA völlig aufgeschmissen. Die Timbers lagen vom Stadtzentrum auch etliche Meilen entfernt und eine Nahverkehrsverbindung gab es dort nicht.

Wohl oder übel musste ich mir wieder einen Mietwagen holen. So stand ich dann pünktlich in der Ankunftshalle in Dallas und wartete auf meine Frau. Dann kam sie. Sie war in Begleitung einer anderen jungen Dame, mit der sie sich während des Fluges von Deutschland gut angefreundet hatte. Sie war bereits seit Frankfurt die Sitzplatznachbarin meiner Frau und beide Frauen stellten fest, dass ihre Männer im selben Ausbildungskurs waren. Den Herrn Leutnant hatte ich sogar vorher auch schon hier am Gate ganz kurz gesehen. Er war ja mit seinem Auto hier, um ebenfalls seine Frau abzuholen Aber mitnehmen wollte er mich nicht. Nein, wie war ihm das peinlich, als er feststellen musste, dass seine und meine Frau sich inzwischen gut kannten. Und nun das! Ich begrüßte meine und er seine Frau und dann trennten sich unsere Wege. Meine Frau verstand die Welt nicht mehr, als ich ihr zu erklären versuchte, was da zwischen uns und überhaupt gelaufen war. Sei`s drum.

Meine Frau war überglücklich, erstens in eine so tolle und großzügige Appartmentwohnung einziehen zu können, in der eine Klimaanlage wohlige Temperaturen erzeugte und in der aber auch alles vorhanden war, was man so zum alltäglichen Leben brauchte. Wir brauchten die ersten zwei oder drei Tage nicht einmal zum Einkaufen zu gehen. Selbst an frische Milch und Frühstückseier hatte ich gedacht.

Es war noch immer kurz vor Weihnachten und unser VW-Variant sollte jeden Tag in Houston eintreffen. Noch aber waren wir Fußgänger. Da es außerhalb der Wohnanlage keine Fußsteige entlang der breiten Einfallstrasse nach Downtown Wichita Falls gab, entschlossen sich meine Frau und ich, in der Abenddämmerung und bei einem schönen Sonnenuntergang auf dem sehr breiten Mittelstreifen dieser vierspurigen Straße einen Spaziergang zu machen. Es handelte sich schließlich nicht um eine „Autobahn". Wir merkten allerdings sofort, dass man in Amerika nicht zu Fuß ging.

Unsere Anwesenheit mitten auf dieser Straße verursachte nämlich beinahe einen schweren Verkehrsunfall, weil sofort einige von den wenigen Fahrzeugen dermaßen erschrocken auf die Bremse traten, als sie hier und völlig ungewohnt „Fußgänger" entdecken, dass ihnen der nachfolgende Verkehr nur mit quietschenden Bremsen und qualmenden Reifen ausweichen konnte. Da wir neben den Fahrbahnen nicht wirklich zu Fuß gehen konnten, weil überall trockenes und dorniges „Tumble Weed" herumlag, entschlossen wir uns sofort, derartige Abendspaziergänge zu vermeiden.

Zu dieser Zeit hatte einer von uns sechs Marinern erhebliche Probleme mit dem Flugprogramm gekommen. Zu oft lag die Landbahn nicht genau dort, wo sein Flugzeug aufsetzen wollte. „Go around…" hörte man den mobilen Kontrollturm wiederholt über Funk in den Äther rufen. Auch bereits mehrere genehmigte Extraflüge brachten die Landebahn nicht wirklich an den korrekten Aufsetzpunkt, was dann für das „Board" doch etwas zu risikoreich wurde. Der Ärmste musste also packen und war noch vor Weihnachten wieder zu Hause.

Nachdem ein Kamerad abgelöst worden war, blieben wir fünf Mariner übrig. (Kurz vor Weihnachten 1967)

Die Ankunft unseres neuen VW-Variant wurde uns genau zu dem Zeitpunkt gemeldet, als mein Weihnachtsurlaub 1966 beginnen sollte. Am 20. Dezember hatte ich meinen letzten Schulflug vor den Ferien. Der Flugbetrieb sollte danach erst am 4. Januar wieder beginnen. Das bedeutete fast zwei Wochen frei zu haben. Wir machten ganz schnell Pläne und buchten einen Flug nach Houston, um unser Auto im Hafen abzuholen. Das ging zwar ganz problemlos, sollte aber ein Abenteuer für sich werden.

Mister „Wait-a-minute" bot sich an, uns nach Dallas zu fahren. Unsere Maschine flog von dort nach Houston ab. Es war eine alte „DC-3", die noch aus dem zweiten Weltkrieg stammte, wo sie über Europa als Truppentransporter geflogen war. Die einzige Stewardess war schwer erkältet und rupfte ein Papiertaschentuch nach dem anderen aus einer Pappschachtel, die sinnigerweise am Dach des Cockpits angeklemmt war, direkt über den Köpfen der beiden Piloten. Nach Gebrauch eines solchen Papiertuches veranstalteten beide Piloten und die junge Stewardess damit so eine Art Ballspielchen. Die Tür zum Cockpit stand weit offen und letztlich landeten die Taschentücher auf dem Boden in der Kabine. Wir saßen zum Glück weiter hinten.

„It's much too early. Lest all go to sleep again..." war ihre erste Anweisung an uns in breitestem Texanisch.

Kurz bevor die beiden Motoren ihren Dienst aufnehmen sollten, flog kurz hinter uns durch die breit geöffnete Doppeltür des Flugzeuges ein mittelgroßer Heuballen in den Flieger und, wir trauten unseren Augen nicht, ein Pferd wurde samt Cowboy eingeladen.

Die Tür wurde geschlossen, Motorenlärm erfüllte die Kabine und wir rumpelten los. Im beinahe Tiefflug ging es quer durchs weite Texas. Erste Nebelbänke tauchten unter uns auf. Es war der Morgennebel vor einem sonnigen Wintertag. Farmhäuser schauten aus dem sehr niedrig liegenden Nebel hervor und vereinzelt auch Bäume. Davon gab es nicht allzu viele in dieser Gegend. Irgendwann begannen wir zu kreisen. Immer dasselbe Farmhaus kam an meinem Fenster vorbei uns manchmal konnte ich das obere Ende von Zaunpfählen erkennen. Nur der Boden selber war noch mit einer dünnen Nebelschicht verdeckt. Es fühlte sich an, als wollten die Piloten ein paar Anflüge machen. Wie sich herausstellen sollte, waren die im Tiefstflug tatsächlich ein paar Mal über die Landewiese einer einsamen Farm gedonnert und hatten es geschafft, mit den heißen Abgasen aus den Motoren den Nebel so weit zu verdunsten, bis sie genügend Gras sehen konnten, um aufzusetzen.

Der Cowboy samt Pferd und das restliche Heu wurden ausgeladen. Es ging danach sofort weiter.

Irgendwann landeten wir dann tatsächlich in Houston auf einem richtigen Flughafen. Ein Taxi brachte uns zum Hafen. Im Begleitschreiben, mit welchem die Ankunft unseres Wagens angekündigt worden war, befand sich eine genaue Wegbeschreibung zu der Stelle, an der wir uns zwecks Abholung einzufinden hatten. Nach nur wenigem Papierkram und einigen Unterschriften hatte ich die Autoschlüssel und Wagenpapiere in der Hand.

„Outside on the big car park. Look for slot 12-75..."

Man half uns draußen sehr höflich. Ich hatte ein weißes Fahrzeug bestellt, sah aber nur rote und blaue und ein graues. Erst beim genaueren Hinsehen merkte ich, dass unter der dicken, grauen Schmutzschicht ein weißer VW-Variant auf uns wartete. Für den Seetransport war der in Deutschland vollständig mit Wachs eingesprüht worden.

Eben außerhalb des Hafentores gab es eine erste Autowaschanlage. Unser Auto tauchte in strahlendem Weiß wieder auf. An der gleich nebenan liegenden Tankstelle stoppten wir auch noch schnell. Der Tankanzeiger stand nämlich auf Null. Das Waschen kostete 50 Cent und für eine Gallone Benzin zahlte man damals 26 US Cent. Das war noch ein billiges Vergnügen, das Autofahren, damals in Amerika.

Unser Urlaubsplan sah nun eine Fahrt durch das südliche Amerika nach New Orleans vor. Da die USA ein ausgesprochen autofahrerfreundliches Land waren, gab es nie Probleme bei unserem Fahren. Tankstellen gab es reichlich, die Straßen waren breit und sehr gut beschildert, und allen paar Meilen gab es ein „Drive In" Restaurant, um die Bedürfnisse von Reisenden zu stillen. Wenn man wollte, konnte man im Auto sitzenbleiben. Mädels rasten auf Rollschuhen heran, nahmen Bestellungen auf, um nur Sekunden später mit Fensterhalterung und der Bestellung auf einem Tablett und einem guten Wunsch zum nächsten Fahrzeug zu sausen.

„Amerika, du hast es besser..."

Wir suchten uns in New Orleans ein Motel. Davon gab es an allen Ein- und Ausfallstrassen genügend und die waren in der Regel ganz einfach zu buchen. Die Zimmer waren zwar einfach, aber dennoch zweckmäßig und stets mit Telefon und Fernseher ausgestattet. Häufig hatte eine Motelanlage sogar einen Swimmingpool. Man musste also für eine Übernachtung nie lange suchen und das Einchecken ging schnell und immer problemlos. Man fuhr mit seinem Wagen einfach vor das Office, verlanget ein Zimmer und keine zwei Minuten später hatte man den Schlüssel zu seinem Appartement. Mit dem Wagen fuhr man dann direkt vor die Appartementtür und das war`s auch schon.

Natürlich fuhren wir nach dem Einchecken sofort in die Altstadt weiter. Einen Parkplatz fanden wir problemlos und zu Fuß ging es entlang der weltberühmtesten Straßen des Dixieland und des Jazz. Louis Armstrong spielte hier und Lionel Hampton und andere Größen der 20ger und 30ger Jahre.

Wir trauten unseren Augen nicht, als wir plötzlich vier Marinekameraden unserer Gruppe in einem neu erstandenen „Chevy" ganz langsam vorbeifahren sahen. Ich rannte hinterher und nur wenig später erreichte ich sie vor einer roten Ampel.

„Hey Buddy, was machst du denn hier...?"

Nun zogen wir zu sechst durch die Stadt. Bier gab es erst ab 21 Jahren und nur gegen Vorzeigen eines Ausweises oder des Führerscheines. Wir mussten alle lachen, als sie einen von uns partout nicht in eine Nachtkneipe einlassen wollten, weil er viel zu jung aussah.

Über Weihnachten blieben wir im Süden und machten New Orleans und Umgebung unsicher.

Unser nagelneuer VW-Variant brachte uns sicher von A nach B und rechtzeitig kehrten wir in unsere gemütlichen „Timbers" zurück. Den Namen hatte die Wohnanlage von ihrer Bauart. Außen waren die Gebäude mit ungehobeltem Holz verblendet. Von der Optik her hätten die „Timbers" auch gut in eine alte Goldgräberstadt gepasst.

Ab dem 4. Januar 1967 ging unser „T-37" Programm planmäßig weiter. Im Formationsflug mit zwei Flugzeugen wurden wir immer perfekter und „Trail"-, „Echlon"- und was es sonst noch für Formationsfiguren gab konnten wir fast schon im Schlaf. Genauso gingen uns die vielen Kunstflugmanöver in Fleisch und Blut über und wir wurden schließlich absolut vertraut mit der Maschine.

Noch ein letzter Checkflug mit Jim und nach 128:55 Flugstunden war der erste von drei Flugausbildungsabschnitten hier in den USA erfolgreich beendet. Meinen letzten „T-37" Flug absolvierte ich am 4. Mai 1967 und landete nach 1:30 Stunden Formationsflug um 19:05 Uhr.

Jetzt war für mich und alle meine Mitschüler der Moment gekommen, an dem uns feierlich die amerikanische Fliegerspange angeheftet werden konnte. Man händigte uns feierlich die amerikanischen und deutschen Militärpilotenscheine aus, „valid for multiengine aircraft, limited to centreline thrust".

Hurra ... wir waren nun richtige Piloten.

Was war das doch für eine zwar anstrengende, aber gleichzeitig tolle und mehr als professionelle Ausbildung durch diese hervorragenden amerikanischen Piloten und Fluglehrer...

„Thank you, America..."

Gerade habe ich meine beiden Flugzeugführerscheine erhalten.

Zu meiner riesigen Freude und Überraschung schenkte mir mein Fluglehrer Jim Martin die Fliegerspange, die er damals nach seiner eigenen erfolgreichen Flugschulung überreicht bekommen hatte.

8. Kapitel
Ausbildung auf der „T-38"

Im selben Gebäude und nur einige Klassenzimmer weiter den Flur entlang, lag die „T-38" Ausbildungsstaffel, der wir bereits am nächsten Tag angehören sollten. Wir bekamen andere Fluglehrer, einen neuen Staffelchef und wieder Flughandbücher und Vorschriften und was weiß ich, was uns noch so an neuen Büchern mit auf den Weg gegeben wurde. „Study hard and learn your stuff..."

Die ersten neun Tage wurden wir wieder ausschließlich mit Theorie vollgestopft und auf mehreren „Flügen" im Simulator geschult. Auch hier hatten unsere Gastgeber keine Anstrengung gescheut, die Ausbildung so perfekt zu gestalten, wie es nur irgendwie ging. Jeder Fluglehrer bekam drei Schüler. Zunächst saß man zusammen mit seinem Lehrer im Klassenzimmer und lernte gemeinsam. Die „Bibel" war das Flughandbuch der „T-38" und natürlich auch die Checkliste, ohne die nirgendwo und niemals etwas auf der Flight-Line lief. Die dick hervorgehoben Notverfahren, die sogenannten „Bold Face Procedures", mussten wir wortwörtlich auswendig lernen. Teile aus der „Emergency Checklist" wurden immer und immer wieder abgefragt. Wenn man die nicht einwandfrei und wirklich wortgetreu herunterbeten konnte, gab es einen „pink". „Stick to the books..." war der geflügelte Spruch überhaupt. Neben fast kompletten Instrumententafeln im Maßstab eins zu eins, an denen wir die Theorie des Instrumentenfliegens am Kassentisch übten, wurde einmal sogar ein komplettes Triebwerk der „T-38" ins Klassenzimmer gerollt. Jeder durfte jedes Teil „begrabbeln" und so viele Fragen stellen, bis wir fast Triebwerksingenieure waren.

Am achten und neunten Tag nach Unterrichtsbeginns für das neue Flugzeugmuster saß ich bereits draußen auf der Flight-Line im Cockpit und studierte Instrumente, Schalter und alle Hebel nach der Checkliste. Auch die vorgeschriebenen ersten Simulatorstunden hatte ich bereits hinter mir.

Die „T-38" war ein doppelsitziges Überschallflugzeug. Die beiden Sitze waren, anders als bei der „T-37", hintereinander angeordnet. Das Flugzeug hatte eine sogenannte „Wespentaillenform", was ihr ein wirklich elegantes, stromlinienförmiges und gleichzeitig sehr gefälliges Aussehen verlieh. Alleine schon durch den weißen Anstrich sah dieses rasante Flugzeug anders aus, als alle seine Konkurrenten. Davon gab es damals so gut wie keine. In seiner Klasse hielt die „T-38" alle erdenklichen Weltrekorde, so zum Beispiel den Weltsteigrekord. Auch die NASA flog jahrzehntelang die „T-38" und hat mit ihnen bis zum Ende der Spaceshuttleflüge beinahe jedes aus dem Weltall zurückkehrende Raumschiff während der Anflug- und Landephase aus fast 20 Kilometer Höhe im Formationsflug begleitet. Mit seinen nur 7,70 Metern Spannweite und den zwei sehr starken Triebwerken konnte dieses Flugzeug schneller als jedes andere bis in sehr große Höhen aufsteigen.

Das Cockpit der „T-38" war sehr übersichtlich. Alle Instrumente lagen in logischer Anordnung und sehr gut einsehbar im Blickfeld des Piloten. Alle wichtigen Schalter lagen so angeordnet, dass man sie auch erreichen konnte, ohne groß den Kopf drehen zu müssen. Besonders beim Blindflug durch die Wolken oder nachts war das sehr wichtig, um nicht desorientiert zu werden. Starke Kopfbewegungen sollte man unter allen Umständen bei solchen Flugbedingungen vermeiden.

Jetzt und auf diesem Flugzeugmuster lag das Hauptziel der Ausbildung auf dem Formationsflug mit vier Maschinen und dem Instrumentenflug. Dazu sollten bald auch Nachtflüge folgen.

Aber noch saß ich im Cockpit draußen in der Hitze und lernte an Hand der Checkliste alle Instrumente auswendig und auch die „Procedures" vom „Walk Around" über den „Pre Engine Start Check" bis letztlich zum „After Landing Check".

Der zum bevorstehenden Fliegen wichtigste Teil der theoretischen Ausbildung beschränkte sich im Wesentlichen auf das Flugzeug mit all seinen Komponenten und besonderen Flugeigenschaften. Viele Fächer wie Wetterkunde, Aerodynamik mit Ausnahme des Überschallfluges, allgemeine Triebwerkskunde, Flugregeln und Übungsgebiete und etliche Themen mehr mussten nicht erneut gelernt werden, weil uns diese bereits von der „T-37" in Fleisch und Blut übergegangen waren.

Eine elegante „T-38" in der Luft.
(Diese gehörte zur Edwards Air Force Base.)

Schon am zehnten Tag nach Beginn der neuen Schulung war mein erster Flug mit meinem Fluglehrer Lieutenant Robinson angesetzt. Wir empfingen unsere Flugausrüstung, bestehend aus dem Rückenfallschirm, Helm mit Sauerstoffmaske, Anti-g Anzug, Tasche mit Flugplänen und der Checkliste, Kniebrett und dem Heft für Blindanflüge nach Instrumenten-Flugregeln und diverse Karten der Luftstrassen. Für einen Nicht-Flieger sahen die eher aus wie alte Burda Schnittmuster.

Draußen auf der Flight-Line begann es mit dem obligatorischen Rundgang ums Flugzeug. Selbst dazu gab es eine ganz genau festgelegte Prozedur, die nach der Checkliste peinlichst genau abgearbeitet wurde. Schließlich wollte man ja in kein Flugzeug einsteigen, an dem außen noch irgendwelche Klappen offen standen oder bei dem im Ansaugschacht eines der beiden Triebwerke eventuell noch ein Schraubenschlüssel vergessen worden war.

Auf diesem ersten Flug durfte ich bereits vorne sitzen. Die Bordwarte hatten uns angeschnallt, aber die beiden Kabinenhauben blieben wegen der hohen Lufttemperatur noch offen. Ich war inzwischen angeschnallt und mein Sauerstoffschlauch und das Mikrophonkabel waren zusammengesteckt.

„How do you read...? " kam es von hinten.

„Loud and clear".

Er forderte mich auf, die Checkliste in die Hand zu nehmen und lediglich mitzulesen. Auf diesem Demonstrationsflug würde er alles machen, aber ich sollte mitlesen und dürfte auch den Steuerknüppel die ganze Zeit mit anfassen und auch meine Füße auf den Pedalen lassen. Aber er würde erst einmal alles alleine machen. Ich sollte gut zuhören, da er mir nun ständig die Checkliste vorlesen und alles über das Mikrophon beschreiben würde, was nun folgen sollte.

„Just follow me through..."

Er startete erst eines, dann auch das zweite Triebwerk. Beinahe ohne Pause erklärte er jeden Handgriff, den er hinter mir in seinem Cockpit machte und beschrieb jedes Instrument und jeden Schalter, den er umlegte mit dem Zusatz, was daraufhin erfolgen würde. In beiden Cockpits waren alle Instrumente absolut identisch angeordnet. Ich konnte ihm sehr gut folgen. Er war irgendwie ein lustiger Typ und ein echter Texaner. Seine Aussprache war aber wesentlich besser zu verstehen, als damals das breite Texanisch des Sheriffs. Nachdem wir bereit waren zu rollen, zogen wir die Sicherungsstifte unserer Schleudersitze und zeigten diese dem draußen wartenden Crew Chief. Der wiederum hatte inzwischen die Sicherungsstifte des Fahrwerks gezogen und zeigte uns diese. Es konnte losgehen.

„Lower your canopy and check the area behind us..." kam es von hinten. "...use all three mirrors..."

Wir wollten ja beim Gasgeben niemanden wegblasen, der eventuell gerade noch hinter unserer Maschine herlief. Es sind schon aus Unachtsamkeit Fahrzeuge umgeblasen worden...

Während wir losrollten erklärte „Robbi", das war sein Spitzname, alles und jedes, was er machen und was gleich passieren würde. Der Tower gab uns die Freigabe auf die Startbahn. Ich bin sicher, dass Robbi mich besonders beeindrucken wollte. Er rasselte plötzlich die Checkliste wesentlich schneller herunter, holte sich die Startfreigabe und beschleunigte den eleganten Vogel. Ich wurde viel mehr in den Sitz nach hinten gepresst, als ich es von der „T-37" gewohnt war. Robbi lachte. Bei seinem Lachen fiel besonders auf, dass er etwas lispelte. Aber das machte die Sache noch lustiger. Ich konnte kaum folgen, so schnell hintereinander kamen seine Erläuterungen. Er hob die Nase des Flugzeugs sanft an und augenblicklich waren wir in der Luft. Er fuhr sofort das Fahrwerk ein und machte mich auf das „Rums" der Fahrwerksklappen aufmerksam. Wir waren unterwegs. In flachem Steigflug ließ er beide Triebwerke auf voller Leistung weiterlaufen, erklärte das Erreichen von 500 Knoten Geschwindigkeit und zog dann steil nach oben. Dabei redete er ununterbrochen weiter und erklärte selbst noch bei 4g (das entspricht dem Vierfachen der Anziehungskraft der Erde), was er beziehungsweise was das Flugzeug nun machen würde. Die rote Erde von Texas entfernte sich wirklich in einem abenteuerlichen Tempo hinter uns. Noch immer rasten wir beinahe senkrecht in den blauen Himmel. „Juppie..." hörte ich ihn von hinten. Recht hatte er... das eben war wirklich beeindruckend. Nach nur wenigen Minuten erreichten wir eine Höhe von 45.000 Fuß, das entsprach 15 Kilometer Höhe. Damit flogen wir erheblich höher, als alle Passagiermaschinen.

„I will demonstrate a supersonic flight to you now..." kam es durch meinen Kopfhörer. Wir befanden uns inzwischen im Geradeausflug auf der Flugfläche 450. „I will accelerate now. Watch the needle when we pass the Mach 1 marker. May be, the needle will flicker for a split second..."

Er schob beide Gashebel erneut bis zum Anschlag nach vorne. Noch immer war ein Druck an der Wirbelsäule spürbar, während wir auf etwa 1,4 Mach beschleunigten. Damit war dann auch unsere Höchstgeschwindigkeit erreicht. Weder das Flugverhalten noch das Geräusch im Cockpit hatten sich verändert.

Im weiteren Verlauf des genau eine Stunde dauernden Fluges machte er mir diverse Manöver vor. Ich durfte am Steuerknüppel mitfühlen und plötzlich sagte er

„You have it"

„I have it". Upps, ich hatte nun die Kontrolle übernommen. Ein paar Manöver, die er gerade demonstriert hatte, durfte ich nun nachmachen. So flog ich auf meinem allerersten Flug mit der „T-38" erste Rollen und sogar einen Looping. Noch immer in ziemlicher Höhe sollte ich dann in die Landekonfiguration gehen. Er erklärte mir dabei Wort für Wort die Handgriffe, die ich machen sollte. Als schließlich die Landeklappen und das Fahrwerk ausgefahren waren, simulierten wir eine Anflugkurve. Dabei demonstrierte er mir eine besondere Eigenart dieses Flugzeuges, die mit den sehr kurzen Stummelflügeln zusammenhing. „Reduce your speed to 180 Knots and turn left. Use between 45 to 60 degrees of bank and note the buffer from the wings..." Die Stummelflügel der Maschine befanden sich bei langsamer Fluggeschwindigkeit schon fast im Bereich eines Strömungsabrisses. Anders als bei allen anderen Flugzeugen konnte man das bei der „T-38" sehr genau „erfühlen", ohne ständig zum Fahrtmesser schauen zu müssen. Es war so eine Art Rappeln im ganzen Flugzeug zu vernehmen. Erste Teile der Tragflächen hatten jetzt bereits keinen sauber anliegenden Luftstrom mehr und es entstanden erste Abrisswirbel, die das Flugzeug leicht zum Schütteln brachten.

„Can you feel it...?" ... und weiter: „dieses Rütteln der Maschine ist in der Endanflugkurve normal. Merk´ die das! Flieg´ niemals langsamer, sonst fällst du aus dem Himmel…"

Er lachte mit seinem unverwechselbaren Lispeln. Robbi war schon ein witziges Kerlchen, dachte ich bei mir.

Kurz darauf schwebe er zur Landekurve ein.

„...fühlst di dieses Rütteln...? "

Und ob ich das merken konnte. Aber so war es genau richtig, erklärte er. Um mit korrekter Anfluggeschwindigkeit am Himmel zu bleiben, durfte man in der Endanflugkurve gerade das beginnende Schütteln des Flugzeuges bemerken. Er setzte schließlich sanft auf und rollte zu unserem Abstellplatz zurück.

„See you on the ground..."

Es machte „Klick" und weg war er. Er hatte gerade seinen Mikrophonstecker gezogen.

Etwa eine Stunde dauerte das "Debriefing" nach diesem ersten Flug.

„Are you happy with everything we did so far...? "

Ich war nicht nur zufrieden, ich war einfach nur begeistert.

Bereits der 13. Flug war mein erster Checkflug. Mir machte das Fliegen mit der „T-38" noch viel mehr Spaß, als auf dem Vorgängermodell. Und Probleme hatte ich auch nicht die geringsten. Im Gegenteil: meine „grades", die Benotungen für jeden einzelnen Flug, waren alle sehr gut bis „outstanding".

Der 21. Flug wurde dann schließlich mein erster Soloflug. Es gab wieder eine riesige Party, nachdem auch alle anderen Flugschüler meiner Klasse solo gegangen waren. Auch an diesem Tag war ich erst spät gelandet und wurde mit einer Extra-Portion hochprozentigen Getränkes „belohnt". Auch an diese Nacht habe ich keinerlei Erinnerung. Wie ich nach Hause gekommen war, ist mir nicht erinnerlich. Man hatte mich in kürzester Zeit total abgefüllt. Meine Frau erzählte mir später, meine Kameraden hätten mich irgendwann gegen Mitternacht brav an der Haustür abgeliefert. Ich sei nur noch in der Lage gewesen zu lallen und ihr mitzuteilen, dass ich am kommenden Morgen wieder fliegen müsse...

Am kommenden Morgen war ich zwar pünktlich auf der Flight-Line, aber so richtig gut ging es mir nicht. Ich schaute auf den Tagesflugplan und erschrak. Ich sollte doch tatsächlich in Kürze fliegen. In meinem Zustand konnte ich mir das wirklich nicht vorstellen und ich wollte auch nicht. Aber der Einsatzoffizier interessierte sich offensichtlich überhaupt nicht für mein Problem und bestand darauf, dass ich pünktlich am Flugzeug und pünktlich nach seinem Tagesflugplan zu einem Soloflug starten sollte. Mein Protest half nichts und ich kletterte nicht sehr lange danach ins Cockpit. Meine Checks arbeite ich normal ab, aber dann gab mir ein rotes Licht auf dem Instrumentenbrett zu verstehen, dass irgendetwas mit der Maschine nicht in Ordnung war. Ich konnte den Fehler nicht beheben und auch mein Wart konnte nicht sofort helfen. Es gab schließlich einen „ground abort", also einen Flugabbruch noch am Boden. Zurück in der Staffel konnte mir der Einsatzoffizier keine Ersatzmaschine anbieten, und so fiel ich für diese erste festgelegte Startzeitphase aus. Mir war das aus verständlichen Gründen nur mehr als recht. Was war ich doch erleichtert!

Nun hatte ich etwa drei Stunden Zeit bis zur nächsten Startsequenz. Ich verkrümelte mich in irgendwo hin und schlief gute zwei Stunden. Als ich wieder zu mir kam, ging es mir schon besser, aber noch nicht gut.

Nach etwa drei Stunden teilte mir der Einsatzoffizier ein anderes Flugzeug zu, und ich musste nun zum zweiten Male wohl oder über raus ins Cockpit und mich zum Flug anschnallen. Diesmal funktionierte am Flugzeug alles reibungslos. Ich bekam die Rollfreigabe und war wenig später in der Luft. Zum Glück war dieser Flug als „Platzrundenflug" vorgesehen. Also befand ich mich während der gesamten Flugzeit in Platznähe und drehte meine Runden zu diversen „touch and goes". Nach etwa der Hälfte der eigentlichen Flugzeit jedoch überkam mich ein gewisses Bedürfnis. Die Alkoholzusammenstellung von letzter Nacht zeigte jetzt eine gewisse Wirkung.

„Das ist ja wohl der beschissenste Moment, den man sich vorstellen kann..." ging es mir durch den Kopf. Ich war gerade wieder mit Durchstarten beschäftigt, als ich merkte, dass ich diesen Zustand nicht viel länger halten konnte. Eine Platzrunde dauerte etwa 6 Minuten. Wenigstens so lange musste ich noch anhalten... Ich bekam die nächste Freigabe zum Anflug, meldete mich aber zu einem „full stop"-, also einer allerletzten Landung an. Auf Nachfrage bestätigte ich das noch einmal und setzte den Vogel auch schon auf der Landebahn auf. Durch das leichte Holpern über den Asphalt der Bahn während des Ausrollens kam ich nun zusätzlich noch mehr in Bedrängnis, so dass ich erstens das Flugzeug im Ausrollen auf die äußerste rechte Seite steuerte, die Landebahn war wirklich sehr, sehr breit, zweitens dem Tower erklärte, ich würde hier auf der Stelle anhalten und die Triebwerke abstellen und drittens sprang ich von oben und ohne Leiter sofort aus dem Flieger, nachdem die Triebwerke standen und ich die Parkbremse angezogen hatte.

Ich rannte nur wenige Meter zum Seitengraben der Landebahn, meine Klamotten gingen runter und ich hockte wie ein Hase im Gestrüpp. „Gott sei Dank... gerade noch rechtzeitig und auf die letzte Sekunde..."

Ich hörte die ersten Sirenen heulen und war froh, dass ich meine Hose so gut wie hochgezogen hatte, als eine Menge Blaulichter meinen „Parkplatz" erreichten.

Ähnlich wie auf der „T-37" wechselten sich Flüge mit Lehrer und Soloflüge ab. Aber statt mit nur zwei Maschinen Formation zu fliegen, übten wir nun mit vier Flugzeugen. Da eines der Hauptlernziele auf diesem Muster das Fliegen nach Instrumenten war, mussten wir nun immer öfter auf dem hinteren Sitz fliegen. Das Canopy hinten besaß einen zuziehbaren Vorhang, unter dem zwar die Instrumente, aber nicht mehr die Landschaft draußen zu sehen war. Wir flogen unterm Vorhang „blind". Bestimmt hätte man uns den Blindflug lieber in richtigen Wolken beigebracht, aber über Sheppard in Texas schien 350 Tage im Jahr die Sonne.

Die ersten Überlandflüge standen an. Robbi und ich waren uns sehr schnell einig, dass wir etwas Besonderes fliegen mussten. Mit Genehmigung unseres Staffelchefs planten wir deshalb einen Flug quer durch die Vereinigten Staaten bis hinauf nach Plattsburg am oberen östlichen Zipfel der USA gelegen. Bis nach Montreal in Kanada war es dann nur noch ein Stückchen Autofahrt. In Montreal lief gerade die EXPO 1967. Die wollten wir uns als Touristen gerne ansehen.

Am 11. August 1967 brachte mich meine Frau zur Base und sie durfte sogar bis ans Flugzeug mitkommen. Sie reichte mir die paar Sachen hoch, die ich als „Zivilist" dort oben in Kanada brauchen würde.

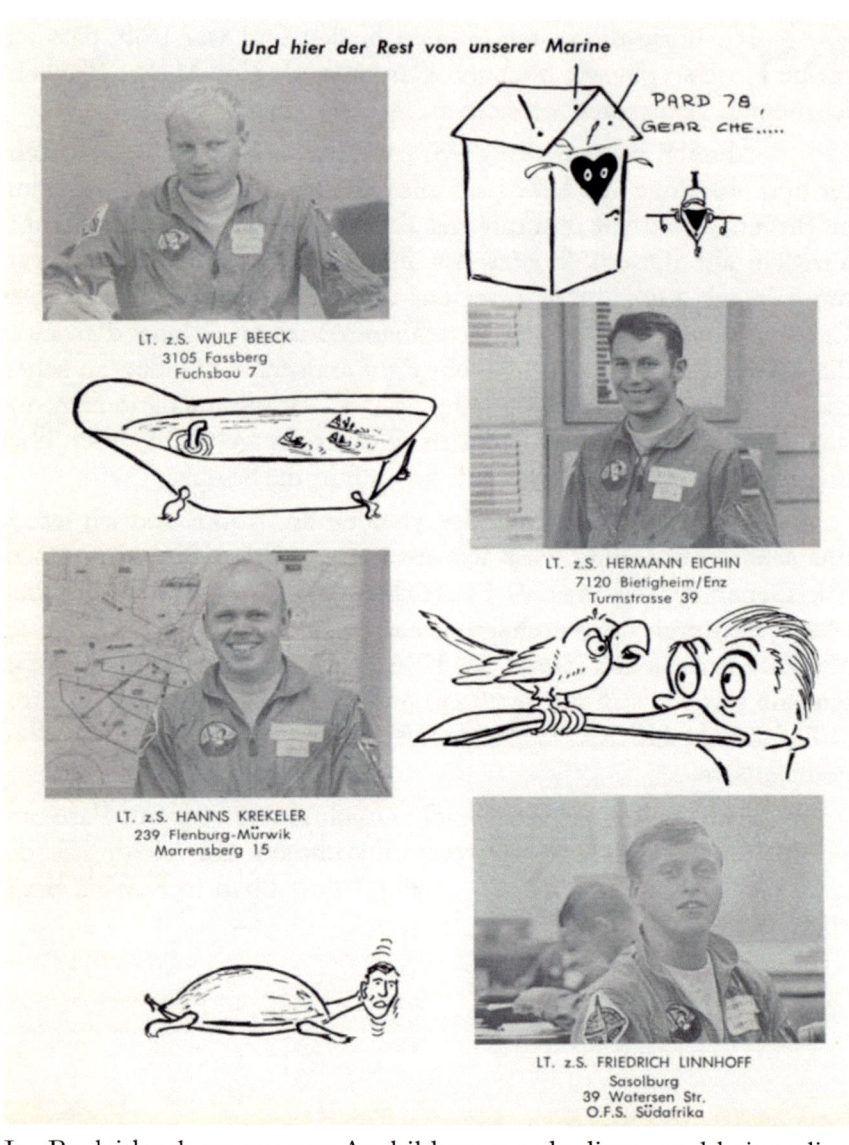

Im Begleitbuch zu unserer Ausbildung wurde dieses wohl einmalige Ereignis als Cartoon festgehalten. (Siehe oberste Bildreihe...)

Rechts mein „T-38"- Fluglehrer „Robbi", hier mit einem anderen seiner drei Flugschüler. „Mein" Snoopy, unser Staffelabzeichen, ist hier gut an der Jacke zu sehen.

Diesen Überlandflug flogen wir in 49.000 Fuß Höhe, alle Passagierflugzeuge weit unter uns lassend. Unsere Reise-Geschwindigkeit lag bei über 1000 Stundenkilometern. Um 17:11 Uhr landeten wir als Tankstopp auf der Bunker Hill AFB. Dort waren zu dieser Zeit noch die Atombomber vom Typ Convair „B-58 Hustler" stationiert. Offensichtlich kannte Robbi dort jemanden, der uns in einen unter strenger Bewachung stehenden Bomber einsteigen ließ. Ich war sehr beeindruckt von diesem riesigen Flugapparat mit seinen dreieckigen Flügeln. Vier sehr starke Triebwerke mit Nachbrennern konnten das Flugzeug auf die 2-fache Schallgeschwindigkeit antreiben. Das Cockpit besaß, anders als bei unseren Flugzeugen, eine Rettungskapsel. Im Notfall und beim Rettungsausschuß aus dem Flugzeug saß der Pilot in einer geschlossenen Kapsel, die sogar schwimmfähig gewesen sein soll. Der Systemoffizier saß separat in einem geschlossenen Compartment hinter dem eigentlichen Cockpit, umgeben von unzähligen Instrumenten und Schaltern. Er hatte lediglich kleine „Bullaugen" nach rechts und links, konnte also nicht viel sehen. Ich hätte nicht mit ihm tauschen mögen.

Am kommenden Morgen waren wir bereits um 07:05 Uhr wieder in der Luft und landeten um 08:45 in Plattsburg. Robbi hatte uns von Bunker Hill aus einen Mietwagen bestellt, der direkt dort auf uns wartete, wo wir unser Flugzeug abstellten. Ein Fahrer hatte den Wagen bis direkt ans Flugzeug vorgefahren, übergab Robbi die Autoschlüssel und kurz darauf waren wir auf dem Weg nach Kanada. „EXPO 1967, here we come..."

Es war eine faszinierende Mischung aus Karneval, Bauausstellung und Fressmeile. Ein Ausstellungspavillon stand neben dem nächsten und jedes teilnehmende Land hatte etwas Besonderes zu bieten. Die Russen stellen den ersten Sputnik als Modell aus, die Amerikaner hatten Gemini-Raumkapseln im Angebot und Deutschlands Ausstellungsstück beeindruckte mit einer Zeltdachkonstruktion an Abspannseilen, wie sie später im Olympiastadion in München gebaut wurde. Wir waren sehr beeindruckt von dieser internationalen Schau auf kanadischem Boden.

Unser Rückflug erfolgte in drei Etappen. Erster Stopp war Lockbourne AFB in Ohio. Nach dem Auftanken und einem schnellen Imbiss ging es sofort weiter nach Little Rock AFB, Arkansas. Auch hier hielten wir nur kurz zum Auftanken auf.

In Little Rock wurden zu dieser Zeit Fallschirmspringer ausgebildet und mit schweren Transportflugzeugen zu ihren Absprungzonen geflogen. Ich glaube mich zu erinnern, dass dort auch gleichzeitig Piloten für diese Transportflugzeuge ihre Ausbildung bekamen. Und es gab hier auch eine Schule für Flugsicherheitspersonal, die auf dem Kontrollturm und in der Radarzentrale ausgebildet wurden. Die Radarzentrale überwachte den gesamten an- und abfliegenden militärischen Luftverkehr in dieser Gegend. Robbi wusste das und wollte mir etwas ganz Besonderes zeigen, was ein riesiger Spaß werden sollte. Die Schüler an den Überwachungs-Radargeräten waren nur diese großen und eher schwerfälligen Transportflugzeuge gewohnt. Es ging bei deren Starts und Anflügen gemächlich zu. Bis so ein großer Vogel erst einmal seine Startgeschwindigkeit erreicht hatte und schließlich in der Luft war, konnte man getrost noch einen Kaffee trinken. Und hier hatte Robbi nun seinen Plan. Er wollte dieses letzte Stück unseres Überlandfluges selber vom vorderen Sitz aus fliegen. Er beantragte bei der Flugabfertigung einen „Maximum Performance Climb out", den wir auch bestätigt bekamen. Ich bin sicher, dass der Schüler am Radar, der uns zu leiten hatte, nicht wirklich wusste, was eine „T-38" war noch eine Ahnung hatte, was gleich auf ihn zukommen sollte. Das Anlassen und Rollen geschah ja noch unter der Aufsicht des Kontrollturmes. Als wir dann kurz darauf auf die Startbahn gelassen wurden und uns die Flugfreigabe gegeben wurde, bekamen wir auch die Frequenz der Radarkontrolle. Robbi stellte die Frequenz am Funkgerät ein und meldete sich beim „Radarcontroller". Der spulte am Funk sein gewohntes Programm ab. Ob wir einen „Student Controller" akzeptieren würden. Natürlich würden wir den gerne akzeptieren, gab Robbi über Funk zurück.

„Melden Sie sich, nachdem sie abgehoben haben und in der Luft sind."

Ich bin sicher, dass er nun aus Gewohnheit zu den langsamen Transportern eine längere Pause erwartete. Schnelle Jets waren hier eine sehr große Seltenheit. Wir beschleunigten und Robbi zog die Nase unserer „T-38" hoch. Es machte „Klonck" und die Fahrwerksklappen waren geschlossen. Gleichzeitig erloschen die drei Fahrwerkswarnlichter am Instrumentenbrett.

Robbi meldete uns im selben Augenblick „airborne". Mit etwas Verzögerung kam von unten nun die Anweisung, wir möchten uns doch bitte erneut melden, wenn wir 3000 Fuß Höhe passiert hätten.

Nun passierte alles sehr, sehr schnell. Robbi stieg zunächst nur ganz flach weiter, erhöhte dabei unsere Geschwindigkeit auf mehr als 500 Knoten, noch immer sehr dicht am Boden fliegend. Den Zaun vom Flugfeld hatten wir gerade erst übersprungen, da meldete er schon „passing 3000..." und zog danach senkrecht nach oben.

„Roger" kam es von unten. „Melden sie sich, wenn sie 5000 Fuß passieren…"

Wir machten eine 180 Grad-Drehung im senkrechten Steigflug und Robbi senkte gleich darauf die Nase nur etwas.

„Wir passieren in diesem Moment Flugfläche 180…" informierte Robbi den Schüler am Radargerät. Der glaubte sich verhört zu haben, als wir ihm diese 18.000 Fuß nach etwas mehr als nur einer Minute durchgaben. Es folgte eine kurze Pause von unten. Dann kam von unten schließlich

„…können sie das bitte wiederholen …"

Ich hörte das lispelnde Gekicher von vorne. Robbi hatte schon jetzt „gewonnen".

„Würden sie bitte ihre Höhe noch einmal wiederholen…" kam es erneut von unten.

„Wir sind bereits über Flugfläche 240 hinaus…" antwortete Robbi. Wir waren nun nicht mehr ganz so schnell, aber durch diesen fast senkrechten Aufstieg befanden wir uns noch immer direkt senkrecht über dem Flugplatz.

„Ich kann sie leider nicht auf meinem Radar sehen. Rufen sie bitte die Luftraumüberwachung auf der Frequenz…" Es folgte eine Frequenz für den oberen Luftraum.

"Thanks a lot and have a nice day" verabschiedete sich mein Vordermann. Wir befinden uns senkrecht über dem Platz im Steigflug und passieren gerade Flugfläche 260 für 480.…"

Robbi konnte sich vor Lachen gar nicht wieder einkriegen.

„Wasn't that fun? Wasn't that a lot of fun…?" wiederholte er und kicherte auf texanisch.

Und noch etwas hatte er auf dieser letzten Etappe bis nach Sheppard im Sinn. Er wollte bei seinen Eltern vorbeifliegen, die irgendwo in Texas eine Ranch besaßen. Aus unserer Reiseflughöhe dort ganz oben in Flugfläche 480, das sind etwa sechzehn Kilometer Höhe, ging es nun im gestreckten Gleitflug bis ganz nach unten. Die Gegend hier war mehr als öde. Es gab keinen wirklich brauchbaren Bewuchs außer hauptsächlich dornigem Gestrüpp. Wir mochten noch etwa 200 Meter hoch gewesen sein, als ich vor uns eine typisch texanische Farm erkennen konnte. Ein Haupthaus stand dort und mehrere Nebengebäude. Ställe konnten das gewesen sein oder Scheunen fürs Viehfutter. Es gab sogar einige Bäume um das Anwesen herum und beim dichten Heranfliegen erkannte ich sogar grünen Rasen direkt am Haus. Robbi musste von Little Rock aus bei seiner Familie angerufen haben. Ich sah schon aus dieser Entfernung riesige Bettlaken flattern, die man in alle Richtungen schwenkte. Robbi hatte die ganze Familie aufgescheucht, als er mit sehr hoher Geschwindigkeit und fast in Giebelhöhe zweimal über das Anwesen hinweg donnerte. Im Umdrehen und in einer mindestens 4g-Kurve sah ich den trockenen Sandstaub hinter uns hoch wirbeln.

Um 16:15 setzten unsere Räder auf gewohntem Asphalt auf. Die meisten der vorgeschriebenen Überlandflüge hatte ich an diesem Wochenende erfolgreich abgeschlossen. Kurz darauf holte mich meine Frau aus unserem Staffelgebäude ab.

Wo Sonnenschein herrscht, gibt es auch Schatten. Auf der Sheppard Air Force Base sollte irgendwann solch ein schattiger Tag folgen. In Wirklichkeit war es ein rabenschwarzer Tag. In der Nacht zuvor war ein Soloschüler während des Nachtfluges tödlich abgestürzt.

Seine Maschine hinterließ einen über 12 Meter tiefen Krater, den seine „T-38" beim senkrechten Absturz hinterlassen hatte. Trümmer lagen noch viel tiefer. Erste Vermutungen besagten, er habe möglicherweise in dieser sternenklaren Nacht über Texas den Boden mit dem Himmel verwechselt. Wenn man nachts weit entfernt von geschlossenen Ortschaften flog, sah man unten am Boden auch nicht viel mehr Lichter, als Sterne am Himmel leuchteten. Man vermutete, er könnte eine „Spatial Disorientation" gehabt haben, also eine räumliche Desorientierung. Dann weiß man nicht mehr, wo oben und unten ist oder rechts und links... Wenn man dann als Pilot nicht stur seinen Instrumenten vertraut, ist man verloren. Wegen der Anordnung der Absturzstelle und der Tiefe des Kraters schätze man seine Geschwindigkeit im Überschallbereich.

Hier stehe ich in meiner Ausrüstung an der „T-38"

Kurz darauf fand die militärische Trauerfeier auf der Sheppard Air Force Base statt. Am alles überragenden Flaggenmast vor dem Hauptquartier des Kommodore, das war ein General der US Air Force, wehte die Flagge auf Halbmast. Auf der langen und breiten Paradestraße, die durch die gesamte Anlage führte, traten sehr viele unterschiedliche Gruppen in Marschkolonnen an. Ganz vorne stand der Leichenwagen. Dahinter drei oder vier schwere, schwarze Limousinen mit den aus Deutschland eingeflogenen Eltern und Angehörigen des Verunglückten Kameraden. Irgendwo saßen auch Vertreter der Air Force und bestimmt auch der Staffelchef mit in einem Wagen. Dahinter baute sich die „761st Air Force Band" auf, gefolgt von unserer Vorcrew, der der Verunglückte angehörte, sowie von den Fluglehrern seiner „Flight". Dahinter kamen wir dann schon, die Nachfolgecrew. Hinter uns marschierten alle in Sheppard sonst noch tätigen Deutschen Angestellten. Es gab eine Ehrenkompanie, gefolgt von weiteren Marschblöcken amerikanischer Soldaten. Alles in allem war es eine sehr große und langgestreckte Marschformation.

Ein Trommelwirbel schreckte uns aus unseren Gedanken hoch. Dann begann die Air Force Band einen Trauermarsch zu intonieren. Es folgte ein unüberhörbares Kommando „Marsch" und die Truppe setzte sich ganz langsamen Schrittes in Bewegung. Es war ein ziemliches Stück zu laufen, bis wir an einem Nebentor ankamen. Auf Kommando hielt alles im Stillgestanden an. Ein Trommelwirbel erfüllte die nun mucksmäuschenstille Luft. Nach kurzem Stopp setzte sich die Fahrzeugkolonne wieder in Richtung Außentor in Bewegung. Wachsoldaten standen stramm und grüßten, wie alle Offiziere auch. Die Fahrzeuge verschwanden kurz darauf hinter einer Biegung, die bereits außerhalb des Flugplatzes lag... und fort war er für immer, unser Pilotenkamerad.

Der Trommelwirbel verstummte. Einen Augenblick passierte nun gar nichts. Wir standen nur alle da, noch immer mit der Hand zum Gruß. Kaum einer traute sich zu atmen. Doch nun passierte etwas, was ich mir in Deutschland nie vorstellen könnte:

nach einem Kommando von ganz vorne, für mich nicht zu verstehen, begann die Band plötzlich wieder zu spielen. Ich traute meinen Ohren nicht. Was ich da hörte war so etwas wie Swing oder irgendeine ähnliche Tanzmusik. Mit einem Ruck trabte die Kapelle nun an, formierte sich wie auf einer militärischen Musikschau völlig neu, und kam uns nun von vorne entgegen. Momentan war die Trauer aus den meisten Gesichtern verschwunden und fast schon beschwingt drehten wir hinter der Kapelle ein und nahmen ebenfalls Tritt auf.

„Life must go on..."

Meine Frau war es noch immer nicht gewohnt, dass sie von allen einfachen amerikanischen Soldaten innerhalb der Kasernenanlage, selbst vom Straßenrand her, militärisch gegrüßt wurde, sobald sie mit unserem VW-Variant durch die Anlage fuhr. Alle auf der Basis registrierten Wagen bekamen vorne auf die Stoßstange einen „Sticker" aufgeklebt. An dessen Farbe konnte jeder von weitem schon sofort erkennen, welcher Dienstgradgruppe der Wagen gehörte. Offiziere bekamen einen knallgrünen und etwa postkartengroßen Aufkleber vorne ans Auto geklebt und mussten in Sheppard grundsätzlich gegrüßt werden. So kam es öfter vor, dass sogar junge Soldatinnen auf dem Wege zu ihrem Schwimmbad im Bikini über die Straße liefen und unser Auto grüßten. So war das eben in Amerika.

Die Ausbildung ging zügig voran. Meine Zwischenprüfung war sehr gut verlaufen und auch sonst hatte ich keinerlei Probleme. Ich machte mit Robbi unter anderem einen Tages-Instrumentenflug. Ich saß dabei hinten unter der Haube. Wir flogen zur Kelly AFB, eben westlich von San Antonio in Texas gelegen. Auf dem Nachtflug zurück nach Sheppard flogen wir die Nachtroute nach Sichtflugregeln. Formationsflüge, Tiefflüge und Soloflüge in großen Höhen lösten sich im folgenden Programmabschnitt ständig ab. Zwischendurch gab es zunehmend solche Nachtflüge, jetzt teilweise auch in Formation. Einer meiner nächtlichen Überlandflüge brachte mich nach Kirtland Air Force Base in New Mexico, gleich außerhalb von Albuquerque gelegen. In derselben Nacht ging es dann gleich wieder zurück nach Sheppard. Ein anderer Tag-Nacht-Überlandflug fand am 6.Oktober 1967 statt, als ich mit einem Checklehrer von Sheppard nach Brookley AFB in Alabama und wieder zurück fliegen musste. Tagsüber ging es hin, in der Nacht erfolgte dann der Rückflug. Ich hatte erneut wieder großen Spaß auf diesem Flug und erwartungsgemäß keinerlei Probleme.

An den letzten Tagen während unserer Ausbildung hier in Texas wurde es in der Staffel und besonders auch in den Timbers, wo die meisten Flugschüler unserer Flight wohnten, sehr unruhig. Ich konnte zum Glück meine Frau davon abhalten, sich am Swimmingpool in die heißen Diskussionen mit einzumischen, die besonders zischen den Frauen der Unteroffiziere der Luftwaffe entbrannten. Was war geschehen?

Man muss dazu die gesamte Ausbildungsplanung der Luftwaffe und Marine betrachten. Die Luftwaffe flog zu dieser Zeit sowohl das neue Einsatzmuster „F-104 Starfighter", als auch noch die ältere „G-91", einen leichten Nahbereichs-Bomber. Natürlich wollten alle auf die „F-104". Die Ausbildungslehrgänge sahen nun aber vor, dass pro Kurs 24 Mann aus Uetersen kommend zum ersten Teil der Schulung nach Sheppard geschickt werden sollten, aber später pro Lehrgang lediglich 12 Schüler für die „F-104" ausgesucht werden sollten. Je nach Eignung konnten dann also lediglich 12 Piloten nach Luke auf die „F-104" weitergeschickt werden. Die anderen 12 mussten sich mit der „Gina", wie die „G-91" auch genannt wurde, begnügen. In unserem Kurs saßen nun aber bereits fünf Marinekameraden und der Zivilist Herr Müller, die der Luftwaffe die Hälfte der zur Verfügung stehenden Plätze in Luke wegnahmen. Dabei hatten die Kameraden der Luftwaffe in unserem Lehrgang noch großes Glück. Wären seinerzeit in Uetersen nicht schon sechs von ursprünglich zwölf Marineschülern freiwillig aus dem Programm ausgeschieden, hätte die Luftwaffe im jetzigen Kurs nicht einen einzigen Kandidaten auf die „F-104" nach Luke schicken können. Dort in Arizona hätte es ausnahmsweise und wahrscheinlich einmalig in der Geschichte der „Starfighter"- Ausbildung beinahe einen reinen Marinekurs gegeben. Nun aber stritten sich besonders einige Ehefrauen der Unteroffiziere teils sehr lautstark am Swimmingpool. „Mein Mann fliegt aber besser als deiner..." war das allgemeine Motto, mit denen man sich hier in die Haare kam. Es führte sogar zu wirklich ernsten familiären Auseinandersetzungen, und mindestens einmal musste von höherer Stelle ins Privatleben der Zankhähne eingegriffen werden. Es war einfach nur peinlich.

Natürlich wurde die ansonsten völlig unbeteiligte Marine mit angegriffen. Zugegeben: es gab den einen oder anderen Marinepiloten, dessen Gesamtergebnis schlechter war, als das von einem Piloten der Luftwaffe, der nun aber nach Deutschland zurückkommandiert werden musste. Das lag eben einfach daran, dass die Marine nur den „Starfighter" als Jagdbomber flog und dadurch der Luftwaffe die Plätze in Luke „wegnahm".

Ich bin sicher, dass meine Frau später froh darüber war, an diesen Tagen und auf mein dringendes Anraten hin, nicht dort am Swimmingpool gesessen zu haben.

Am 13. Oktober 1967 bestand ich schließlich meinen letzten Checkflug auf der „T-38" sehr erfolgreich. Nach insgesamt 132:50 Flug-Stunden auf der „T-38" mit 164 Landungen war nun auch dieser zweite Ausbildungsabschnitt in den USA für mich glücklich beendet. Meine abschließende Beurteilung konnte ich überall mit Stolz vorzeigen. Sie sieht wie folgt aus:

SUMMARY PERFORMANCE RECORD SHEET
UNDERGRADUATE PILOT TRAINING (T-38)

Reflect student's overall maneuver performance in spaces below.
U - UNABLE TO ACCOMPLISH   F - FAIR   G - GOOD   E - EXCELLENT

CONTACT FLYING	U	F	G	E	INSTRUMENT FLYING	U	F	G	E
GROUND OPERATIONS				✓	GROUND OPERATIONS				✓
TAKEOFF				✓	AB ITO				✓
AB CLIMB				✓	DEPARTURE PROCEDURE				✓
MIL CLIMB				✓	MIL CLIMB				✓
LEVEL OFF			✓		AB CLIMB			✓	
TURNS				✓	MIL LEVEL OFF				✓
SUPERSONIC FLIGHT				✓	AB LEVEL OFF			✓	
CHANDELLES			✓		STRAIGHT & LEVEL				✓
LAZY EIGHTS				✓	TURNS				✓
STALLS			✓		NORMAL STEEP TURNS				✓
SLOW FLIGHT			✓		TACTICAL STEEP TURNS				✓
AILERON ROLL				✓	RATE CLIMBS & DESCENTS				✓
BARRELL ROLL				✓	ASPD. CLIMBS & DESCENTS				✓
CLOVERLEAF				✓	VERTICAL 'S' (A-B-C-D)				✓
SPLIT "S"			✓		UNUSUAL ATTITUDES				✓
LOOP				✓	WINGOVER			-	
CUBAN EIGHT				✓	AILERON ROLL				✓
IMMELMANN				✓	LOOP				✓
VERTICAL RECOVERY				✓	IMMELMANN				✓
HIGH SPEED DIVE RECOVERY				✓	LOW ALTITUDE MANEUVERS			✓	
LETDOWN & TRAFFIC ENTRY			✓		BASIC TACAN				✓
NORMAL PATTERNS			✓		TACAN HOLDING			✓	
NORMAL LANDINGS				✓	NORMAL PENETRATION				✓
CLOSED PATTERN				✓	TACAN APPROACH				✓
NO FLAP PATTERN			✓		MINIMUM FUEL PENETRATION				✓
NO FLAP LANDING			✓		RADAR APPROACH				✓
SINGLE ENGINE PATTERN				✓	NORMAL ILS				✓
SINGLE ENGINE LANDING			✓		MANUAL ILS			✓	
GO AROUND				✓	DF OR RADAR LET DOWN				✓
GENERAL AIRMANSHIP				✓	EMERGENCY PROCEDURE				✓
EMERGENCY PROCEDURES				✓	GENERAL AIRMANSHIP				✓

USE THIS SPACE AND REVERSE SIDE FOR REMARKS:

STUDENT'S LAST NAME, FIRST NAME, MI: Bock Wolf F
RANK: ENC
CLASS: 68-03
STUDENT'S INITIALS:
INSTRUCTOR'S SIGNATURE:
RANK: 1/LT
SUPV INITIALS:
DATE COMPLETE: 19 Oct 1967

ATC FORM 246   PREVIOUS EDITIONS ARE OBSOLETE.   AFPS SA

FORMATION FLYING	U	F	G	E
GROUND OPERATIONS				✓
WING TAKEOFF			✓	
LEAD TAKEOFF				✓
CLIMB AND LEVEL OFF			✓	
FINGERTIP FORMATION				✓
ROUTE FORMATION			✓	
ECHELON FORMATION			✓	
TURNS: CLIMB AND DESCENT				✓
CROSS UNDERS			✓	
PITCH OUTS			✓	
REJOINS – STRAIGHT			✓	
TRAIL FORMATION – CLOSE				✓
REJOINS – TURNING				✓
TRAIL FORMATION – EXTENDED			✓	
PENETRATION/APPROACH				✓
LEAD TECHNIQUES				✓
PATTERN AND LANDING				✓
EMERGENCY PROCEDURES				✓
GENERAL AIRMANSHIP			✓	

NAVIGATION FLYING	U	F	G	E
PRE FLIGHT PLANNING				✓
GROUND OPERATIONS				✓
DEPARTURE PROCEDURE				✓
TAKE OFF & CLIMB				✓
LOW LEVEL NAVIGATION				✓
HIGH ALTITUDE NAVIGATION				?
VFR ARRIVAL PROCEDURE				?
IFR ARRIVAL PROCEDURE				✓
GENERAL AIRMANSHIP				✓
POST FLIGHT PROCEDURE				✓

REMARKS:

Mein Gesamtergebnis auf der „T-38":
E = EXELLENT

Es gab zur Krönung unserer Ausbildung hier in Sheppard schließlich noch eine riesige Abschlußparty mit sehr vielen geladenen Gästen. Nach dieser dritten großen Feier in Sheppard wusste ich allerdings noch sehr genau, wann und wie ich nach Hause gekommen war.

PROGRAM

NATIONAL ANTHEMS

761st Air Force Band

WELCOMING REMARKS

3630 Flying Training Wing Commander
Colonel A. K. Koeck

INTRODUCTION OF GRADUATION SPEAKER

Sheppard Technical Training Center Commander
Brigadier General John M. McNabb

GRADUATION ADDRESS

Colonel Helmut Corts

PRESENTATION OF DIPLOMAS AND WINGS

U. S. Air Force   Brig Gen John M. McNabb

German Air Force Col Helmut Corts

PRESENTATION OF AWARDS

U. S. Air Force   Col A. K. Koeck

German Air Force Col Hans-Gerhard Opel

BENEDICTION

Chaplain, Colonel James R. Woodruff

CLASS 68-03

Lt (JG) Richard Wagner

1st Lt Hubert Simon

2nd Lt Gunter Brand

2nd Lt Adolf Luschtenetz

2nd Lt Harald Martens

2nd Lt Guenter Meyer

2nd Lt Peter Puhl

Ens Wulf Beeck

Ens Hermann Eichin

Ens Hanns Krekeler

Ens Friedrich Linnhoff

SMSgt Hans Rusche

MSgt Horst Danger

MSgt Olaf Gebauer

MSgt Dieter Hausmanns

MSgt Gerhard Kaufmann

MSgt Klaus Otte

MSgt Wolfgang Zitzelsberger

TSgt Ludwig Fehler

TSgt Andreas Klages

TSgt Heinz Loeblein

TSgt Harmut Spoecker

SSgt Dieter Hermanns

Mr. Friedrich Mueller

Und das sind alle erfolgreichen 24 Flugschüler der Flight 68-.3

Zwölf von der Luftwaffe gingen anschließend zurück nach Deutschland, um auf der „G-91" zu schulen. Der Rest ging nach Luke AFB, Arizona. Für unseren ausgeschiedenen Marineflieger war Herr Müller eingesprungen. Er sollte Testpilot für die Firma MBB in Manching werden.

Ich bin mir nicht ganz sicher, warum wir nun erst einmal für fast fünf Wochen in einen nicht angerechneten „Urlaub" geschickt wurden. Unser nächster Ausbildungsort lag in Arizona. Dort auf der Luke Air Force Base, im Westen von Phoenix gelegen, konnte man mit uns noch nichts anfangen. Unsere Vorgänger hatten ihren Kurs noch nicht abgeschlossen. Entweder waren die zu langsam oder wir zu früh fertig geworden. Uns von der „Class 68-03" war das mehr als lieb. Hatten wir doch nun Zeit, uns gute vier Wochen in aller Ruhe Amerika anzuschauen.

Auf der Luke AFB sollte der dritte und letzte Teil unserer fliegerischen Ausbildung in den Vereinigten Staaten von Amerika stattfinden. Hier sollten wir die Krönung unserer fliegerischen Entwicklung erleben, wenn denn alles klappen würde. Hier über der Wüste von Arizona sollten wir im „Starfighter", der „F-104", zu richtigen Kampfpiloten geschult werden. Ich stand an der bereits geöffneten Pforte meines Wunsch- und Traumberufes.

Nun aber packten wir in den Timbers unseren gesamten Haushalt in unseren VW-Variant. So unglaublich es klingen mag: es passte alles hinein, was wir an Klamotten und losem Hausrat besaßen. Nur eine blaue Campinggasflasche musste ich unterhalb der Heckklappe irgendwie an der Stoßstange befestigen. Das sah nicht nur lustig aus, es war auch wegen eventuell austretender Dämpfe aus dem Druckbehälter sehr praktisch. Innen im Wagen blieb die Luft rein.

Meine Frau und ich studierten Straßenkarten. Eine Reiseroute musste her. Da wir inzwischen auf diversen Ausflügen per Auto durch Texas, Louisiana, Georgia, Alabama und Florida die amerikanischen Strassen- und Verkehrsverhältnisse sehr gut kannten, hatten wir kein Problem damit, auch längere Tagesstrecken einzuplanen. Es sollte eine für uns einmalige und unser ganzes Leben präsente Tour werden. So toll, wie diese Reise durch beinahe halb Amerika werden sollte, gelang mir danach nie wieder eine Urlaubstour.

Ich werde an dieser Stelle bewusst keinen ausführlichen Reisebericht abgeben. Das würde gut für ein eigenes Buch reichen. Aber ganz kurz darf ich an dieser Stelle berichten, wie unsere Autotour durch die Mitte und den Westen der USA verlief.

Der erste Teilabschnitt führte uns von Wichita Falls in Texas an einem Tag direkt bis nach Denver in Colorado. Das waren beinahe 1000 Kilometer in einem Stück und völlig stressfrei zu fahren. Amerikanische Strassen waren eben für Autofahrer gebaut. Sie zogen sich breit, sehr gut angelegt und instand gehalten und hervorragend beschildert durch eine stets wechselnde, aber immer und überall grandiose Landschaft. Schon am folgenden Tag führte uns die atemberaubende Reise von Denver weiter hinauf in die Rocky Mountains. Eigentlich wollten wir oben über hohe Gebirgspässe nach Westen weiterfahren, aber ein früher Wintereinbruch machte die Hochpässe bereits im Oktober 1967 unbefahrbar. So wichen wir etwas nach Süden aus und klapperten all die vielen berühmten Sehenswürdigkeiten ab, die rechts und links am Wege lagen und gut erreichbar waren. Unsere Tour brachte uns nun täglich immer weiter nach Westen. Es ging durch Nationalparks wie dem Monument Valley, Glen Canyon-, Grand Canyon., Zion- und dem Yosemite National Park und an noch vielen anderen wirklich beeindruckenden Orten vorbei, geschaffen von der Natur oder vom Menschen selber. Als Beispiele seien hier lediglich der Hoover Staudamm, Las Vegas oder die Golden Gate Bridge genannt.

Nach knappen drei Wochen erreichten wir Phoenix und die Luke AFB. Ich nahm Verbindung auf mit einem Piloten unserer Vorcrew, der bereits in Luke schulte. Über ihn erhielten wir eine Adresse und konnten noch am gleichen Tag unser zukünftiges Appartement übernehmen. Für uns Deutsche war es unvorstellbar, wie in den 60ger Jahren in den USA völlig unkompliziert, schnell und problemlos und in nur wenigen Minuten ein Mietvertrag abgeschlossen werden konnte. Wir bekamen wieder eine so tolle Wohnung wie wir sie vorher bereits in Wichita Falls auch schon hatten. Selbst die Grundrisse waren sich sehr ähnlich. Alles in allem hatte das Anmieten keine 15 Minuten gedauert, und schon hielten wir den

Schlüssel für die neue Wohnung in Händen. Den Mietvertrag für etliche Monate zu unterschreiben ging schneller, als man in den meisten Hotels in Deutschland zur damaligen Zeit für ein Zimmer für nur eine Nacht gebraucht hätte.

Diese Wohnung bestand auch wieder aus einem hübsch eingerichteten und voll möblierten Wohnzimmer, einem sehr großen Schlafzimmer mit Einbauschränken und allem Drum und Dran, einer super bestückten Küche, großem Bad und einem Zwischenflur mit weiteren Einbauschränken. Alles war hell und modern und draußen säumten hohe Palmen die gesamte Anlage. In den Innenhöfen gab es auch wieder einen großen Swimmingpool, einen hervorragend gepflegten Grillplatz und einen Kinderspielplatz. So etwas gab es in den 60ger Jahren in Deutschland überhaupt nicht. Unser Appartement lag im ersten Stock und rechts und links nebenan wohnten Piloten unserer Vorcrew. Aber auch Einheimische teilten sich das weitläufige und sehr gut gepflegte Areal.

Wir luden unsere VW aus, räumten unsere neue Wohnung ein und blieben nur eine einzige Nacht. Schon am kommenden Tag setzten wir unsere Rundreise in Richtung Westen fort und gelangten so an die Küste des Pazifischen Ozeans. Auf der „Traumstraße der Welt" rollten wir erst ein paar Tage gen Norden, dann aber mussten wir an die Rückfahrt denken. Von weit nördlich der Stadt San Franzisko kommend ging es wieder in Richtung Süden. Bestimmt zwei oder drei Tage lang begleitete uns der Ozean auf unserer rechten Seite, bis wir über Los Angeles und San Diego sogar noch nach Mexiko kamen. Tijuana war der Grenzübergang.

Schließlich aber neigte sich nun die schöne Urlaubszeit ihrem Ende zu und ich musste endgültig an die Rückfahrt nach Phoenix denken.

Auf der letzten Etappe von Kalifornien kommend hatten wir gerade die Grenze nach Arizona überquert. An der Grenzstation mussten wir alles frische Obst und unsere mitgeführten Wurst- und Fleischwaren in einen riesigen Müllcontainer werfen. So etwas hatten wir weder erwartet noch passte das in unser bisheriges Bild von Amerika. Aber so war hier zwischen Kalifornien und Arizona nun einmal das Gesetz. Kurz darauf hatten wir dann noch ein eher lustiges Erlebnis. Der Highway führte uns an einer sehr einsam in dieser Wüstengegend gelegenen Tankstelle vorbei, an der man auch etwas zu Essen bekommen konnte. Nur wenige Automobilisten hatten dort angehalten, um sich kurz zu erfrischen. Ich bemerkte draußen ein Ehepaar, das sich interessiert unseren „kleinen" VW-Variant anschaute. Es war die Zeit der riesigen amerikanischen Straßenkreuzer. Schon ein Mercedes war zu dieser Zeit in den USA ein auffallend kleines Auto. Besonders interessierten sich die beiden aber offensichtlich für dieses merkwürdige ovale Kennzeichen am Wagen. Damals gab es für Deutsche im Ausland noch diese ovalen „Zollkennzeichen". Mit so einem Ding fuhren wir nun bereits seit Monaten in Amerika.

Unsere Weiterfahrt von der Tankstelle führte über kilometerlange und schnurgerade, vierspurige Highways. Rechts und links zogen endlose und glühend heiße Wüstengegenden an uns vorbei. Es ging immer geradeaus und vor uns flimmerte die Asphaltspur in der Hitze. Manchmal hob sich die Straße nur wenige Meter an, dann ging es sanft hinab in eine Senke und gleich wieder ein paar Meter hinauf. Man fuhr wie auf einer sehr flachen aber langgezogenen Ozeandünung. Im „Nirgendwo" erkannte ich weit hinter uns ein rotes Blinklicht auftauchen.

„...ein Krankenwagen... hier mitten in der Wüste...?" dachte ich so bei mir.

Ich beobachtete im Rückspiegel, wie das Blinklicht näher kam. Nun hörte ich auch eine Sirene. Der Wagen war noch immer ziemlich weit weg, aber wir fuhren wegen der großen Wärme immer mit unserer „4 x 100"- Klimaanlage. So hatte ich die genannt. Alle vier Fenster waren heruntergekurbelt und man musste 100 Stundenkilometer fahren, um trotz der Hitze so etwas wie Kühlung zu verspüren. Klimaanlagen gab es damals in deutschen Autos noch nicht.

Es war ein Polizeiauto, das hinter uns nun schnell größer wurde. Ich hatte gelernt, vor einem mit Blinklichtern fahrenden Polizeiauto rechts heranzufahren und anzuhalten. Obwohl es verboten war, stiegen wir aus. Der Streifenwagen hielt in etwa 20 Metern Abstand hinter uns. Zwei Beamte stiegen aus, einer blieb beim

Blinklicht stehen. Schon damals verhielten sich amerikanische Polizisten genau so, wie man es sich heute im Fernsehen anschauen kann. Der am Wagen hatte die Hand am tief hängenden Revolver, der andere kam vorsichtig näher. Als er bemerkte, dass wir von ganz weit weg herkamen, sprach er uns an.

„Natürlich waren wir viel zu schnell unterwegs gewesen" meinte er, und weiter „wissen Sie, dass wir bereits über eine halbe Stunde hinter ihnen herjagen?"

Und natürlich wollte er wissen, wie schnell wir denn wirklich gefahren seien. Die erlaubte Höchstgeschwindigkeit betrug 65 Meilen pro Stunde. Mein Tachometer zeigte Kilometer auf der Skala und ich musste jetzt blitzschnell umrechnen.

"May be 70 or 75 maximum" gab ich zur Antwort.

Auch der zweite Polizist stand nun neben uns.

„Do you know that we followed you at one hundred miles an hour and couldn't get you" beklagte der sich.

Dann legte er sich hinter unserem Wage auf den Boden, schaute unter das Auto, erhob sich wieder und fragte irgendwie irritiert:

"Do you have a Porsche engine in your car?"

Den hatte ich nun ganz und gar nicht und ich glaube, ein VW-Variant hatte damals so um die 45 PS.

Irgendwie einigten wir uns auf 10 Meilen zu viel. Nun aber wurde es unbequem für mich. Er fragte nach Adresse und wohin und woher und ob ich ein „Military" sei und wo stationiert und, und, und... Dann gab er mir einen Strafzettel mit der Bemerkung, meine Militäreinheit würde ebenfalls von dieser Übertretung der Geschwindigkeit in Kenntnis gesetzt. Die beiden wünschten uns schließlich weiterhin gute Fahrt, schauten noch eine Weile hinter uns her und ich erkannte gerade noch, dass sie ihren Streifenwagen in einer großen Staubwolke quer über den bestimmt 30 Meter breiten „Mittelstreifen" in die entgegen gesetzte Richtung wendeten.

Ich bin sicher, dass das Ehepaar an der letzten Tankstelle den wahrscheinlich zufällig vorbeikommenden Polizisten von diesem „komischen" Auto mit einem völlig unbekannten Kennzeichen berichtet hatten.

9. Kapitel
„F-104" Waffentraining auf der Luke Air Force Base, Arizona

Gleich am ersten Tag meines Dienstantrittes auf der Luke Air Force Base wurde ich zum dienstältesten Deutschen Offizier bestellt. Der hatte ein Schreiben der Polizei vor sich und waltete nun seines Amtes. Ich bekam für eine Woche Fahrverbot auf dem Flugplatzgelände.

„Das fängt ja gut an..." ging es mir durch den Kopf.

Nun ergab es sich aber, dass einer meiner Marinekameraden auch in Glendale eingezogen war, dem Vorort von Phoenix, wo unser neues Appartement lag. Und es traf sich auch gut, dass sein großer amerikanischer Straßenkreuzer gerade (einmal wieder) in einer Werkstatt stand. Somit hatte er eine Mitfahrgelegenheit zur etwa 20 Kilometer entfernt liegenden Basis und ich hatte einen Fahrer dorthin.

Der Lehrgang in Luke begann erwartungsgemäß wieder erst mit theoretischem Unterricht. Da wir inzwischen alle den Militärpilotenschein und gewisse Erfahrungen im Tag- und Nachtflug, im Formationsfliegen und auch schon im Tiefflug hatten, hielten sich diese Unterrichtsfächer sehr in Grenzen. Dafür aber steigen wir nun ein in die Geheimnisse der Kampfführung aus der Luft. Der „F-104 Starfighter" war ja kein Schulflugzeug mehr, sondern ein Jagdbomber. Er war damals das fortschrittlichste Kampfflugzeug der Welt. So büffelten wir im Unterricht nicht nur die ganz speziellen technischen Eigenschaften dieses Flugzeuges mit seiner zunächst etwas verwirrenden Cockpiteinrichtung, sondern vor allen Dingen die Bewaffnung, Zieleinrichtung und alles was damit zu tun hatte. Auch hier in Luke war die Ausstattung des Dienstgebäudes, wie vorher auch schon in Sheppard, von allerhöchster Qualität. Elektrisch richtig funktionierende Teile des Cockpits, zum Beispiel das Panel für die Anwahl der Bomben, oder das Bedienteil des 80 Seemeilen weit „schauenden" Radargerätes, standen im Klassenzimmer zur Verfügung. Wir konnten also in „Trockenübungen" so lange Knöpfe drücken, bis wir die Sequenzen im Schlaf beherrschten. Und dann war da noch die 4500 Schuss pro Minute abfeuernde „Gatling Gun". Die besaß sechs rotierende Läufe, die sich von zwei sehr starken Elektromotoren angetrieben rasend schnell drehten, um diese Feuerkadenz zu ermöglichen. Dort, wo ihre 20 mm Geschosse einschlugen, wuchs kein Gras mehr. Auch solch eine Bordkanone tauchte im Klassenzimmer zur Waffenkunde auf.

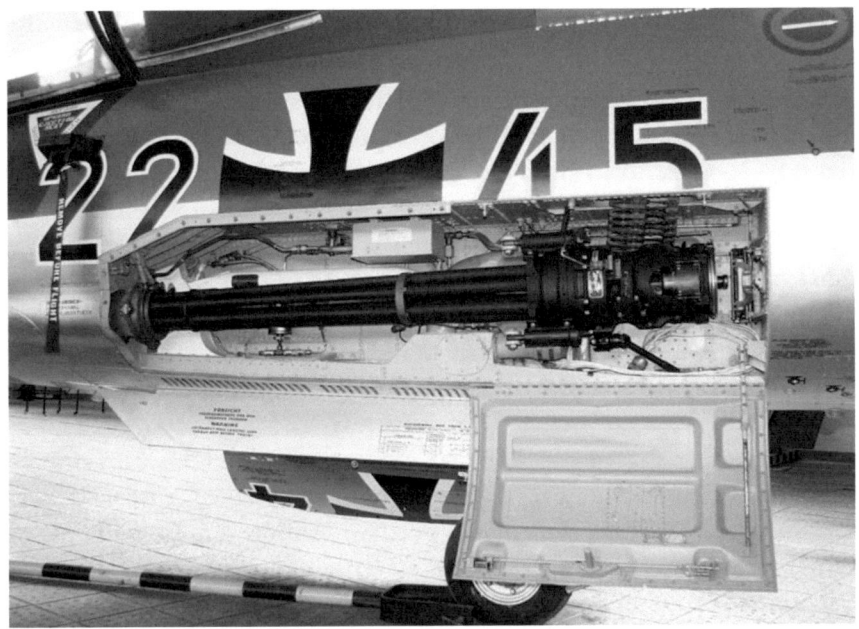

Die 20 mm Kanone eines Starfighters.
Hier an einer deutschen Maschine zu sehen.

Auch verbrachten wir etliche Unterrichtsstunden damit, die spezielle Überschall-Aerodynamik dieses Mach 2 schellen Jets zu verstehen. Das war für das sichere Fliegen auf diesem Einsatzmuster für uns lebenswichtig. Das zu seiner Tragflächengröße relativ schwere Kampfflugzeug verhielt sich in der Luft um vieles anders, als alle anderen und nicht so schnellen Düsenjäger. Die Spannweite betrug bei einem maximalen Abfluggewicht von etwas über 13

Tonnen lediglich 6,36 m. Die Höchstgeschwindigkeit lag bei Mach 2, das entsprach 2200 Stundenkilometern.

Bevor das „richtige" Fliegen losging, mussten wir uns erst wieder an Hand der Checklisten mit dem Cockpit vertraut machen und dann eine genau vorgeschriebene Anzahl Stunden im Simulator verbringen. Anders als der „T-38"- Simulator konnte dieser „richtig" fliegen. Er hob zwar nie vom Boden ab, aber alle Hebel, Schalter und Instrumente waren genau so angeordnet, wie im richtigen Flugzeug und die angezeigten Werte entsprachen genau denen des fliegenden „Bruders". Selbst das Triebwerksgeräusch klang „echt".

Am 12. Dezember 1967 durfte ich meinen ersten Flug mit einem Fluglehrer machen. Die Cockpitchecks vorher dauerten bei der „F-.104" schon erheblich länger, weil viel mehr Schalter und Hebel für die Bewaffnung und das Navigationsgerät, einer Trägheits-Navigationsanlage, einzustellen waren, bevor man überhaupt einsteigen und sich anschnallen konnte. Alleine die Kreisel des Navigationsgerätes brauchten mehr als 7 Minuten, bis sie auf Touren gekommen waren und das „Ready Light" grün anzeigte. Alle Computer im Flugzeug liefen noch mit Röhrentechnik! Wie bei Oma´s altem Radio dauerte es ein wenig Anwärmzeit, bis sich schließlich etwas tat. Vor dem Losrollen gab es auch noch einen besonderen Check mit dem Bodenwart. Der sogenannte „Shaker" und „Kicker" musste auf Funktion überprüft werden. Außen am Rumpf, gleich hinter der spitzen Radarnase, gab es so eine Art „Wetterfahne". Je nach Anströmwinkel hatte dieses Fähnchen nun eine unterschiedliche Richtung zur Längsachse des Flugzeuges. Wurde man nun während des Fluges zum Beispiel langsamer, bewegte sich die vom Luftstrom beeinflusste Windfahne immer weiter nach oben. Schließlich erreichte sie eine solche Stellung, dass sie am Steuerknüppel einen Motor auslöste, der den Knüppel zum „Rütteln" brachte. Das nannte man eben den „Shaker". Er diente so als Warngerät für den Piloten, nicht zu langsam zu fliegen und möglicherweise einen Strömungsabriss zu verursachen.

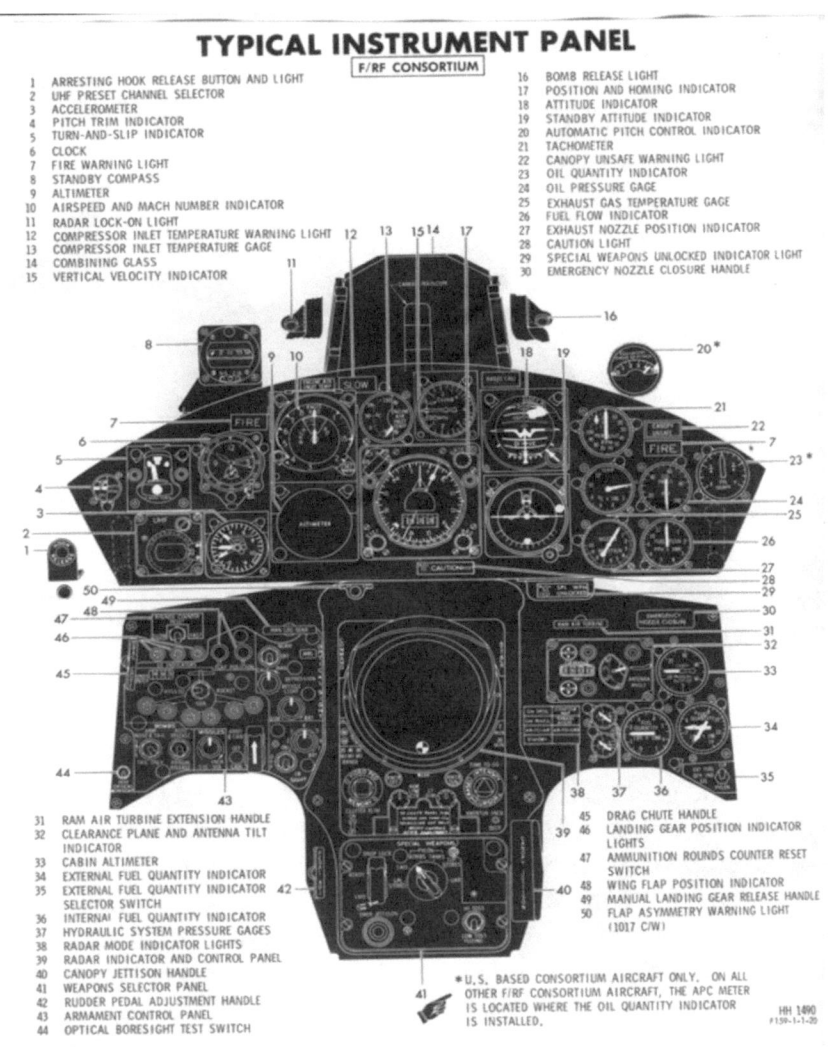

Das Instrumentenbrett aus dem Flughandbuch...

...und im Flugzeug.

Ein Computer überwachte sogar die Bewegungs-Geschwindigkeit dieser kleinen Windfahne, um bei sehr schnell eingeleiteten Kurven oder beim zu schnellen Hochziehen der Maschine rechtzeitig zu warnen. Der „Kicker" trat immer dann in Aktion, wenn die Windfahne schließlich doch einen zu hohen Anstellwinkel meldete oder die Änderung so schnell kam, dass der Computer ausrechnete, man würde jeden Augenblick in einen überzogenen Flugzustand geraten. Dann schlug die Hydraulik des Höhenruders den Steuerknüppel nach vorne, der einem förmlich aus der Hand gerissen wurde. Nur durch dieses abrupte „Nachdrücken" am Steuerknüppel konnte ein Abschmieren des Flugzeuges vermieden werden. Hier am Boden wurde die Funktion der Überziehwarnanlage geprüft, indem der Bodenwart die Windfahne langsam mit der Hand nach oben bewegte. Der Pilot schaute derweil auf die Anzeige im Cockpit und wartete auf den „Shaker" und „Kicker", die bei der korrekten Zeigerstellung ausgelöst werden mussten.

Erst wenn all diese Checks von außen und innen im Cockpit durchgeführt waren, konnte man das Zeichen geben, die Fahrwerks- und Tanksicherheitsstifte zu ziehen. Der Wart hielt diese dann gut sichtbar in die Höhe und man selber zeigte seinen Sicherheitsstift vom Schleudersitz. Bevor nicht jeder die Stifte des anderen gesehen hatte, durfte man nicht losrollen.

Eine „TF-104" (Doppelsitzer) wird nach dem Check zum Rollen freigegeben. Es gab nicht sehr viele Doppelsitzer. Diese wurden hauptsächlich für Einweisungs- und für Checkflüge verwendet.
(Foto aus dem Internet)

Mein Fluglehrer rief über Funk den Tower und holte sich die Freigabe zum Rollen. Es konnte losgehen. Bis zum Anfang der Startbahn ging es einmal den ganzen Flugplatz entlang. Während dieser gut fünf Minuten Rollzeit erklärte er mir nun vom hinteren Sitz aus, was in den nächsten Minuten alles passieren würde. Wir erreichten das Ende der Startbahn, mussten noch einen Augenblick auf eine landende Maschine warten, bevor wir in „Position" rollen durften.

Jetzt wurde erst einmal das Triebwerk überprüft. Dafür gab es eine ganz spezielle Checklistenseite. Aus dem Leerlauf, das waren 67% der maximalen Drehzahl des Triebwerkes, auf 80% Leistung gehen, dann wieder in den Leerlauf zurück. Jetzt auf 100%, schnell noch weitere Checks, Öldruck, Hydraulikdruck, stabile Drehzahl und ruckartig zurück in den Leerlauf. Alles verlief so, wie wir es erwartet hatten. „We are ready for takeoff" hörte ich die Stimme hinter mir dem Tower melden.

„Stellen sie den Luftdruck auf 29,93 ein, Wind aus 11 Uhr mit 15 Knoten, freigegeben zum Start." kam es durch meinen Kopfhörer.

„Are you ready...?" kam es von hinten. „Denn man los..."

Er schob den Gashebel auf 100 Prozent und wartete ein oder zwei Sekunden, bis sich die Drehzahl stabilisiert hatte. Dabei hielt er die Bremsen mit seinen Füßen voll durchgetreten. Ich fühlte am Gashebel mit, und als er den nun zügig bis ganz nach vorne schob, ließ er gleichzeitig die Bremsen los. Augenblicklich bekam ich „einen Tritt in den Hintern". So rasant schoss die Maschine nun nach vorne.

Wie auch auf der „T-38" zeigte mir mein Einweisungs-Fluglehrer in den nun kommenden 70 Minuten, wozu dieses Flugzeug fähig war. Ich musste an Robbi denken, der mich seinerzeit mit dem ersten Start auf der „T-38" beeindruckt hatte. Das versuchte dieser Lehrer nun auch, aber ich merkte sofort, dass dieses nicht wirklich ein leichtfüßiges Flugzeug war, sondern ein schwerer Jagdbomber.

Wir stiegen in mittlere Höhen auf und führten alle möglichen Flugmanöver aus. Steile und enge Kurven mit bis zu 5g zeigte er mir und dann rollten wir den Vogel so rasant, dass ich aufpassen musste, nicht mit meinem Helm zu sehr ans Kabinendach zu kommen. Das Canopy war in Kopfhöhe nicht besonders breit.

„Are you ready for a fast climb... bist du bereit für einen schnellen Steigflug? "

Natürlich wollte ich einen rasanten Steigflug erleben. Der Fahrtmesser ging auf 500 Knoten und mit 4g zog er den doch recht schweren Vogel sehr steil hoch. Wir waren bereits nach wenigen

Minuten auf 36.000 Fuß. Das ist die Höhe, in der normalerweise Passagiermaschinen fliegen. Aber hier über der Wüste Arizonas gab es auch wieder Übungsgebiete für die Air Force, in die sich keine zivilen Flugzeuge wagen durften. Auch hier oben zeigte mir mein Lehrer noch einige Besonderheiten des Starfighters. Wir flogen hier oben jetzt mit 0,96 Mach, unserer ganz normalen Reisegeschwindigkeit für diese Höhe. Nun aber sollte der schon bei der Vorflugbesprechung angekündigte Höhepunkt dieses Fluges folgen: ein Flug mit doppelter Schallgeschwindigkeit.

„Dieses wird das einzige mal sein, dass du das während deiner Ausbildung in Luke erleben darfst..." klärte er mich auf.

Er schob den Gashebel auf 100 % Leistung, wartete etwa zwei Sekunden, um nun den Nachbrenner zügig bis auf volle Leistung zu bringen. Ich war sehr erstaunt, wie zügig sich die Nadel des Fahrtmessers bewegte. Bis Mach 1 dauerte es wirklich nur ganz kurz. Auch in diesem Flugzeug änderte sich am Geräusch im Cockpit absolut gar nichts. Selbst die Flugeigenschaften schienen unverändert geblieben zu sein. Inzwischen hatten wir bereits die Mach 1,2 überschritten und hinter mir kam die Erklärung, dass die Beschleunigung mit zunehmender Geschwindigkeit immer größer werden würde. Dieses Flugzeug wurde tatsächlich immer munterer, je schneller man es flog. Ich hatte aber schon in der Theorie gelernt, dass man nicht weiter beschleunigen durfte, wenn eines von drei Dingen angezeigt wurde: entweder es leuchtete eine „SLOW"-Lampe auf, oder man erreichte die Geschwindigkeit von Mach 2, oder die Temperaturanzeige für die Ansaugluft direkt vor dem Triebwerk erreichte 121 Grad Celsius. Was auch immer zuerst angezeigt wurde: man musste dann den Gashebel zurücknehmen.

Bei Mach 2 war in jedem Falle Schluss. Er zog die Maschine nun bis kurz unter die erlaubte maximale Flughöhe von 50.000 Fuß hoch, drehte die Maschine auf den Rücken und zog dann ihre Nase in einem langen Bogen durch den Horizont nach unten durch. Der Gashebel stand nun in Leerlaufstellung und er warnte mich. Er würde nun die Sturzflugbremsen ausfahren, um mir die erstaunliche Wirkung dieser hinten aus dem Rumpf ausfahrbaren Klappen zu demonstrieren. Ich zog noch einmal meine Anschnallgurte nach.

Es fühlte sich schlimmer an, als wenn man bei 200 auf der Autobahn eine Vollbremsung hinlegen würde. Die Fahrt nahm nun rapide ab und im sehr schrägen Gleitflug rasten wir, noch immer im Überschallbereich, der Erde entgegen. Als wir uns schließlich wieder den normalen 450 Knoten näherten, waren wir bereits wieder „unten" angekommen. Er kurvte noch etwa zehn Minuten mit mir im Tiefflug hinter den westlich von Luke gelegenen „White Tank Mountains" herum, um dann zum Platz zurückzukehren und auf der linken der beiden Landebahnen sehr sanft aufzusetzen.

Was für ein toller Tag!

Im Staffelgebäude gab es eine Gratulation und eine „Mach 2-Nadel". Die bekamen nur und ausschließlich Starfighter Piloten, die tatsächlich einmal mit doppelter Schallgeschwindigkeit geflogen sind.

Die silberne Mach 2-Nadel trägt man am Jackett.
Sie ist nur etwa 10 mm lang.

Noch am selben Tag war ich wieder mit diesem Fluglehrer zu meinem zweiten Flug in einem Doppelsitzer „TF-104" in der Luft. Es war für mich der erste Flug, den ich vom Anlassen des Triebwerks bis zum Abstellen des Flugzeuges alleine durchführen durfte. Er passte vom hinteren Sitz peinlich genau auf, dass ich alles richtig machte. Ich las ihm die Checkliste vor und erzählte ihm jeden Handgriff, den ich machen würde. Er bestätigte kurz mit „ok", wenn es so war, wie im Flughandbuch vorgesehen. Es gab nicht viel zu ergänzen oder gar einzuwenden. Von ihm kamen lediglich einige erläuternde Bemerkungen, wenn das denn erforderlich war.

Wir rollten zum Ende der langen Startbahn, bekamen die Freigabe auf die Bahn und ich überprüfte das Triebwerk. Alle Parameter waren exakt im grünen Bereich. Ich bekam die Starterlaubnis und wir düsten los. Nur 40 Sekunden später hatte das Flugzeug die Reisegeschwindigkeit von 833 kmh erreicht.

Ich flog so, wie wir es vorher in einer guten Stunde im Vorbereitungsraum der Staffel besprochen hatten. Während eines solchen „pre flight briefings" wird vom Wetterbericht, der zu fliegenden Flugroute, dem Anziehen der Flugbekleidung, dem Einsteigen, Anschnallen, Anlassen des Triebwerks, den Checks mit dem Wart und allem, was danach noch kommt, alles sehr umfangreich und strikt nach dem Handbuch und der Checkliste zwischen den Piloten abgesprochen.

Auf diesem Flug ging es zunächst auf eine vorher auf der Fliegerkarte ausgesuchten Strecke im Tiefflug über die Wüsten von Arizona. Im zweiten Teil dieses Fluges konnte ich dann in größerer Höhe einige Manöver ausprobieren. Das Flugzeug reagierte ungemein direkt und schnell, nur beim Kurvenfliegen stellte ich den sehr großen Radius fest, den dieses Flugzeug aufgrund seiner kurzen Stummelflügel brauchte. Mal eben einen Haken schlagen, das gab es hier nicht. Wenn man richtig um die Kurve zog und mit mehr als 4g in den Sitz gepresst wurde, sprach sehr schnell der „Shaker" an und, das durfte ich auch üben, kurz darauf haute einem der „Kicker" den Steuerknüppel nach vorne aus der Hand, um einen Strömungsabriss auf den Tragflächen zu verhindern. Das Flugzeug hatte eben seine ganz besonderen Eigenarten, die man erst einmal „erfliegen" musste.

Nach diesem zweiten Flug am 12. Dezember 1967 war ich sehr zufrieden mit mir. Auch mein Fluglehrer schien von meiner gezeigten Leistung sehr angetan zu sein. Besonders nach meiner „butterweichen" Landung hörte ich ihn durchs Mikrophon sagen, vielleicht mehr zu sich selbst: „outstanding..."

In den nächsten 10 Tagen, es war kurz vor Weihnachten, kam die Ausbildung total zum Erliegen. Es gab ein sehr schweres Unwetter hauptsächlich über dem Norden von Arizona und dem noch nördlicher gelegenen Staat Utah. Dort oben hatte es so viel geschneit, dass sehr viele Ortschaften und vor allen Dingen abgelegene Farmen total von der Außenwelt abgeschnitten waren. Bei uns im „Tal der Sonne", Phoenix lag in einer riesigen von teilweise hohen Bergen eingerahmten „Senke", die in ihrer ausgedehnten Gesamtheit als „Sun Valley" bekannt war, goss es tagelang wie aus Eimern. Die breite Zufahrtstraße von Glenale, wo ich wohnte, das war ein westlicher Vorort von Phoenix, bis nach Luke, war an einigen Tagen unpassierbar. Die sonst völlig trockenen und staubigen „washs", das waren die ausgedörrten Vertiefungen von früheren Flussläufen, hatten sich seit zig Jahren erstmals wieder mit Wasser gefüllt. Sie waren in nur Minuten zu reißenden Strömen geworden. An der ersten Stelle, die auf meinem Weg zur Luke AFB völlig überschwemmt war, lagen bereits drei oder vier schwere Straßenkreuzer stromabwärts. Deren Fahrer hatten ganz offensichtlich die Kraft des die Strasse überspülenden Wassers unterschätzt, waren weitergefahren und einfach weggeschwemmt worden.

Es gab nur einen längeren Umweg über eine andere Strasse, die es letztlich ermöglichte, nach Luke und zum Dienst zu kommen. Dort aber war bis auf Weiteres der Flugbetrieb abgesagt worden. Teile der „Ramp", der Betonfläche vor den großen Hallen, auf der unsere Flugzeuge abgestellt waren, standen Knöchelhoch unter Wasser.

Abends in der O-Messe trafen wir Piloten, die wir vorher noch nicht gesehen hatten. Es waren die sogenannten „Weekend-Worriers", die zu fliegenden Reserveeinheiten gehörten. Diese „Wochenendflieger" waren gerade mit etlichen älteren Transportflugzeugen bei uns in Luke eingetroffen, um den notleidenden Farmern und den dort oben darbenden Tieren in Utah aus der Luft zu helfen. Mit riesigen Lastwagen wurden an den nächsten Tagen hunderte von Tonnen Stroh- und Heuballen herangeschafft und in die Transportflugzeuge verladen. Gleich am nächsten Morgen dröhnten diese behäbigen Vögel dann gen Norden ab.

Wenn ich mich recht erinnere, haben einige von uns, ich war natürlich sofort mit dabei, noch am selben Abend gefragt, ob wir nicht einmal mitfliegen könnten. Ich erhoffte mir ein besonderes Erlebnis. Es gab gar keine Probleme, uns diesen Wunsch zu erfüllen, zumal unser eigener Flugbetrieb völlig eingestellt war. Nicht einmal Theorie konnte uns an diesen Tagen vermittelt werden, da etliche Staffelangehörige in Gegenden wohnten, die von den Überschwemmungen bös heimgesucht worden waren. Betroffenen Fluglehrer und Schüler gleichermaßen mussten erst einmal ihre Häuser retten und trockenlegen.

So saß ich denn bereits am folgenden Morgen zusammen mit einem meiner Marinekameraden im riesigen Cockpit einer C-119 und wir brummten in nicht sehr großer Höhe Richtung Norden nach Utah.

Wir durften abwechselnd sogar sehr lange Strecken vom rechten Sitz aus selber fliegen. Diese Rettungs- und Versorgungsflüge haben unter dem Namen „Heulift" ein wenig Geschichte gemacht. Auf jedem Hin- und Rückflug kamen wir an dem riesigen Meteoritenkrater bei Winslow in Arizona vorbei. Das war schon ein gewaltiger und sehr beeindruckender Anblick, dieses riesige Loch mitten in der Wüste.

Der Meteoritenkrater bei Winslow, Arizona USA
(Foto von Google aus dem Internet)
Der Einschlag liegt etwa 50.000 Jahre zurück und hinterließ dieses Loch mit einem Durchmesser von 1,186 Kilometern. Der Krater ist unter dem Namen „Barringer Crater" bekannt.

Transporter C-119. (Foto aus dem Internet)
Etwa 8 Tonnen Heu konnten pro Flug mitgenommen werden.

Erst unmittelbar vor den Abwurfzonen nahm dann der jeweilige Co-Pilot seinen Sitz wieder ein. Dann ging es im Tiefflug übers verschneite Land weiter, immer auf der Suche nach Tieren, die sich manchmal in ganzen Herden irgendwo im Schnee gesammelt hatten. Hauptsächlich waren das Wildpferde und andere wild lebende Großtiere. Auf Klingelzeichen aus dem Cockpit hin warfen dann im Laderaum mitfliegende Helfer ein oder mehrere Heuballen ab. Einmal klingeln bedeutete einen Heuballen. Vorne im Cockpit flog während dieser Einsätze ein Indianer mit, der die jeweilige Gegend gut kannte. Die amerikanische Luftwaffe hatte sie extra für die Bewältigung dieser Naturkatastrophe zu diesen Flügen aufgerufen und mitgenommen. So saß denn unser „Indian" mit einer Landkarte vorne im Cockpit und dirigierte die Piloten von Farm zu Farm. Ich las mehrfach die Buchstaben SOS, die von den verzweifelten Menschen dort unten in den Schnee getrampelt wurden. Solche „SOS" Positionen wurden genauestens auf der Karte vermerkt und am folgenden Tag erneut mit Medikamenten und Dosenverpflegung angeflogen. Diese besonderen Lasten gingen dann per Fallschirm runter, die Heuballen flogen im Tiefstflug und bei der langsamsten möglichen Fluggeschwindigkeit einfach so hinten aus den beiden Türen. Im Abflug wurde noch einmal die Treffgenauigkeit geprüft, nur ganz selten drehten wir danach noch eine Schleife und schmissen erneut ein oder zwei Ballen hinterher.

Diese Operation „Hay Lift" lief noch über die gesamten Weihnachtstage bis über Neujahr 1967-1968. Das war für mich und noch andere meiner Kameraden eine tolle Abwechslung.

Bereits bei meinem allerersten Einkauf in der BX in Luke wurde ich vom Leiter der Lebensmittelabteilung angesprochen. Er hatte gerade unseren VW-Variant gesehen und fragte mich ganz direkt, ob ich ihm den nicht verkaufen würde. Seit meiner Ankunft in den USA war mehr als ein Jahr vergangen und ich hatte genügend amerikanische Straßenkreuzer gesehen und auch selber gefahren. Mit unserem inzwischen angesparten Geld konnte ich mir nun tatsächlich auch einen weiteren Traum erfüllen. Ich wollte einmal in meinem Leben so ein riesiges Fahrzeug besitzen und fahren. Deshalb war ich über sein Angebot ganz glücklich, zumal er mir so viel zahlen wollte, wie ich für den VW in Deutschland inklusive Seefracht bezahlt hatte. Ich sagte zu, musste ihn aber zunächst noch vertrösten, bis ich ein anderes Auto gefunden hatte. Der Zufall kam ins Spiel. Ich lernte bei irgendeiner Veranstaltung in der O-Messe ein sehr nettes älteres amerikanisches Ehepaar kennen, das zufällig ihren erst vier Jahre alten Mercury Monterrey verkaufen wollte. Und das auch noch für einen Spottpreis, wie sich herausstellen sollte. Meine Frau und ich machten sofort einen Termin für eine Probefahrt und es stellte sich heraus, dass dieses wunderbare Gefährt ein absolutes Spitzenangebot war. Kein Rost, Achtzylindermotor mit reichlich PS, Automatikgetriebe, Klimaanlage und alle sonst noch erdenklichen Extras, die man von einer Luxuslimousine erwarten konnte. Als ich den Preis hörte, konnte ich es erst gar nicht glauben: nur 800 US $ wollte das Paar für dieses Prachtstück haben. Ich musste nicht eine Sekunde überlegen. Wir fuhren nur wenige Minuten später mit zwei Wagen von dort zurück auf den Flugplatz. Und keine halbe Stunde später hatte ich dann auch dem Leiter aus der BX die VW-Schlüssel übergeben und war sehr glücklicher Besitzer eines riesigen Traumautos.

Durch den Schnee in Utah und die sehr starken Regenfälle um Phoenix herum hatte die Flora dermaßen viel Wasser bekommen, dass sogar die sehr selten blühenden Saguaro Kakteen in wunderschönen Farben zum Leben erwachten. Über Nacht hatte sich die gesamte Wüstengegend in eine unendlich weite Blumen- und Blütenlandschaft verwandelt. Man kam aus dem Staunen nicht heraus. Was doch die Natur über viele Jahre in ihrem staubtrockenen Boden verborgen hielt. Nun platzte alles hervor und man kannte diese Gegend kaum wieder. Mit unserem neuen Superauto fuhren wir zusammen mit einem Kameraden und dessen Familie immer und immer wieder in die entlegensten Wüstengegenden, um dieses so seltene Naturwunder zu sehen und zu filmen. Jedes Wochenende machten wir neue, teils atemberaubende Ausflüge. Mein neuer Wagen tat uns mit seiner Klimaanlage dabei richtig gut.

Solch einen Mercury Monterrey konnte ich für nur 800,- US $ erstehen. Das Fahrzeug war erst vier Jahre alt, hatte nur wenig Meilen gelaufen und besaß eine unglaublich leistungsstarke 8-Zylinder Maschine. Neben einem Automatikgetriebe und Klimaanlage gab es viele teure Extras. (Foto aus dem Internet)

Am 2. Januar konnten wir schließlich mit dem regulären Flugprogramm fortfahren. Die überfluteten Wüstengegenden um Phoenix und Luke herum lagen inzwischen wieder trocken, aber noch blühten die Kakteen. Nur vereinzelt blieben noch größere Wassertümpel in einigen Senken und nur für wenige weitere Tage übrig.

Bereits mein siebter Flug sollte mein erster Soloflug werden. Ich hatte gerade erst einmal insgesamt 6 Stunden und 55 Minuten Flugzeit auf der „F-104" absolviert. Der erste Soloflug diente lediglich dazu, die Maschine besser kennenzulernen und mich mit ihr vertrauter zu machen. Es gab keinerlei bestimmte Auflage, wie und was ich zu fliegen hatte. Ich sollte einfach nur nach Sichtflugregeln über Arizona hinwegdüsen und bekam ein „have fun..." mit auf den Weg.

Nach einer Stunde und zehn Minuten landete ich glücklich wieder auf der „heimatlichen" Landebahn. Von der Einsatzplanung her wusste ich, dass es außer diesem einen Soloflug während der gesamten Ausbildung nur noch einen zweiten „echten" Soloflug geben sollte. Alle weiteren Flüge würden danach entweder mit einem Lehrer im hinteren Cockpit, oder immer in Viererformation durchgeführt werden. So sah es der Ausbildungsplan vor.

Drei Tage später folgte mein zweiter und letzter „richtiger" Soloflug, den ich mir selber frei gestalten konnte. So studierte ich denn die Fliegerkarte und stellte mir meine eigene Flugstrecke zusammen. Ich konnte nicht umhin, den Grand Canyon in diesen Flug mit einzubeziehen. Diese einmalige Gelegenheit wollte ich mir nicht entgehen lassen. So brauste ich denn nur wenig später am 8. Januar 1968 im Tiefstflug durch die breiten Schluchten dieses Weltwunders.

Als F-104 Pilot in Luke

Luke AFB, Sommer 1968

Von nun ab ging es hauptsächlich auf die Luft-Boden Schießplätze. Den ersten Flug dahin machten wir zu viert in Doppelsitzern. Unsere Lehrer flogen hinten mit und erläuterten uns die „procedures". Es fing immer mit den Abwürfen der Übungsbomben an. Davon nahmen wir 6 Stück mit, die in einem Bombenbehälter unter dem Rumpf geladen waren. Beim Aufschlag auf dem Boden erzeugten diese kleinen Bomben lediglich eine weit sichtbare weiße Wolke. Von einem in ziemlicher Entfernung vom Abwurfplatz positionierten Kontrollturm konnten die Beobachter sehr genau messen, wie gut die Treffer saßen. Über Funk bekam man sofort sein Ergebnis. So konnte man die weitcren Abwürfe gegebenenfalls noch korrigieren.

Wenn die sechs „Bömbchen" abgeworfen waren, kamen als nächstes die ungelenkten Raketen an die Reihe. Davon gab es zwei unter jeder Tragfläche. Gezielt wurde mit dem ganzen Flugzeug und während des Zielanfluges hatte man vielleicht 5 oder 6 Sekunden, um zu korrigieren. Dann musste man auch schon feuern und sofort danach mit 4g hochziehen. Sobald die Nase über dem Horizont war, ging es mit fast 90 Grad Schräglage und 4 - 5 g um die Kurve und hinauf zum nächsten Anflug. Zum Schluss wurde schließlich mit der Bordkanone auf riesige weiße Laken geschossen, die zwischen zwei Masten aufgespannt waren. Jedes der vier Flugzeuge bekam ein eigenes Ziel zugewiesen und wurde mit verschieden farbiger Übungsmunition beladen. Es gab rote, blaue, grüne und ungefärbte Geschosse. Nach jeder Schießübung nahm eine Bodencrew die Laken herunter und zählte die Einschüsse. Beim Treffen färbte die Farbe an der Munition den Rand des Durchschussloches entsprechend ein. So war die Zuordnung der Treffer zu jedem Piloten absolut eindeutig, auch wenn jemand im Eifer des Gefechtes aufs falsche Laken gezielt haben sollte. Immer nur 100 Schuss Übungsmunition wurden pro Flug geladen. Wenn man den Abzugshebel auch wirklich nur ganz kurz antippte, waren mindestens 15 oder 20 Schuss weg. Bei der Feuergeschwindigkeit der sechsläufigen Gatling-Kanone war das auch gar kein Wunder. Die Waffe konnte pro Minute bis zu 4500 Schuss abfeuern. Sie war damals die „effektivste" 20 mm Kanone, die es für Kampfflugzeuge weltweit gab.

So drehten wir beinahe täglich unsere Runden um die Schießplätze in der Wüste südwestlich von Arizona. Neben den Einsätzen auf den Schießplätzen ging es sehr häufig auf reine Tiefflugmissionen. Das wirklich tolle an solchen Flügen war die grandiose Landschaft, die mit über 800 Stundenkilometern unter uns dahin zog. Solche Farbenspiele, solch ungewöhnliche Felsformationen in rotbraunem Gestein, solche Aussichten über unendliche Wüsten, das war einmalig. Ich habe diese Flüge besonders genossen. Wer behauptet, Wüsten sähen nach nichts aus, der hat noch keine gesehen, zumindest nicht aus der Luft.

Irgendwann während des laufenden Lehrganges unterhielt ich mich abends in der O-Messe mit einem unserer Fluglehrer. Er fragte mich unvermittelt und direkt, ob ich nicht „nebenbei" im Luke AFB Flying Club Mitglied werden wollte. Er habe gehört, dass ich schon jahrelang vor meiner jetzigen Ausbildung zum Marinepiloten in der Sportfliegerei tätig war und entsprechende Flugscheine besaß. Ich hörte ihm gespannt zu und bereits am folgenden Wochenende saß ich mit ihm in einer ehemaligen Schulmaschine der US Air Force zu einem Einweisungsflug. Die Air Force besaß im Luke AFB Flying Club vier einmotorige Propellermaschinen, die von den Clubmitgliedern für unglaublich wenig Geld geflogen werden durften. Mitglied konnten nur Angehörige der Air Force werden, und nun eben auch ich. Für die Einweisung durfte ich mir sogar eine von den zur Verfügung stehenden Maschinen aussuchen. Da mir die „T-34 Mentor" am „sportlichsten" erschien, wählte ich dieses Flugzeug. Für eine Flugstunde brauchte ich lediglich neun US Dollar zu zahlen. Sprit bekam man auf Militärflugplätzen für umsonst. Einige Male flog ich mit der „Mentor" übers Wochenende nach Las Vegas, häufig aber einfach nur zu Rundflügen in der Umgebung der Stadt Phoenix. Letztlich endete meine Mitgliedschaft in diesem Fliegerclub mit dem Abschluss meiner Ausbildung in Luke.

Als es wieder richtig heiß wurde in der Wüste und bei uns auf dem Flugplatz, die Temperaturen auf dem Hallenvorfeld, wo unsere Flugzeuge auf uns warteten, konnten leicht 45 Grad im Schatten überschreiten, ließ man sich etwas gutes einfallen. Im Eingangsbereich unseres Staffelgebäudes wurde ein riesiger Kühlschrank aufgestellt. In dem lagen von da an immer feuchte, zusammengerollte Handtücher für uns bereit. Wenn man total verschwitz von draußen hereinkam, konnte man sich ein kühles Tuch in den Nacken legen und sich damit später Gesicht und Arme abwischen. Das tat richtig gut.

Solch eine „T-34 Mentor" flog ich an manchen Wochenenden nur zum Vergnügen. (Photo aus dem Internet)

Am anderen Ende unseres Staffelgebäudes hatte eine „F-100 Super Sabre"-Staffel ihre Räumlichkeiten. Wir teilten uns mit den jungen „F-100"-Piloten dieses Gebäude und beide Staffeln nutzten auch gemeinsam die Einrichtungen wie Briefingräume und den Kinosaal. Filmvorführer waren je nach Abkömmlichkeit unsere und deren Fluglehrer. Einer der unsrigen raunte mir zu, ich solle mal eben mitkommen, um mir einen Filmstreifen anzusehen. Ich dürfte aber niemandem davon erzählen. Ich dürfte auch nur vom Vorführraum aus zusehen. Ich versprach Stillschweigen und war ziemlich baff, als dort Filme aus den Bordkameras der amerikanischen Jagdbomber aus Vietnam gezeigt wurden. Nur zur Erinnerung: als ich in den USA zum Starfighterpiloten der Bundesmarine ausgebildet wurde, tobte in Vietnam der fürchterlichste Krieg seit dem Ende des zweiten Weltkrieges. Die Filme aus den Bordkameras wurden hier in Luke den „F-100" Piloten vorgeführt, weil diese jungen Männer nach Abschluss ihres Trainings von hier direkt nach Vietnam geschickt wurden, um dort Bomben und Raketen über dem Land abzuwerfen. Durch diese als „geheim" eingestuften Filme bekamen sie noch vor Ankunft in Vietnam ihre zukünftigen Zielgebiete zu sehen. Das, was auf diesen Filme zu sehen war, durfte in keiner öffentlichen TV-Sendung oder sonst wo gezeigt werden.

Deshalb musste ich auch versprechen, niemandem etwas zu erzählen.

Ich war einige Male von unseren amerikanischen Lehrern zu sich nach Hause eingeladen worden. Etliche von ihnen wohnten „On Base". Das war eine ganz hervorragende und ziemlich große Wohnsiedlung, bestehend aus Bungalows, die zum Flugplatz gehörte. Die Häuser wurden von der Air Force selber verwaltet und an hier stationierte Offiziere mit ihren Familien vergeben. Die schicken Häuser waren voll eingerichtet und besaßen allen nur erdenklichen Komfort. Sie lagen im Schatten hoher Palmen. Eine richtige „Luxus-Kleinstadt" war diese sogenannte „Housing Area". Zutritt zur Wohnanlage hatte man nur über das militärisch bewachte Tor zum Flugplatz.

Während einer solchen Einladung, meine Frau und auch andere Ehefrauen waren auch zu Gast, lernten wir einen „F-100"-Piloten und jetzigen Fluglehrer kennen, der gerade nach 100 geflogenen Einsätzen aus Vietnam zurückgekehrt war. Er spielte uns Männern im Nebenzimmer ein mitgeschnittenes Tonband vor, auf dem die verzweifelte Stimme eines Vietnam-Piloten zu vernehmen war, der in seiner „F-100" über Vietnam unterwegs war, als seine Klimaanlage im Flugzeug auf „volle Hitze" schaltete. Offensichtlich war er nicht in der Lage, den Fehler in der Luft zu beheben. So konnten wir mit anhören, wie er verzweifelt versuchte, trotz des immer heißer werdenden Cockpits noch die rettende Küste zu erreichen. Unter keinen Umständen wollte er über Feindesgebiet mit dem Schleudersitz aussteigen. Vor der Küste kreuzten ständig amerikanische Kriegsschiffe, um eventuell über dem Meer aussteigende Piloten aufzufischen und auf diese Weise zu retten. Da er wusste, dass die Vietkong ihn sofort nach der Gefangennahme umgebracht hätten, versuchte er verzweifelt, die Retter auf See zu erreichen. Das Tonband endet mit einem letzten verzweifelten Hilfeschrei des Piloten. Er soll dann kurz vor der Küste und noch über feindlichem Gebiet abgestürzt sein. Niemand konnte ihm helfen...

Unsere nun fast jeden Tag durchgeführten Tiefflüge über der Wüste waren die Vorbereitung auf ein weiteres Ausbildungsziel. Wir befanden uns in den späten 60ger Jahren auf dem Höhepunkt des „Kalten Krieges". Der Warschauer Pakt und die Nato standen sich sehr feindlich gegenüber, und zu dieser Zeit, als wir in Amerika schulten, hatte sich die Bundesregierung noch nicht endgültig entschieden, ob sie bei einer möglichen atomaren Aufrüstung bleiben, oder ganz auf die atomare Bewaffnung verzichten sollte. So blieb es erst einmal dabei, dass wir Starfighterpiloten in Arizona auf einen Gegenangriff mit Atomwaffen geschult wurden.

Die „F-104" konnte eine einzelne Atombombe unter dem Rumpf mitschleppen. Diese wurde im Tiefstflug ans Ziel gebracht und im sogenannten „Schulterwurf" ausgeklinkt. Dazu flog man die letzten Meilen bis zu 600 Knoten schnell, zog die Maschine dann mit 4g auf ein paar tausend Meter in die Höhe und ein vorher über ein „Uhrwerk" eingestellter Computer rechnete dann die genaue Sekunde des Abwurfes aus. Nach dem Ausklinken der Bombe flog man einen Looping, den man aber nicht bis ganz nach unten durchzog, sondern im Abwärtsflug und quasi noch auf dem Rücken fliegend, drehte man seine Tragflächen gerade, sauste im steilen Bahnneigungsfluges weiter nach unten, um dann im Tiefflug und mit sehr hoher Geschwindigkeit vom Ziel zu verschwinden. So gelangte man noch rechtzeitig aus dem Explosionsbereich der Bombe. Diese flog derweil in einem ballistischen Bogen noch viele Kilometer weit, um dann ihre „Arbeit" zu verrichten.

Die Kunst, eine Bombe durch ein solches Flugmanöver ins Ziel zu bringen, bestand nun darin, den Punkt des Hochziehens und somit auch den Start des Uhrwerkes sehr präzise festzulegen. Man selber bekam ja das Ziel nie zu sehen, denn es lag beim Abwurf viele Meilen voraus. Die damals einzig bestehende Möglichkeit, ein Ziel halbwegs genau zu treffen, bei einer Atombombe kam es sicherlich nicht auf einige hundert Meter an, bestand nun darin, wirklich sehr präzise auf seiner Angriffsroute zu fliegen. Dabei half ein neuartiges Navigationssystem, das sogenannte „Inertial Navigation System". Das konnte unabhängig von sonst üblichen Peilsendern am Boden zu jeder Sekunde ziemlich genau die Position des Flugzeuges intern mitrechnen, und das Flugzeug auf seinem vorgegebenen Kurs halten. Durch die damals vorhandene und noch nicht sehr präzise Technik konnte allerdings nach etwa 1 ½ Flugstunden ein Ziel gut und gerne bis zu einer halben Meile daneben liegen. Solange man nach Sicht flog, war es während des Fluges möglich, diese

Positionsfehler an markanten Objekten immer wieder zu korrigieren. Nachts und bei Nebel allerdings und wenn der Boden nicht zu sehen war, flog man dann meistens mehr oder weniger am Ziel vorbei. Für den Einsatz von konventionellen Bomben wäre das völlig inakzeptabel gewesen. Da wir nun allerdings die „A-Bombe" aus einiger Entfernung vom Ziel ausklinken würden und man sein Ziel selbst bei guter Sicht nie wirklich zu sehen bekam, entwickelte ich so viel Ehrgeiz, dass ich mit einer sehr aufwendigen Methode meine Treffsicherheit erhöhen wollte. Ich nahm das Radarbild zu Hilfe, um den exakten Abwurfpunkt zu ermitteln. Diese sehr, sehr aufwendige Methode, ein Radarvorhersagebild für den Moment des Hochziehens zu erstellen, kostete mich sehr viel Zeit. Ich erspare mir an dieser Stelle eine ausführliche Erklärung, wie man damals solch eine „Radar Prediction" zeichnete. Nur so viel: nächtelang habe ich mit Papier, Bleistift und Fliegerkarten zu Hause gesessen und das zu erwartende Radarbild zeichnerisch ermittelt. Diese Zeichnungen kamen dann auf mein Kniebrett und im Anflug auf den „magischen" Punkt, an dem man hochziehen musste und die Uhrwerke zu laufen begannen, verglich ich das „echte" Radarbild mit meiner Zeichnung. Schon kurz vorher konnte man sehen, wie sich das Bild auf dem Radargerät der Zeichnung näherte und, wenn auch Kurs, Höhe und Geschwindigkeit stimmten, dann sah mein Radarbild für eine Sekunde genau so aus, wie ich es in langer Nachtarbeit auf dem Papier vorgezeichnet hatte. Ein Knopfdruck auf den Bombenauslöser, innerhalb von 2 Sekunden auf 4g ziehen, dann mit gleichbleibender Geschwindigkeit von 600 Knoten im Nachbrenner nach oben und... schwups war die Bombe weg. Der Rest lief dann unter dem Titel „Flucht" wie oben beschrieben ab. Meine Routenberechnungen und Radarbildvorhersagen waren derart präzise, dass ich am Ende der Ausbildung die Trophäe „Best-Inertial-Navigation-Bomber" überreicht bekam. Dass war eine von den beiden heißbegehrten Auszeichnungen, die man in Luke erreichen konnte. Die „Top Gun"-Trophäe, die andere von den beiden, habe ich leider um sage und schreibe nur einen einzigen Treffer beim Schießen mit der Bordkanone verpasst. Für diese „Top Gun"-Bewertung wurden alle während des gesamten Lehrganges mit der „Gatling-Kanone" erzielten Treffer zusammengezählt. Ich habe während etlicher Luft zu Luft Schießübungen sogar zweimal (eher zufällig) das Schleppseil unmittelbar vor dem Schießsack durchgeschossen. Beim Luft-Luft-Schiessen flog eine „F-104" vorweg. Die hatte unter einer Tragfläche so ein Dart-ähnliches Schleppziel hängen, welches oben in der Luft an einem langen Seil hinterher geschleppt wurde. Am hinteren Ende dieses „Darts" befand sich ein Radarreflektor. Das eigene Bordradar konnte diesen Reflektor, im „richtigen" Leben wäre das ja ein gegnerisches Flugzeug gewesen, schon meilenweit und sogar ohne es jemals optisch zu sehen, erfassen. Dann richtete sich die auf die Windschutzscheibe eingespiegelt Zieloptik darauf aus, und beim richtigen Abstand vom Ziel und mit dem Ziel im Fadenkreuz brauchte man nur noch sehr sauber und ruhig zu fliegen und den „Trigger" zu drücken. Meine beiden Treffer ins Seil waren natürlich deshalb sehr unangenehm für alle aus meiner Viererformation, weil der „Dart" dann irgendwo in der Wüste abstürzte und die „Mission" damit vorüber war. Wenn so etwas gleich zu Beginn der Übung passierte, konnten alle vier Flugzeuge praktisch unverrichteter Dinge zum Flugplatz umkehren. Aber ich traf nun einmal ziemlich genau und sehr oft ins „Schwarze".

Wenn ich nachts im Wohnzimmer keinen „A-Bomben-Abwurf" vorbereiten musste, meine Frau schlief dann längst, spannte ich quer durchs Wohnzimmer eine Wäscheleine. An der hingen dann fein säuberlich nach Sequenzen sortierte 8 mm Schmalfilmstreifen. Vom Beginn meiner Militärfliegerei an hatte ich auf fast jedem Flug meine 8 mm Filmkamera dabei. Noch lange nach dem häuslichen Zapfenstreich klebte ich dann die einzelnen Streifen zusammen, um die Filme bereits kurz darauf vorführen zu können.

Auf diesem Bild sieht man einen Teil der möglichen Bewaffnung einer „F-104". Das stehende schwarze Ungetüm ist die A-Bombe.

Auf dem Bild nicht zu sehen sind konventionelle Bomben.

Die flügellosen „Tanks" rechts und links außen sind Napalmbehälter.

Unser dienstältester Offizier in den USA, für alle Ausbildungseinheiten in Amerika zuständig, war Brigadegeneral Walter Krupinski. Im zweiten Weltkrieg wurde er mit 1100 Feindflügen und insgesamt 197 Luftsiegen ein Fliegerass. „Krupi", wie er von uns nur genannt wurde, hatte in der Beschaffungsphase des Flugzeuges sogar eine kurze Starfighter-Ausbildung durchlaufen und kam nun etwa alle drei Monate aus Washington, um eine Woche lang in Luke zu fliegen. Dann schickte die US Air Force alles was Rang und Namen hatte und ebenfalls die „F-104" fliegen durfte. Kein amerikanischer „F-104" Pilot wollte es sich entgehen lassen, mit einem Fliegerass aus dem zweiten Weltkrieg Formation zu fliegen, sich auf dem Schießplatz mit der Bordkanone zu messen und den alten Herrn zu bewundern. Gute amerikanische Weltkriegs-Piloten erreichten manchmal 4 oder 6 Abschüsse, selten mehr. Die mussten sie sich eventuell auch noch mit dem zweiten Mann einer Fliegerstaffel teilen, wenn nicht eindeutig festgestellt werden konnte, wer den entscheidenden Treffer beim Gegner gelandet hatte.

Und, Sie erahnen es schon: Krupi schoss sie alle aus. Abends in der O-Messe wurde heftig darüber gerätselt, wie der das bloß immer hinbekam. Sei`s drum, auch auf der „F-104" wäre Krupi ein Fliegerass geworden.

Im Juni und Juli des Jahres 1968 erreichte unsere Ausbildung auf der „F-104" ihren Höhepunkt insofern, als wir nun fast täglich in Viererformation auf einen Schießplatz flogen, um Bomben abzuwerfen, Raketen zu schießen und letztlich mit der Bordkanone auf die Übungsziele zu zielen. Ein oder zweimal ging es dabei auch auf die sogenannte „open range". Dieser „offene" Schießplatz lag weit ab von jeder Siedlung inmitten der staubtrockenen Wüste südwestlich von um Gila Bend in Arizona. Nicht einmal Indianer waren hier anzutreffen. Dort hatten US Army und Air Force auf einem riesigen Gelände allerlei Ziele aufgebaut. Diese Ziele bestanden aus ganzen Wagenkolonnen ausrangierter Militär-Lastwagen, Panzer und Jeeps, die sich kilometerlang durch die Hügel zogen. Richtige Straßen gab es dort zwar nicht, aber man hatte mit Bulldozern einen kilometerlangen Sandweg geebnet, der aus der Luft wie ein „Feldweg" aussah. Es gab dort unten sogar ein oder zwei „Flugplätze", deren „Startbahnen" auch aus in den Wüstensand geschürften Pisten bestanden. Auf denen standen etliche ausgediente alte Jagdflugzeuge. Es gab irgendwo auch ein Stück Eisenbahnstrecke, die sogar über eine Gitterstahlbrücke führte und schließlich in einem Tunneleingang endete. Der angedeutete Tunnel war vielleicht nur 5 oder 10 Meter in den Berg gesprengt.

Eine F-104 der Marine in Deutschland.
Unter der linken Tragfläche schaut hinten der „Dart", das Schleppziel hervor. Vorne sieht man die Spitze des weißen stromlinienförmigen Behälters, in dem sich die Rolle mit dem Schleppseil befand. (Foto aus dem Internet)

Auf dieser „Range" gab es keine Kontrolltürme, von denen die Treffer kontrolliert und notiert wurden. Man konnte hier nach freiem Dünken fliegen und „angreifen". Das war wieder eine neue und aufregende Herausforderung, weil man ja vorher nicht genau wusste, wie das Gelände aussah und welche Angriffsziele hinter der nächsten Biegung oder hinter dem nächsten Hügel auf einen warteten. Falls jemand Interesse hat, kann er bei Google Earth einfach einmal „Gila Bend Arizona" eingeben, und sich die unendlichen Wüstengegenden von oben ansehen.

Am 1. Juli 1968 flog ich meinen letzten Einsatz in Luke. Es war eine Luft zu Luft- Übung und ich konnte ein letztes Mal auf ein Schleppziel feuern. Ich landete meinen letzten Treffer im Luftraum über Arizona.

INDIVIDUAL TRAINING MISSION GRADE F-104 AIR ATTACK (DART)	MISSION NUMBER AAD-4	POSITION NUMBER 2	MISSION DURATION 1:15	DATE 11 July 68
NAME BEER	AIRCRAFT NUMBER 256	T/M/S AIRCRAFT F-104 G	INSTRUCTOR HILLHOUSE	

CRITICAL ELEMENTS	UNKNOWN	DANGEROUS	FAILURE	BELOW AVG	AVERAGE	ABOVE AVG	OUTSTANDING
1. Takeoff							
2. Join-up					✓		
3. Formation							✓
4. Initial Positioning							
5. Attack Distance							
6. Attack Airspeed							✓
7. Firing Envelope							✓
8. Range Estimation							✓
9. Repositioning							✓
10. Traffic Pattern							✓
11. Landing							✓

REMARKS (Continue on Reverse Side)
Mission briefed and critiqued in accordance with the phase manual. OUTSTANDING MISSION THROUGHOUT. ATTITUDE, AIRCRAFT CONTROL, RADIO DISCIPLINE, + PATTERNS WERE PERFECT.

	U	S
1. Emergency Procedures		✓
2. Flight Position Changes		✓
3. Radio Procedures		✓
4. Judgment		✓

MOBILE COMMENTS:

OVERALL GRADE: ✓

STUDENTS INITIALS: WB
SIGNATURE OF INSTRUCTOR: Hillhouse

Das ist die Beurteilung meines letzten Fluges in Luke.

Nach unseren letzten Flügen kam das obligatorische Gruppenbild mit unseren Fluglehrern.
Ich hocke in der unteren Reihe, zweiter von rechts.

An einem der folgenden Tage fand die offizielle Verabschiedung unserer Flight durch die Amerikaner statt. Wir trafen uns im großen Briefingsaal, zusammen mit Gästen und unseren Ehefrauen. Wir erhielten unsere Diplome und sonstige Auszeichnungen und Bestätigungen, die wir in Luke erworben hatten. Für mich war es ein sehr bewegender Moment. Ich wäre zu gerne in den USA geblieben, aber es war ja von vorne herein völlig klar, dass solche Gedanken nur Träume sein konnten. Es näherte sich der Tag, an dem meine Marine mich wiederbekommen sollte.

Die Verabschiedung durch unsere amerikanischen Vorgesetzten und Fluglehrer war ein für alle sehr zu Herzen gehendes Ereignis.

Verabschiedungsfeier in Luke. (Juli 1968) Sehr viele Gäste und natürlich unsere Ehefrauen waren mit eingeladen.

Ende Juli 1968 feierten wir schließlich noch eine allerletzte, riesige Abschlussparty in der O-Messe. Auch hier war die Anzahl der Gäste wieder sehr groß. Nicht nur hohe amerikanische Offiziere, sondern auch Brigadegeneral Walter Krupinski und andere hochrangige Offiziere der Bundeswehr waren aus Washington und sogar aus Deutschland angereist, um uns 12 Mann gebührend zu feiern. Als Gastredner luden wir Mariner den Kommandeur der Marinefliegerdivision, unseren Admiral, aus Kiel-Holtenau ein. Er ließ zweimal nachfragen, ob das mit der Anzugsordnung ganz in weiß seine Richtigkeit hätte. Wir fünf von der Marine hatten uns nämlich entschieden, in unserer weißen Auslandsuniform aufzutreten. Da war es auch nur angebracht, dass unser höchster Dienstvorgesetzter in Deutschland auch in weiß erschien. Ich erinnere mich, dass er schreiben ließ, er habe gar keine weiße Uniform. Wohl oder übel musste er sich auf unser Drängen diese erst noch beschaffen.

Hier sind drei von uns Marineoffizieren zu sehen, zusammen mit Fluglehrern.

Links Brigadegeneral Walter Krupinski, früheres Jagdfliegerass aus dem Zweiten Weltkrieg.

„Krupi" war mit 1100 Feindflügen und 197 Abschüssen einer der erfolgreichsten Jagdflieger überhaupt. Er machte noch einmal Karriere bei der Bundeswehr. Zu meiner Zeit waren ihm alle in den USA stationierten deutschen Einheiten unterstellt.

Nach all den Verabschiedungen ging es letztlich nur noch um die administrative Abwicklung in Luke durch die 2./DtLwAusbGrp USA. Das war die für uns in Luke zuständige deutsche Luftwaffengruppe.

Aber vor der Rückverlegung nach Deutschland sollte doch noch ein weiterer Kurzlehrgang folgen: ein 14-tägiges Training „Sea Survival", also ein Lehrgang „Überleben auf See". Für uns Marineflieger war das ein sehr wichtiger Anhang an die Gesamtausbildung in den USA. Diese Zusatzausbildung fand auf der Homestead AFB in Florida statt. Wir sollten an einem der kommenden Tage nach Miami in Florida fliegen und von dort per Bus in die Kasernenanlage gebracht werden.

Meine Frau ließ ich in Absprache mit Onkel Paul alleine nach Philadelphia reisen. Ich würde sie dort nach dem „Sea Survival"-Lehrgang treffen. Anschließend wollten wir dann zusammen noch etwa 14 Tage Urlaub in New York machen. Zum Glück spielten alle Dienststellen und auch die amerikanische Einwanderungsbehörde mit und unser Plan wurde genehmigt.

Mit einem Militärbus ging es zum Phoenix International Airport und von dort mit einer normalen Linienmaschine weiter nach Miami. Ich glaube, es war eine der neuesten Errungenschaften der zivilen Luftfahrt, eine Boeing 707.

10. Kapitel
Sea Survival Lehrgang in Homestead, Florida

Als in Miami International Airport die Türen des Fliegers geöffnet wurden und ich oben an der Treppe stand, verschlug es mir fast den Atem. Heiß und „dick" war die Luft. Extrem feucht war es hier und mir rann augenblicklich der Schweiß. Obwohl ich nun fast zwei Jahre lang in Texas und in einer der wärmsten Gegenden von Arizona gelebt hatte, über 40 Grad Celsius waren dort keine Seltenheit, war mir dieser Schwall feuchtheißer Luft unangenehm. Ein Militärbus brachte uns nach Homestead Air Force Base. Die lag nicht sehr weit südlich von Miami. Wir bekamen unsere Unterkünfte zugewiesen, die wie in einem Paradies unter schattenspendenden Palmen lagen. Von der Einrichtung her waren sie sehr ähnlich wie unsere allerersten Unterkünfte in Sheppard.

Am kommenden Morgen wurden wir offiziell begrüßt. Zu uns zwölf Mann aus Luke gesellten sich noch etwa die gleiche Anzahl amerikanischer Piloten. Ich habe vergessen, von welcher Einheit sie stammten. Ausbildungsziel hier in Homestead war es, uns mit allen Techniken und Ausrüstungen vertraut zu machen, die zu dieser Zeit in den USA zur Verfügung standen, um sich nach einem Absturz über dem Meer so lange über Wasser und am Leben zu halten, bis Rettung vor Ort eingetroffen war. Ganz in der Nähe von Homestead lag an einer weiten Bucht ein Atomkraftwerk. Ich glaube, das war damals noch im Bau und nicht in Betrieb. Es gab aber bereits den ausgebaggerten Kühlwasserkanal vom Meer zum Kraftwerk, an dessen Ufer die Air Force einen kleinen Ausbildungsplatz für eben diese Lehrgänge eingerichtet hatte. Neben einer Pier für kleinere Boote gab es ein Schulungs- und Administrationsgebäude und entsprechende Übungsanlagen draußen. An der Pier lag ein ehemaliges Landungsboot, auf welches man eine Art „Flugzeugträgerdeck" gesetzt hatte. Das Deck war vielleicht so 30 Meter lang. Am hinteren Ende dieses Decks und direkt vor dem kleinen Aufbau mit dem Steuerstand stand quer über dem Boot ein sehr hoher Zaun. Drei oder vier offene Motorboote waren dort ebenfalls vertäut, jedes etwa 10 Meter lang.

Der nun folgende 14-tägige Lehrgang „Sea Survival" begann im Klassenzimmer mit allerlei theoretischem Unterricht. Wir lernten verschiedene Schwimmwesten, Rettungsschlauchboote und die typische Ausrüstung des Rettungscontainers eines Schleudersitzes kennen. Wir hantierten mit verschiedenen Seenotsignalen und Sonnenspiegeln herum, mit denen man auf offener See sehr weit auf sich aufmerksam machen konnte. Wir übten das Einsteigen in ein Einmannschlauchboot, zuerst im Klassenzimmer, später sollte das dann auch im Wasser erfolgen. Draußen übten wir schließlich die Handhabung großer, aufblasbarer Rettungsinseln und wir feuerten Seenotsignale in den stahlblauen Himmel über Südflorida, von dem meine unerbittliche Sonne brannte.

Dann ging es an die Praxis. Ein etwa 20 Meter hoher Gitterturm stand an einer Uferseite. Von einer Plattform hoch oben war ein Seil zum gegenüberliegenden Ufer gespannt. Ich schätze, das war so etwa 150 Meter lang. Parallel zu diesem Schrägseil konnte eine schwimmende Tribüne mit Platz für etwa 40 Personen von einem Ufer zum anderen gezogen werden. Dort nahmen wir zunächst alle Platz und es begann eine Vorführung, wie man sich im Falle eines Fallschirmabsprunges richtig zu verhalten hätte. Dazu gehörte auch eine Demonstration, wie man sicher wieder unter dem Fallschirmtuch herausfindet. Man wollte ja nicht ertrinken, falls der Schirm direkt auf einen draufgefallen sein sollte.

Und dann waren auch wir selber an der Reihe. Einer nach dem anderen durften wir nach oben auf die Plattform klettern und uns mit dem Rücken zum Wasser unter uns hinstellen. Wir wurden in „normales" Fallschirmgurtzeug geschnallt und ans Seil gehängt. Die Schwimmweste mussten wir aufblasen und noch einmal tief Luft holen.

„Are you ready...?"

„Yes Sir..." und schon ging es mit dem Rücken voran in immer schneller werdendem Tempo runter auf die Wasseroberfläche zu. „Platsch" machte es und wir schlugen im Wasser auf. Wie gelernt lösten wir die Gurte des Fallschirmes, der war hier das Drahtseil, und mussten danach unter eine extra zur Übung aufgespannte Fallschirmkuppe schwimmen. Mindesten zwei Taucher passten neben und unter uns auf um sicherzustellen, dass wir auch ja „immer an ein und derselben langen Naht" des Schirmes auf dem Rücken im Wasser liegend die Schirmkappe über uns so lange wegzogen, bis wir schließlich am Rand hervortauchen konnten. Diese Prozedur dauerte nicht viel länger als es gedauert hat, diesen Text hier zu lesen.

Es kam das Wochenende und mit einem Bus fuhren wir zu einer wirklich interessanten Besichtigung der „Everglades", einem der vielen amerikanischen Naturparks. Über kilometerlange Holzstege lief man so etwa eineinhalb Meter über den „Swamps" hinweg und konnte Flora und Fauna und die dort in Massen lebenden Alligatoren in jeder erdenklichen Größe und Art bestaunen. Auch die Vogelwelt in dieser Gegend unserer Erde hat mich tief beeindruckt. Von überall kreischte, piepte und schnatterte es in einer anderen Tonart. Dieser Besuch dort im „National Park" war einfach nur toll.

In der zweiten Woche ging es raus auf See. Wir wurden auf das Landungsboot mit dem „Flugdeck" eingeschifft und los ging die Fahrt. Begleitet wurden wir von den drei kleineren Motorbooten, die, wie sich schnell herausstellen sollte, sehr stark motorisiert und außerordentlich schnell waren. Die Übung begann unten im „Laderaum" mit einem „briefing". Wir bekamen genaueste Anweisungen zu den nun folgenden Übungen. Als erstes wurde jeder einzelne hinten am Heck des Landungsbootes in einen nach hinten über das Kielwasser hinausragenden Kranbalken eingeklinkt. Wieder hing man im Fallschirmgurtzeug über dem Wasser. Dann rollte man am Kranausleger bis zu dessen hinterstem Ende, Gesicht in Fahrtrichtung. Das Boot fuhr dabei so etwas 7 Knoten schnell. Mittels einer Reißleine bediente ein Ausbilder den Haken, an dem wir gerade noch hingen und „Platsch" war man im Kielwasser eingetaucht. Bäuchlings mit etwa 12 kmh durchs Wasser gezogen zu werden, ist nicht sehr lustig. Nun sollten wir das vorführen, was man uns in der Vorwoche erklärt hatte. Also mit einem gewissen Trick konnte man sich relativ leicht auf den Rücken drehen, Beine spreizen, um eine relative Stabilität im Wasser zu erreichen und... auf ein Zeichen vom Motorboot musste man sich dann vom Gurtzeug lösen und wurde anschließend vom Begleitboot aufgenommen. Ich wunderte mich dort über einen Soldaten, der vorne am Bug mit einem Gewehr im

Anschlag aufs Wasser schaute. „Don't you worry. There are sharks here sometimes. He will take care of them..." Ach so? Haie hier in diesen Gewässern und wir planschen hier herum...?

Bei einem meiner Kameraden von der Luftwaffe verfing sich im Fallen von dem Kranausleger das Seil so unglücklich um seinen Hals, dass das Landungsboot mit „voll zurück" sofort aufstoppte und ein Rettungsschwimmer vom Begleitboot ins Wasser sprang, um Schlimmeres zu verhindern. Der Ärmste kam leicht verdattert und mit einer ziemlichen Riefe um den Hals zurück an Bord. Zum Glück ist ihm aber nichts weiter passiert.

Die nächste Übung begann mit einer Vorführung eines Ausbilders. Er sprang vor dem Landungsboot mit einem Fallschirm aus einem Hubschrauber, stieg in sein Einmann-Rettungsboot und zündete ein oranges Rauchsignal. Das war meilenweit sichtbar. Danach waren wir selber an der Reihe. Wir bekamen Gurtzeug angelegt und einen typischen Container aus einem Schleudersitz untergebunden. Auf den mussten wir uns gute 10 Meter vor dem Zaun aufs Deck setzen. Dann wurden wir an einen Fallschirm der Sorte „Parasail" eingeklinkt, der vom Fahrtwind vollkommen aufgebläht wurde. Nun wusste ich auch, wofür dieser riesige Zaun gedacht war. Der geöffnete Schirm wurde vom Fahrtwind gegen den Zaun gedrückt. So konnten wir nicht nach hinten vom Boot ins Wasser fliegen. Vorne wurden wir in ein sehr langes Schleppseil eingeklinkt, das von einem der Begleitboote gezogen wurde. Ich glaube, dass dieses Seil bald einen halben Kilometer lang war. Dann ging es auch schon los.

„Aufstehen..."

und sobald sich das Seil straffte kam auch schon der Befehl

„laufen...".

Man brauchte wirklich nur ein paar Schritte zu laufen, dann riss einen der Schirm vom Deck in die Höhe. Das Boot dort vorne verschwand immer weiter nach unten und nachdem man schätzungsweise 200 Meter Schlepphöhe erreicht hatte, musste man sich schließlich ausklinken. Im freien Fallschirmsprung ging es wieder runter und „Platsch". Man war schon wieder im Wasser. Vorher, noch am Schleppseil hängend, hatte man seine Schwimmweste aktiviert und den Container ausgelöst. Nun hing ein voll aufgeblasenes Einmann-Schlauchboot unter einem. Das zog man nach der Wasserung zu sich, krabbelte rein, drehte sich auf den Rücken und gab dem Sicherheitsboot, eines war immer und sofort zur Stelle, das „ok"- Zeichen. Dann brauste das Boot weiter zum nächsten Kandidaten. Augenblicklich wurde es nun sehr still und sehr einsam auf dem Meer.

Insgesamt habe ich bestimmt drei Stunden dort auf dem zu warmen und fast glatten Wasser in meinem Schlauchboot gesessen und der Dinge geharrt, die da folgen sollten. Meinen Vorgänger entdeckte ich weit hinter mir, und meinen Nachfolger sah ich erst sehr weit vor mit am geöffneten Schirm in die Tiefe gehen. Ein Zusammentreffen hielt ich für nicht sehr sinnvoll. Ein Schlauchboot ohne Paddel zu paddeln und dann bei dieser Hitze unter brennender Sonne: nein, das war nichts für mich und für die anderen auch nicht. Mit dem mitgebrachten Hut mit der sehr breiten Krempe konnte ich die Sonne ganz gut von meinem Gesicht fernhalten. Aber die Sonnereflexe aus dem Wasser taten auch ihr übriges. Zum Glück war ich die Sonne von Texas und Arizona gewöhnt und hatte eine tiefbraune Hautfarbe angenommen. Mit der Sonnencreme, die wir alle mitnehmen mussten, war dann doch noch Schlimmeres zu verhindern.

Vom Horizont war erst nach Stunden das Geräusch eines Hubschraubers zu vernehmen. Es dauerte lange, bis er näherkam. Dann sah ich, wie die Kameraden hinter mir einer nach dem anderen aus dem Wasser aufgefischt wurden. Schließlich war ich dran. Das war ganz spannend, am dünnen Stahlseil nach oben gezogen zu werden, um dann mit dem Rücker voran hineingezerrt zu werden. Unten sammelte eines der Begleitboote die Schlauchboote ein.

Am vorletzten Lehrgangstag gab es eine Regatta mit 6-Mann-Schlauchbooten. Die waren sogar mit einer Notbesegelung ausgestattet. Es erübrigt sich an dieser Stelle, das Siegerteam extra zu nennen.

Die letzte Luftwaffenbesatzung kam etwa eineinhalb Stunden nach uns ans Ufer, völlig vom Sonnenbrand gezeichnet und obendrein auch noch teilweise seekrank.

Am letzten Tag gab es schließlich noch eine abschließende Besprechung, gefolgt von einer tollen Grillparty am Ufer des 28 Grad warmen Meeres, inklusive einem großen Lagerfeuer.

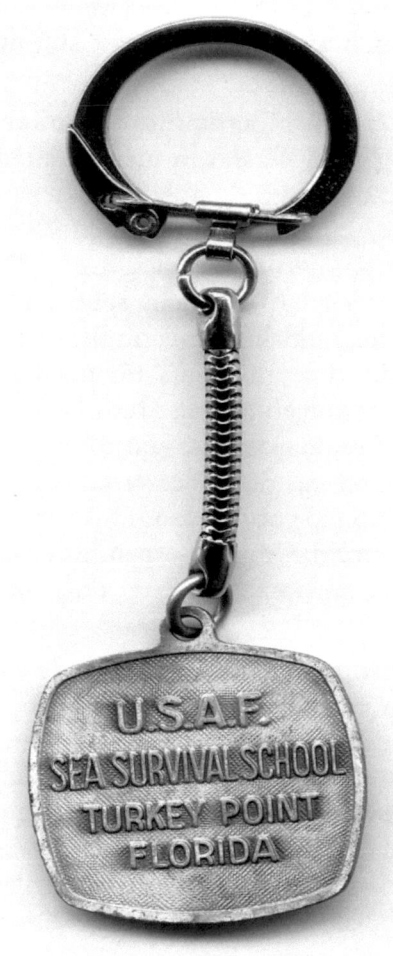

Diesen Schlüsselanhänger bekamen alle Teilnehmer als Souvenir geschenkt.

11. Kapitel
Rückkehr nach Deutschland

Nach diesem Lehrgang „Überleben auf See" wurden wir nach Washington geflogen. Alle Militärflüge zurück nach Deutschland starteten hier. In Washington angekommen, rief ich bei Onkel Paul in Philadelphia an und wurde von ihm und meiner Frau abgeholt. Wir blieben noch eine Nacht bei meinem Onkel, bevor wir dann auf eigene Faust nach New York reisten und uns für vierzehn weitere Tage im Hotel „Manhattan" einquartierten. Das lag sehr zentral auf der Hudson-Seite, aber gar nicht weit vom Times Square entfernt. Mit meinem Militärausweis bekamen wir problemlos 25 % Rabatt auf alles.

Über unseren einmalig interessanten Aufenthalt in New York, NY werde ich an dieser Stelle nicht weiter berichten. Es würde meinen beabsichtigten Rahmen sprengen. Ich bin aber der Marine sehr dankbar, dass sie meiner Frau und mir diese Extrazeit in Amerika gegönnt hat, indem sie unseren Rückflug mit einer Maschine der Bundesluftwaffe von Washington nach Köln-Bonn einfach zwei Wochen später ansetzte.

Pünktlich waren wir vierzehn Tage später in Washington und auf dem Militärflugplatz eingetroffen. Es gab in einer kleinen Abfertigungshalle eine Art Eincheckstand, hinter dem ein Gefreiter der Bundesluftwaffe werkelte. Schon beim ersten Beobachten dieses Jungen dachte ich nur

„...ach ja... jetzt sind wir wieder in deutscher Hand und das Chaos geht gleich wieder los..."

Ich sollte Unrecht behalten. Denn was nun folgen sollte, war mehr als ein Chaos. Die Planer der Luftwaffe verteilten in diesem Moment die Flugtickets an vielleicht insgesamt 60 oder 70 Passagiere, die allesamt Soldaten oder Zivilbedienstete des Bundes waren. Auch Frauen mit Kindern befanden unter den Wartenden. Mir wurden ein blaues und ein grünes Ticket verabreicht.

Draußen warteten zwei „DC-6" Maschinen auf uns. Zwar besaß die Bundesluftwaffe inzwischen auch schon die „Boeing

707", wir aber sollten noch einmal in Nostalgie über den Atlantik fliegen dürfen. Es stellte sich sofort heraus, dass die blauen und grünen Tickets auf ein jeweils anderes Flugzeug hinwiesen. Ich war sicher, dass der völlig überforderte Gefreite nicht verstanden hat, warum ich unbedingt zwei gleichfarbige Tickets haben wollte. Die bekam ich erst nach längerer Diskussion und nur mit Hilfe eines Feldwebels, der schließlich auch noch am Schalter auftauchte.

Wir standen in der Schlange am Ausgang zum Flugfeld und warteten auf das Zeichen zum Einsteigen. Meiner Frau schärfte ich ein:

„Du steigst mit dem Aufruf „Frauen und Kinder zuerst" sofort und ohne Dich um mich zu kümmern ein. Geh zügig durch den Ausgang und direkt zum Flugzeug. Dreh dich im Flugzeug nach links und lauf den Gang entlang bis ganz nach vorne. Setz dich aber erst in die zweite Reihe, hörst du, nicht in die vorderste Reihe, und setz dich dort hin, wo sich nur zwei Sitzplätze nebeneinander befinden."

In einer „DC-6" gab es eine Zweierreihe auf der einen Seite des Mittelganges, während auf der anderen Seite drei Sitze nebeneinander angeordnet waren. In der Hoffnung, sie würde alles richtig machen, ließ ich mir viel Zeit zu Einsteigen. Tatsächlich konnte meine Frau die von mir angewiesenen Plätze ergattern und zwischenzeitlich sogar noch einen General abwehren, der sich zu gerne neben sie gesetzt hätte.

„Tut mir sehr Leid, da sitzt gleich mein Mann..." hatte sie ihm gesagt.

Ich sehe noch den bösen Blick des Herrn Generals, als der mich in meiner Marineuniform und nur im Dienstgrad Oberleutnant zur See ankommen sah. So saß ich denn genau eine Reihe vor ihm. Das hielt mich nach dem Start in keinster Weise davon ab, meine Rückenlehne ganz nach hinten zu verstellen. Den langen Flug in dieser Rappelkiste wollte ich mir so angenehm wie möglich gestalten. Und ich hatte auf dem Hinflug genau genug aufgepasst: die erste Sitzreihe vor uns blieb für Decken und die Pilotentaschen der Crew reserviert. Wir konnten sogar die Rückenlehnen der Sitze vor uns ganz nach vorne klappen und unsere Beine dort hinlegen.

Irgendwann kamen wir schließlich in Köln-Bonn an. Ich hatte noch in den USA für mich und meine Frau eine Militärfahrkarte von Köln nach Tarp bekommen, Versetzungs-Verfügung mit „Fahrkarte erster Klasse anbei"...

Tarp war mein zukünftiger Standort. Vom militärischen Teil des Köln-Bonner Flughafens zum Kölner Hauptbahnhof gab es keine Verbindung für uns. Ein Taxi konnte ich uns nicht bestellen, da wir kein deutsches Geld besaßen. Einen öffentlichen Bus gab es auch nicht und einen Bundeswehrbus schon gar nicht. So standen wir nun nach zwei Jahren Auslandsaufenthalt vor dem Abfertigungsgebäude der Luftwaffe und schauten uns an. „Willkommen in Deutschland, willkommen zu Hause..." Am liebsten wäre ich sofort wieder nach Amerika zurückgeflogen.

In der eher ratlos vor dem Gebäude herumstehenden Menge erblickte ich den General aus dem Flugzeug. Ein Bundeswehr VW-Bus fuhr vor und Herr General ließ sein Gepäck dort gerade einladen.

„Entschuldigen Sie bitte, Herr General, fahren Sie zufällig zum Bahnhof?"

fragte ich besonders höflich. Er bejahte nur ungern, konnte aber meinen Wunsch, mit ihm fahren zu wollen, nicht abschlagen. Er und sein Adjutant waren die einzigen Fahrgäste in diesem Verkehrsmittel. Also war dort Platz genug für uns zwei samt Gepäck.

Auf dem Kölner Bahnhof schlug uns die Unfreundlichkeit deutscher Bürger voll entgegen. Wir waren das inzwischen aus Amerika nun gar nicht mehr gewohnt. So rücksichtslos und rüpelhaft hatte ich meine Landsleute gar nicht mehr in Erinnerung. Mehr als einmal wurde ich angerempelt, hörte aber keine Entschuldigung. In der Bahn war es auch nicht besser. Die erste Strecke mussten wir beide im Gang stehen, da der Zug hoffnungslos überfüllt war. Wenn man gerade nach mehr als einem Tag Flugzeit in einer „DC-4" über den Atlantik angekommen war, machte das nicht wirklich Freude, wieder hier in Deutschland zu sein. Zum Glück konnte man sich auf unsere neuen amerikanischen Samsonite Koffer setzen. Die waren stabil genug. Unsere Dienstfahrt nach Tarp konnten wir allerdings problemlos in Celle unterbrechen. Mein Vater stand dort mit seinem Auto und holte uns nach Faßberg ab.

Am nächsten Tag marschierte der Warschauer Pakt in der Tschechoslowakei ein. Wir schrieben den 21. August 1968.

12. Kapitel
Mein neuer Standort in Tarp / Eggebek

Kurz darauf fuhr ich nach Tarp, um mich bei der Standortverwaltung um eine Wohnung zu kümmern. Ich hatte großes Glück. Die Bundesregierung hatte gerade eine atomare Bewaffnung unter anderem der Marineflieger endgültig abgelehnt. Nun standen mehrere gerade neu errichtete und moderne Wohnblocks in Tarp zur Verfügung, die man eigens für Amerikaner gebaut hatte, die auf die Atombomben aufpassen und letztlich auch die „Schlüsselgewalt" darüber behalten sollten. Da die Amerikaner nun aber nicht mehr zu uns kamen, standen diese schönen Wohnungen zur Verfügung. Als USA-Rückkehrer und mit meiner Fliegerzulage konnten meine Frau und ich uns solch eine Wohnung sehr gut leisten. Wann genau ich mit unserem Hausrat aus Faßberg und den neu hinzu gekauften Möbeln von Möbel Kraft, damals noch in Hamburg ansässig, in Tarp einzog, weiß ich nicht mehr ganz genau.

Anfang Oktober jedenfalls war mein Urlaub, der sich während der Zeit in den USA angesammelt hatte, aufgebraucht und ich meldete mich in meiner neuen Staffel in Tarp/ Eggebek. Ich war in die dortige erste Staffel des Marinefliegergeschwaders 2 versetzt worden. Allerdings wurde ich von dort sofort wieder weiter kommandiert, um den für alle aus den USA zurückkehrenden Piloten vorgeschriebenen „Europäisierungs-Kurs" in Jever in Ostriesland zu absolvieren. Dieser Kurs sollte uns einerseits an die Besonderheiten unseres überfüllten und teilweise recht engen Luftraumes gewöhnen, andererseits aber vor allen Dingen mit dem häufig sehr schlechten Wetter in Mitteleuropa vertraut machen. Von den USA her kannten wir ja eigentlich nur blauen Himmel und unendlich weite Sichten. Hier in Europa und vor allen Dingen in Norddeutschland herrschten Regen, Sturm, Nebel und sehr häufig niedrige Wolken und sehr schlechte Sicht vor. Daran sollten wir uns in dreimonatigem Flugbetrieb in Jever erst einmal gewöhnen.

Bevor ich nach Jever abreisen sollte, „"...Fahrkarte 1. Klasse anbei..."", bekam ich in Eggebek meine ersten Flugeinweisungen über dem Land Schleswig-Holstein. Am 14. Oktober 1968 machte ich zusammen mit meinem neuen Staffelchef einen Flug nach Kiel-Holtenau, wo wir dienstlich etwas zu erledigen hatten. Als Flugzeug nahmen wir eine „Piaggio". Davon hatte das MFG 2 ein paar Maschinen im Bestand, die für solche kurzen Kurierflüge genutzt wurden. Noch am selben Tag ging es dann mit einer „Fouga Magister" zum Raketenschießen vor dem Strand in Schönhagen an der Ostseeküste. Auch von diesem Flugzeugtyp gab es im MFG2 einige Modelle, die irgendwie Überbleibsel waren und nun dazu genutzt wurden, mit einer eigentlich für Panzer entwickelten Rakete zu experimentieren. Auch eignete sich die „Fouga" hervorragend dazu, um das von der NATO vorgegebene Jahressoll an Flugstunden zu erreichen. Wenn nicht genügend Flugstunden auf den „F-104" des Geschwaders erreicht werden konnten, schnappte man sich eine „Fouga", stieg in große Höhen auf, zog eines der beiden Triebwerke in den Leerlauf und „segelte" mit dem Schub nur eines Triebwerkes so um die drei Stunden über Schleswig-Holstein herum. Wir aber machten noch an diesem 14. Oktober zwei Flüge an die Ostseeküste und verschossen je zwei drahtgesteuerte Raketen vom Typ AS 20. Vor der Küste lag verankert ein Floß mit einer hölzernen Zielpyramide oben drauf. Nach guten Treffern musste das Ziel durch ein repariertes oder ein ganz neues von Eckernförde aus herangeschlepptes ersetzt werden. Oben am Steilufer von Schönhagen parkte ein Unimog der Bundeswehr. Von dort wurden uns per Funk die Treffer durchgesagt. Es standen auch immer Leute dort oben, die uns bei unseren Schießübungen zuschauten. Das Ziel lag nicht weit vor dem Strand verankert.

Typisch für die „Fouga Magister" war das V-Leitwerk.
Der Pilot im hinteren Sitz konnte nur durch ein Periskop gut nach vorne sehen.
(Foto aus dem Internet von www.flugwerk.de)

13. Kapitel
Europäisierungskurs in Jever (Wetterumschulung)

Anfang Oktober 1968 löste ich meine Fahrkarte ein und meldete mich in Jever zur „Wettereinweisung". Dieser sogenannte „Europäisierungskurs" sollte drei Monate dauern. Es gab auch hier an den ersten Tagen wieder theoretischen Unterricht, der uns hauptsächlich die speziellen Besonderheiten des Westdeutschen Luftraumes näher bringen sollte. Eine Verletzung des Luftraumes der „sogenannten" DDR löste zu dieser Zeit sehr komplizierte diplomatische Verwicklungen aus. Aus diesem Grunde gab es entlang der innerdeutschen Grenze eine besondere Flugsperrzone, in die man nicht hinein fliegen durfte. Durch diese Sperrzone, auch ADIZ genannt, sollte unbeabsichtigtes Überfliegen der Grenze von vornherein vermieden werden. Und dann wurde natürlich über das oft schlechte Wetter gesprochen, mit dem wir nun leben mussten. Am 13. November 1968 machte ich meinen ersten Einweisungsflug mit einem Fluglehrer von Jever aus. Es folgten noch 32 weitere Flüge in den nächsten drei Monaten. Neben ständigen Radaranflügen, man wurde dabei vom Bodenradar eines Militärflugplatzes geleitet und bis zum Aufsetzpunkt auf der Landebahn „heruntergesprochen", machten wir auch einige Überlandflüge, zum Beispiel nach Büchel oder Nörvenich und auch ins Ausland, so zum Beispiel nach Lakenheath in England. In Lakenheath waren damals die Amerikaner mit schweren Atombombern stationiert. Natürlich gab es auch eine Anzahl Formationsflüge bei regelrechtem „Sauwetter". Es kam dann regelmäßig vor, dass man die gesamte Flugzeit neben seinem Vordermann herflog, ohne ein einziges Mal den Boden zu Gesicht zu bekommen. Dafür tat einem dann nach eineinhalb Stunden Flugzeit der Nacken weh, weil man immer und ständig schräg aus dem Cockpit auf den nur knapp 2 Meter neben einem fliegenden „Vordermann" gestarrt hatte. Bei fast „Null" Sicht wollte man den unter keinen Umständen aus den Augen verlieren. Es herrschte bisweilen richtig dickes „Waschküchenwetter". Am 9. Januar 1969 machte ich meinen letzten und gleichzeitig erfolgreichen Checkflug in Jever.

14. Kapitel
Die Zeit bei meinem Einsatzgeschwader, dem MFG2

Zurück in Eggebek begann nun eine erste Flugeinweisung mit einer „TF-104" über Schleswig-Holstein. Das „Land zwischen den Meeren" erwies sich in der Tat als ziemlich klein. Von Eggebek, südlich von Flensburg gelegen, waren es nur etwas über acht Minuten bis an die Elbe und von der Nordseeküste bis an die „ADIZ", so wurde dieser parallel zur Zonengrenze die gesamte Bundesrepublik entlanglaufende und etwa 30 Kilometer breite Flugverbotsstreifen genannt, waren es auch nicht viel mehr. Man konnte immer nur für kurze Zeit in östlicher Richtung fliegen, dann musste man auch schon bei den gut 840 Stundenkilometern Reisegeschwindigkeit abdrehen, um nicht die Diplomaten beider Seiten auf den Plan zu rufen.

In „meiner" Staffel hatte ich nun für die nächste Zeit das sogenannte „TCTP"- Programm zu durchlaufen. Die NATO gab für alle Einsatzverbände der Luftwaffe und der Marine ganz genau vor, wer wie viele Flugstunden auf der „F-104" zu fliegen hatte und welche Flugprofile zu erfüllen waren. Es gab daher sehr genau festgelegte Kriterien für jeden einzelnen Flug, die natürlich auch erfüllt werden mussten. Die vorgeschriebenen und erfolgreichen Bombenabwürfe mussten genau so erreicht werden, wie eine Mindestanzahl an Radaranflügen oder an Überlandflügen. Ein „TCTP"- Programm (Tactical Training Program) dauerte in der Regel so etwa zwei Jahre. Ich hatte nun aber am 16. Januar 1969 gerade einmal meine ersten beiden „lokalen" Flüge mit einer „F-104" über meiner neuen „Heimat" Schleswig-Holstein hinter mir.

Am folgenden Tag wurde ich zu meinem ersten Soloflug über Schleswig-Holstein eingeteilt. Es war wieder solch ein „Local", bei dem man aus freien Stücken zwischen etwa 250 Metern über dem Boden und der Dienstgipfelhöhe des Flugzeuges, das waren immerhin mehr als 15 Kilometer, alles machen durfte, wozu einem der Sinn stand. So hob ich denn ab und schaute mir Schleswig Holstein in aller Ruhe von oben an. Dann aber beunruhigte mich die Spritanzeige. Trotz richtig gestellter Schalter war seit dem Abheben noch kein einziger Tropfen aus den vier Außentanks geflossen. Dafür bewegte sich die Anzeige für den Haupttank im Rumpf umso schneller abwärts. Ich probierte alles, was ich gelernt hatte. Ich zog sogar die Sicherungen für die Tanks und legte letztlich den Flieger sogar kurzzeitig in Rückenlage. Ich zog mehr „g", als mir lieb war, aber der Sprit blieb einfach in den Außentanks. Diese Spritmengen ließen sich einfach nicht in den Haupttank umpumpen.

Über Funk besprach ich meine Situation mit meiner Staffel am Boden. Da am Platz der übliche Seitenwind wehte und ich ganz neu in der Staffel war, wollte man keinerlei Risiko eingehen und schickte mich zu einer „Notabwurfzone", die eben westlich von Husum über der Nordsee lag. Solche „Notabwurfzonen" gab es an allen Flugplätzen. Für den Fall, dass ein Flugzeug eine Außenlast, zum Beispiel eine Übungsbombe oder wie in meiner Situation, vier volle Treibstofftanks loswerden musste, waren solche Zonen vorgesehen. Dort konnte man davon ausgehen, niemanden am Boden zu gefährden. Ich flog also in dieses Gebiet, noch immer versuchend, irgendwie an die externen Tankfüllungen heranzukommen, aber es war vergebens. So wählte ich auf dem „Weapon Panel" diese vier Außentanks an und drückte den Abwurfknopf. „Rumms" machte es begleitet von einem merklichen Luftsprung. Und weg waren meine Tanks samt Inhalt...

„Hoffentlich fallen die nicht einem Fischer auf den Kopf..."

Ohne Tanks landete ich keine 10 Minuten später auf meinem Heimatfliegerhorst Eggebek.

Die überwiegende Anzahl der Flüge, die ich in Zukunft machen sollte, waren Soloflüge. Meistens ging es entlang bereits vorgefertigter Flugrouten durch Schleswig-Holstein und Niedersachsen, oft auch bis hineinen nach Nordrhein-Westfalen oder hoch hinauf nach Dänemark. Diese Flugrouten wurden hinten im Staffelgebäude, dort lag das „S2" Büro mit seinen vergitterten Fenstern, auf „genormten" Flugplänen bereit gehalten. Es gab diese Tiefflugpläne für die verschiedensten Gegenden. Je nach der Wettervorhersage suchte man sich ein geeignetes Gebiet heraus, ließ sich vom „S2"-Bereich zwei oder drei „Ziele" geben, die man dann zu überfliegen und zu fotografieren hatte. Diese Flugpläne waren aus speziellen

Fliegerkarten im Maßstab 1:500000 zu kleinen Heftchen zusammengeklebt. Jedes Doppelblatt im Heft enthielt einen kleinen Streckenabschnitt des Fluges und zeigte in der Regel die Flugroute von einem bis zum nächsten Wegpunkt. In der Regel waren die einzelnen Teilstrecken nicht länger als höchstens 4 bis 6 Minuten Flugzeit. Bei unserer Reisegeschwindigkeit von rund 840 kmh betrug solch ein Abschnitt also bis zu etwa 83 Kilometern, entsprechend 45 Seemeilen. Man befestigte dieses Kartenbüchlein am Kniebrett. Das Kniebrett war eine Art Minischreibunterlage, die man mit einem breiten Befestigungsgurt am linken Oberschenkel befestigte. Am oberen Rand dieser Schreibunterlage befand sich eine Klemmleiste, unter die man nun das Heftchen mit der eingezeichneten Route einklemmen konnte. Es gab sogar eine Beleuchtungseinrichtung auf der Klemme, damit man auch nachts im Heft blättern und etwas sehen konnte. Man stoppte ab der Abflugzeit die einzelnen Strecken, blätterte die Karte an jedem Wegpunkt um, stoppte die nächste Streckenzeit und drückte gleichzeitig einen Knopf auf dem „Inertial Navigator" in dem Moment, an dem man den Wegpunkt nach Sicht exakt überflog. So war erstens das interne Trägheits-Navigationssystem wieder „auf dem neuesten Stand" und man konnte den vorausberechneten Spritverbrauch mit der Tankanzeige vergleichen. Die Spritwerte waren vorher genau ausgerechnet worden und standen auf der Karte unübersehbar neben dem Kreis eines jeden Wegpunktes. Es gab aber auch Teilstecken, die nicht viel länger als 2 Minuten dauerten. So war man ständig mit der Stoppuhr, dem Vergleichen des Bodens mit der Karte, dem Korrigieren des Kurses und der Geschwindigkeit, dem Mitrechnen des Spritbestandes und dem Fliegen des Flugzeuges reichlich beschäftigt. Im Augenblick des Passierens eines Wegpunktes legte man die Maschine in exakt 45 Grad Schräglage und steuerte so auf den nächsten Kurs ein. Ständig nach draußen schauend korrigierte man seine Route stets nach Sicht. Da sausten dann Straßenkreuzungen oder irgendwelche kleinen Seen unter einem hindurch, die genau unter der Route lagen. Trotz der hohen Geschwindigkeit blieb meist noch genügend Zeit, die Landschaft zu genießen und Tiere oder Menschen zu beobachten. Pferde und Schweine gerieten häufig in Panik, wenn wir in knappen 300 Metern Höhe über sie hinweg donnerten.

Kühe dagegen schauten eher uninteressiert zu uns auf und ließen sich nie stören. Oft blickten auch Menschen hoch und manchmal winkte mir sogar jemand zu.

Diese Routen waren bewusst so gelegt, dass möglichst keine größeren Ortschaften überflogen wurden. Aber es blieb nie aus, dass mehr oder weniger bewohnte Gebiete unter uns auftauchten. Wenn man jeden Überflug über Siedlungen hätte vermeiden wollen, wären wir ausschließlich nur im engen Slalom unterwegs gewesen. Das aber war völlig ausgeschlossen und hätte wegen der dichten Bebauung in unserem Land dennoch nicht jedes Gehöft oder kleines Dorf ausgespart. Außerdem ist Fluggeräusch nicht nur auf das Gebiet direkt unter dem Flugzeug beschränkt, sondern auch noch in einiger Entfernung laut zu hören. Je höher der Flug, desto weiter sogar die Schallausbreitung. Zugegeben: bei unserer sehr exakten Navigation und den häufig gleichen Strecken, manchmal sogar drei oder viermal am Tag, kam man automatisch immer wieder am selben Gehöft oder der gleichen Ortschaft vorbei. Diese Bewohner konnte ich mit ihrem Ärger über unseren Fluglärm gut verstehen. Aber das war eben unser befohlener Übungseinsatz. Ziel der meisten dieser Tiefflüge waren ganz besondere Objekte, die „aufgeklärt" werden mussten. Meine Staffel in Eggebek war damals die einzige „F-104" Aufklärerstaffel der Marineflieger. Wir flogen in der Regel mit einem eingebauten Kamerasystem über unser Zielgebiet und schossen Luftaufnahmen. Übliche Ziele waren Kraftwerke, Eisenbahn- und Straßenbrücken, Umspannwerke und sonstige Ziele, die üblicherweise für das Militär interessant waren. Aber es gab auf unseren Fliegerkarten auch eine große Anzahl von solchen Gebieten, die in keinem Falle direkt überflogen werden durften. Meist gab es dort sogar eine festgelegte Mindestabstandsgrenze. Auf allen unseren Fliegerkarten waren solche „Sperrzonen" aufgedruckt und diese wurden strikt berücksichtigt. So musste man z. B. vom neu errichteten Atomkraftwerk in Stade an der Elbe mindestens 1,852 Kilometer (eine Meile) seitlichen Abstand halten. Auch große Krankenhäuser wurden auf diese Art und Weise berücksichtigt.

Von unserem „Ziel", manchmal gab es pro Flug zwei oder gar drei „Ziele", machte man also im Überflug seine Fotos und schrieb auf einem stets mitgeführten Formblatt das auf, was man auch optisch gesehen hatte. Dieses im Foto festgehaltene und auch mit dem Auge „aufgeklärte" Ziel wurde dann nach dem Flug in der Bildauswertung ausgewertet. Das Ergebnis eines solchen Fluges landete dann letztlich wieder am Endes des Flures unseres Staffelgebäudes als Positiv-Foto mit genauer Detailbeschreibung hinter Gittern und wurde zumindest als „Verschlußsache - Nur für den Dienstgebrauch" gestempelt und im Panzerschrank eingeschlossen.

Ein Team vom Bildzug nimmt nach einem Flug die belichteten Filme heraus.

Eine neue Filmkassette wird eingesetzt.

In der Bildauswertung. (1. Staffel MFG 2)
Sofort nach der Filmentwicklung wurde zusammen mit dem Piloten das Material gesichtet.

Danach wurde das „Target" ausgewertet.

Pro Aufklärungsflug kamen viele Meter Filmstreifen auf den von unten beleuchteten Tisch des Auswerters. Mit Hilfe eines Stereoskops konnte man die Fotos dreidimensional anschauen und auf diese Weise sogar die Höhe eines Objektes vermessen.

Die 1. Staffel des Marinefliegergeschwader 2 wurde am Biertisch auch schon mal die „Oswald Kolle Staffel" genannt, die „Aufklärerstaffel" eben...

Neben ganz normalen und alltäglichen Flügen, auf denen wir die „Ölspuren" abflogen, will sagen, immer die gleichen Routen nach den vorgefertigten Karten entlang düsten, habe ich sofort damit begonnen, mir aus dem Kartenraum die nötigen Karten herauszusuchen, um mir meine eigenen Strecken zu zeichnen und daraus neue Hefte fürs Kniebrett zusammenzusetzen. Im Kartenraum lagerten bestimmt an die tausend Fliegerkarten im Maßstab 1: 500000 und 1: 250000. Man nahm sich eine Karte, zeichnete die erste Teilstrecke darauf ein und zerschnippelte dann die Karte so, dass diese erste Teilstrecke die erste Doppelseite des Büchleins ergab. Dann nahm man eine zweite Karte, und wiederholte das Ausschneiden für das nächste Teilstück der Route. Für das dritte Teilstück konnte man eventuell wieder die erste bereits einmal benutzte Karte nehmen. Die einzelnen Ausschnitte ergaben dann im Büchlein stets die Wegstrecken in Flugrichtung. Pro Flug wurden manchmal vier oder sogar fünf große Fliegerkarten verbraucht. Die Karten kamen alle aus den USA und kosteten richtig viel Geld. Auf diese Weise legte ich mir meine bevorzugten eigenen Flugstrecken schließlich dorthin, wo ich unbedingt einmal vorbeifliegen wollte. Mich interessierten viele Gegenden in Deutschland, zu denen ich sonst nie kommen konnte. Zumindest aus der Luft wollte ich mir manch schöne Landschaft einmal ansehen. Manchmal musste ein Flugzeug nach Manching in die Flugwerft von MBB zur großen Inspektion geflogen werden. Dann konnte ich mir fast ganz Deutschland im Tiefflug von oben anschauen.

Erstaunlich fand ich, dass wir irgendwie immer im „Konkurrenzkampf" mit der 2. Staffel unseres Geschwaders standen. Diese war eine reine Jagdbomberstaffel, deren Haupt-aufgabe eben das Bombenwerfen und das Schießen mit der Kanone und mit Raketen war.

Allerdings verlangte die NATO natürlich auch von uns „Aufklärern" genau diese Schießeinsätze. Nicht ganz so viele von der Sorte, aber eben doch in einer Anzahl, dass man sich auch vor den Aufklärern im Ernstfall fürchten durfte. Die 2. Staffel wurde dagegen nicht mit der Fotoaufklärung betraut. Das Überraschende war nun die Feststellung, dass wir Aufklärer, die wir sehr viel weniger auf die Schießplätze flogen, im Bombenwerfen und Schiessen nicht schlechter waren, als die 2. Staffel, sehr oft sogar merklich besser. Und das obwohl die andere Staffel fast täglich ihre Runden in Viererformation über den Truppenübungs- und Abwurfplätzen drehte. Man traf uns dafür ja eher unbewaffnet und nur mit der Bordkamera bestückt im Tiefflug durch die Landschaften sausen.

Fast jeder Flug endete mit mindestens einem Radaranflug. Am Ende eines jeden Jahres wurde nach den Vorgaben der NATO Bilanz gezogen. Man musste nicht nur die vorgeschriebene Anzahl Gesamtflugstunden nachweisen, sondern auch die geforderten Treffer auf den Schießplätzen erreicht haben. Auch war die Mindestanzahl an Nacht-, Formations- und Überlandflügen ein zu erfüllendes Kriterium. Insgesamt ergab das über das Jahr gesehen ein sehr abwechslungsreiches und außerordentlich interessantes Fliegerleben. Zugegeben: bei richtigem "Sauwetter" mit starken Winden und so gut wie „Null" Sicht und dann nachts im Tiefflug über der Ostsee, das war nicht gerade Zuckerlecken. Aber auch bei solchem Wetter suchten wir das Meer zumindest mit dem Radar nach unserem potentiellen „Gegner" ab, der damals eine Hoheitsflagge des Warschauer Paktes trug. Nach oft mehr als eineinhalb Stunden Flugzeit in „dicker Suppe" war man am Ende eines sogenannten „Eastern Express" froh, nur Sekunden vor der Landung endlich die Anflugblitzlichter des Heimatflugplatzes aus dem Dunst auftauchen zu sehen. Der heiße Kaffee in der Staffelkantine bei Tante Sofie schmeckte dann besonders gut.

Am 24. November 1969 machte ich meinen ersten Flug nach Decimomannu auf Sardinien. Dort gab es einen von beinahe allen NATO Kampfverbänden genutzten Flugplatz und einen Schießplatz, der sich „Frasca Range" nannte und auf einem steilen Küstenvorsprung an der Westküste der Insel lag. Wenn Flugzeuge aus Eggebek dort stationiert wurden, kam auch immer eine eigene Bodencrew mit nach „Deci", um vor Ort unsere Maschinen zu warten. Diese Techniker wurden dann mit einer „Transall" aus Hohn bei Rendsburg hinunter geflogen. Eine Übungsperiode in „Deci", wie der Ort kurz genannt wurde, dauerte meistens zwischen zwei und vier Wochen. Es kam häufig vor, dass wir in einem Jahr gleich zweimal nach „Deci" verlegten. Hier unten am Mittelmeer war das Wetter meist so gut, dass man in der Regel täglich zu den Waffenübungseinsätzen starten konnte.

Die Flüge von Eggebek nach dort unten und auch wieder zurück in den Norden waren teils richtige „Himmelfahrt-Kommandos". Grundsätzlich flog man die beinahe 1700 Kilometer lange Strecke so hoch wie möglich, um Sprit zu sparen. Düsentriebwerke verbrauchen umso weniger Kerosin, je höher ein Flugzeug fliegt und umso kälter es draußen ist. Also quälte man sich mit vier vollen Außentanks rauf bis auf 36.000 Fuß oder noch höher. Dabei lag die Geschwindigkeit dann bei 0,96 Mach, also nur ganz knapp unterhalb der Schallmauer. Unsere Route führte normalerweise von Eggebek in Richtung Bremen, dann weiter über Nörvenich, Straßburg, Dijon, Lyon, Marseille, Ajaccio auf Korsika und schließlich nach „Deci". Wir waren auf dieser Route stets höher und viel schneller, als jedes Passagierflugzeug und brauchten für die Strecke vom Abheben bis zum Aufsetzen nur etwa eine Stunde und vierzig Minuten.

Der Haken an der Sache war allerdings, dass unser Sprit gerade einmal so bis dort unten reichte. Für jeden Flug, den man machte, egal mit welchem Flugzeug oder wohin die Flugreise ging, musste immer mindestens ein Ausweichflugplatz im Flugplan angegeben werden. So sahen es die internationalen Bestimmungen vor. Der von Decimomannu aus auf kürzester Strecke erreichbare und für Starfighter geeignete Ausweichplatz war Grosetto auf dem italienischen Festland. Die extra Flugzeit dorthin hätte günstigstenfalls 20 Minuten quer übers Mittelmeer betragen. Nur: meist kamen wir mit weniger Restkerosin in den Tanks über „Deci" an, als wir gebraucht hätten, um im Notfall noch bis dorthin zu kommen. Deshalb gab es in „Deci" eine inoffizielle Regelung. Sollte die Landebahn, aus welchen Gründen auch immer, für eine Landung nicht zur Verfügung stehen, durfte man auf dem sehr viel schmaleren „Taxiway", also auf der Rollbahn, die parallel zur eigentlichen Startbahn lag, landen. Ich weiß nicht, wie oft jemand diesen Asphaltstreifen nutzen musste, um nicht wegen Treibstoffmangels im Mittelmeer zu ersaufen.

Mir fällt in diesem Zusammenhang ein besonderes Ereignis ein. Eine Zweierformation aus Eggebek war im Anflug auf „Deci". Die Rotte bestand aus einem Doppelsitzer und einem Einsitzer. Im Doppelsitzer, der „TF-104", flog als zweiter Mann unser Kommodore. Sein Gepäck war im Einsitzer verstaut, da es in einer „TF-104" wegen des hinteren Cockpits kaum Platz für irgendein Gepäckstück gab. Da eine „TF-104" auch etwas weniger Treibstoff mitführen konnte, wurde ihr für die bevorstehende Landung der Vortritt gelassen. Trotz einer riesigen Gewitterwolke am Platz verlief für die „TF-104" alles normal. Der Einsitzer wurde dagegen vom Bodenradar erst in einer etwas weiträumigeren Schleife um den Platz herumgeführt, um zum Vordermann den erforderlichen Abstand zu halten. Dabei geriet diese Maschine mitten hinein in das Gewitter. Ein Blitzschlag zuckte durchs Flugzeug und eine daraus resultierende Überspannung ließ alle notwendigen Fluginstrumente ausfallen. Noch immer in den Wolken und ohne Sicht zum Boden blieb dem Piloten nur noch der Ausstieg mit dem Schleudersitz.

Kurz darauf kam er am Fallschirm hängend unten aus der Wolke heraus und sah unter sich Wasser. Die Küste war allerdings nur wenige hundert Meter von dem Punkt entfernt, an dem er jeden Augenblick ins Wasser eintauchen würde. Ich erinnere mich, dass er uns nur wenige Minuten später seinen Schreck erzählen konnte, den er beim Eintauchen bekommen hatte. Das Wasser war dort sehr flach und er konnte zu Fuß und mit seinem Schlauchboot im Schlepp ans Ufer gehen. Noch erschrockener war er, als sein Flugzeug, das er gerade erst nach dem totalen Instrumentenausfall in einer dicken Gewitterwolke verlassen musste, im Tiefflug dicht an ihm vorbeischoss, in nur „Bierflaschenhöhe" die Küstenstrasse zwischen zwei gerade passierenden Fahrzeugen überquerte, dann aber nur wenige hundert Meter weiter flach auf einem Acker aufschlug und in tausend Teile zerbrach.

Er hatte wirklich riesiges Glück. Da er vom Anflugradar geführt worden war, wusste man sofort, an welcher Position er mit dem Schleudersitz ausgestiegen war. Der Rettungshubschrauber stand auch sofort bereit und war nur wenige Minuten später bei ihm und dann am Wrack. Und nur einige wenige Minuten danach stand er unverletzt neben uns am Abfertigungsgebäude. Auch hatte er seine und die Gepäckstücke des Kommodore aus den Trümmern herausgezogen und mitgebracht. Dem Kommodore war nicht nur wegen des Vorfalles sehr heiß geworden, sondern auch deshalb, weil er in der brütenden Sonne Sardiniens noch immer in seinem wasserdichten Kälteschutzanzug herumlief. So schnell konnte man ihm keine normale Fliegerkombi besorgen. Zwar sahen die Gepäckstücke reichlich ramponiert aus und überall hatte sich zwischen den Klamotten und Rasiercremes, Aftershaveflächchen und sonstigen Glasflaschen mit Herrendüften jede Menge Ackerboden verteilt, aber unser Kommodore hatte zu seiner Erleichterung seine eigene Fliegerkombination wieder und konnte aus dem Gummianzug aussteigen.

Für die Zeitungen in Deutschland gab es nicht wirklich etwas hierüber zu berichten.

Mein TCTP- Programm lief wie geplant ab. Im Laufe der Zeit wurde ich von meinem anfänglichen NCR Status (Not Combat Ready) zum LCR Piloten „befördert" (Limited Combat Ready), also zum im Kriegsfalle begrenzt einsatzfähigen Piloten hochgestuft.

Es gab während meiner fliegerischen Karriere beim MFG 2 neben etlichen Highlights auch viele sehr dunkle Stunden, zu viele. Ein Staffelkamerad verunglückte in Decimomannu vermutlich wegen einer räumlichen Desorientierung. Er war die Nummer vier einer Formation, die von „Deci" auf dem Wege zur „Frasca Range" war. Das Wetter war wolkenverhangen und die Bergspitzen des Gebirges zwischen „Deci" und dem Schießplatz an der Küste waren oben von tief hängenden Wolken eingehüllt. Der Anführer der Viererformation nahm deshalb einen riskanten Weg, der allerdings bekannt war und häufiger von Piloten bei derartigem Wetterlagen geflogen wurde. Diese Flugroute führte durch eine enge Schlucht, die direkt und geradeaus durch die Berge zur Küste führte. Schon von „Deci" aus und noch vor dem Start konnte man sehen, ob dort oben in den Bergen ein helles „Loch" zu erkennen war. Das war dann schon fast die Garantie dafür, dass man im Tiefstflug durch diesen „Spalt" hindurch fliegen konnte. So muss es auch an diesem Tag gewesen sein. Ich selber bin auch bei derartigem Wetter mehr als einmal dort hindurchgeflogen. Das Problem allerdings war nun folgendes: wenn man dort hindurch wollte, mussten alle vier Flugzeuge quasi im „Gänsemarsch" fliegen, in der sogenannten „Trail Formation". Das ist eigentlich eine sehr gängige taktische Flugformation, bei der der „Leader" frei manövrieren kann. Seine drei Schwarmflieger mussten dabei immer etwas höher als der jeweilige Vordermann hinterher fliegen. Normalerweise flog also in einer solchen und völlig normalen Formation der Anführer am tiefsten. Beim Durchflug durch diese Berge flog jedoch der „Leader" so hoch wie möglich, gerade noch so an der Untergrenze der Wolkenfetzen. Deshalb mussten alle anderen zwangsläufig tiefer bleiben, um nicht in den Wolken zu verschwinden. Die Nummer vier befand sich dann oft wirklich im tiefsten Tiefflug. Als ich selber dort zum ersten Mal durchflog, bemerkte ich rechts und links an den Hängen und teilweise sogar noch über mir diverse Fabrikgebäude. Man flog im wahrsten Sinne des Wortes an den Fensterscheiben einer Fabrikanlage vorbei. Mein Fliegerkamerad aus Tarp schaffte es auf diesem Flug gerade so durch die Schlucht. Als der Anführer dann aber auf der anderen und freien Küstenseite einen Sinkflug in Richtung Mittelmeer begann und dabei auch noch gleich in eine Rechtskurve Richtung „Frasca Range" überging, da hat es die Nummer vier offensichtlich voll erwischt. Er muss momentan seine Orientierung total verloren haben, drehte entgegen den drei vor ihm fliegenden Kameraden nach links ab und schlug nur Sekunden später auf dem Meer auf und versank. Er war sofort tot.

Es gab aber zum Glück auch Zwischenfälle, die nicht ganz so dramatisch abliefen. Auf dem nächsten Foto erkennt man solch einen Fall. Diesem Staffelkameraden flog während des Fluges mit lautem Knall und ohne Vorwarnung das Kabinendach weg. Mit 840 Stundenkilometern plötzlich in einem Starfighter- „Cabrio" zu sitzen, war bestimmt nicht witzig. Er behielt aber die Nerven und landete wohlbehalten, wenn auch frierend und ziemlich durchgepustet.

Hoffentlich hat er sich keinen Schnupfen geholt...
Als ihm die Kabinenhaube wegflog, war er mit 840 kmh unterwegs.

15. Kapitel
NATO-Staffelaustausch nach Lossiemouth/ Schottland

Ein weiterer Höhepunkt in meiner fliegerischen Laufbahn waren einige Staffelaustausche mit „F-104" Geschwadern im NATO-Ausland. So war ich unter anderem fast fünf Wochen in Tanagra in Griechenland und mehrere Wochen in Schottland auf dem Flugplatz Lossiemouth stationiert. Dort oben war die Royal Navy zu Hause. Unsere Unterkünfte waren stilvoll und mit dicken Teppichen ausgelegt. In unseren Einzelzimmern gab es eine geschmackvolle Möbeleinrichtung. Was für ein Unterschied zu den Kasernenstuben bei uns in Deutschland! Ein „Steward" war für jeden Flurabschnitt zuständig. Der brachte morgens frisch gebrühten Tee ans Bett und stellte unsere blitzblank geputzten Fliegerstiefel bereit. Im Speisesaal der Offiziermesse bemühten sich „Gasten" in Matrosenuniform um uns und sorgten für Ei mit Speck, gebratene Tomaten und Toast und was das Herz so früh am Morgen noch begehrte. Man stellte uns aus Aluminium geformte „Zeitungshalter" vor den gedeckten Platz und fragte höflich nach, welche Tageszeitung wir denn bitte zu lesen wünschten. Die wurde dann von einem Zeitungsständer am Eingang geholt und vor uns auf der Halterung platziert und aufgeschlagen. Man konnte so in Ruhe und mit freien Händen die Neuigkeiten vom Vortage lesen.

Am Kasernentor in „Lossie" stand zum Feierabend der „Chief Pettit Officer" mitten auf der Straße und blickte grimmig auf die einfachen Soldaten, die zum Ausgang strebten, um vielleicht im örtlichen Pub schnell ein Feierabendbier zu trinken. Wenn dem „Chief" jemand auffiel, weil er zum Beispiel ungeputzte Schuhe trug oder mit nicht einwandfreier Uniform daher kam, zeigte er lediglich mit seinem „Stöckchen" auf den Betreffenden. Der drehte dann ohne jeden Kommentar oder gar Einwand auf dem Absatz um und verschwand wieder in Richtung Kasernenunterkunft. Ein „Chief Pettit Officer" unterstand direkt der Queen. Nur besonders auserwählte, ältere Portepèe Unteroffiziere konnten solch einen hervorgehobenen Posten erreichen. Sie sorgten in den Kasernenanlagen für „Zucht und Ordnung" und waren gleichzeitig Vorgesetzte der „Military Police" und der militärischen Wachen, die es in jeder britischen Militäreinrichtung gab.

Von Lossiemouth aus flogen wir Übungsschießeinsätze auf einem sehr nahe gelegenen Übungsplatz an der Nordküste. Die überwiegende Anzahl unserer Flüge waren allerdings Tiefflüge über Schottland bis hinauf zu den Shetland Islands. Auf dem Wege dorthin überflog ich einmal den berühmten Scapa Flow, damals wohl der berühmteste Ankerplatz der Royal Navy während des ersten und zweiten Weltkrieges. Hier oben hatte seinerzeit der U-Boot Kommandant Günther Prien einen Teil der englischen Flotte versenkt.

Zum Ende des zweiten Weltkrieges wurden etliche konfiszierte Kriegsschiffe der deutschen Reichsmarine von den eigenen Besatzungen unter der Aufsicht der Sieger nach dort verlegt. So weit ich die Historie erinnere, haben sich die meisten dieser Schiffe dann dort selbst versenkt. Beim Überfliegen der Bucht konnte man aus der Luft noch immer einige unter der Wasseroberfläche liegende Wracks erkennen. Als ich die Bucht von Scapa Flow im Tiefflug passierte, lag ganz zufällig ein Tender der Bundesmarine dort vor Anker. Ich kann mir vorstellen, dass die Jungs da unten an Bord ganz schön überrascht waren, einen Starfighter des MFG 2 so weit entfernt von der Heimat fliegen zu sehen.

An einen Flug kann ich mich ganz besonders erinnern. Ich rollte mit voll beladener Maschine von der Abstellplatte in Richtung Startbahn, als ich während des Rollens ein dumpfes „Klonck" vom vorderen Fahrwerk hörte. Einen winzigen Moment überlegte ich noch. Aber ich war mir ganz sicher, dass das Fahrwerkbein vorne voll „aufgepumpt" war. Es gab an dem Federbeinzylinder eine Ringmarkierung, die bei voll beladener Maschine gerade noch zu sehen sein musste. Sah man diese Markierung nicht, holte man die Techniker, die dann den Druck im Federbein mit Stickstoff nachfüllten. Das merkwürdige Geräusch konnte eigentlich nur von einem kurzen Federbeinanschlag gekommen sein. Die Rollbahn war hier oben in Lossiemouth ziemlich uneben. Die einzelnen Betonplatten waren an den Teerstößen unterschiedlich abgesackt. Die Rollstrecke erinnerte mich deshalb an alte und noch nicht sanierte

Betonautobahnen in Deutschland, die noch aus dem „Dritten Reich" stammten. Ich wurde zum Start freigegeben und war gerade im Begriff, die Nase des Flugzeugs anzuheben, als ich wieder dieses „Klonck" hörte, jetzt aber noch lauter. Da meine Geschwindigkeit zum Notbremsen schon viel zu hoch war, setzte ich den Startvorgang fort, hob ab, fuhr aber nicht das Fahrwerk ein. In diesem Moment rief mich bereits der Kontrollturm über Funk und teilte mir mit, es sei „irgendetwas" von meinem Flugzeug „heruntergefallen". Man würde sich kümmern.

Zwölf „F-104G" aus Eggebek in Lossiemouth anlässlich unseres Staffelaustausches. Auf diesem Foto erkennt man die Unebenheiten zwischen den Betonplatten.

Ich blieb daher in einer engen Platzrunde und wartete. Der Tower bat mich, möglichst tief, langsam und ganz dicht am Tower vorbeizufliegen. Sie würden dann einmal nachsehen, ob sie an meiner Maschine etwas erkennen könnten. Und tatsächlich:

„Sir, sie haben ihr Bugrad verloren..." kam es von unten.

Ich fuhr die Landeklappen ganz runter, ging in den Nachbrenner und zog etwa eine viertel Stunde mit 60 Grad Schräglage eine enge Kurve nach der anderen. Bei dieser Schräglage, mit vollen Landeklappen und ausgefahrenem Fahrwerk blieb selbst im Nachbrenner die Geschwindigkeit nur etwa bei 240 Knoten. Schneller durfte man mit ausgefahrenem Fahrwerk auch gar nicht fliegen, sonst wären vermutlich die Fahrwerksklappen beschädigt oder gar vom Fahrtwind abgerissen worden. Nach dieser viertel Stunde hatte ich so viel Treibstoff „verbraten", dass ich gefahrlos landen konnte. Aber nun fehlte mir vorne das Bugrad! Ich hatte ja früher schon einmal erwähnt, dass meine Landungen eigentlich immer butterweich ausfielen. Natürlich wurde diese Landung nun besonders sanft. Ich hielt die Nase auch länger in der Luft, als das normalerweise üblich war. Und dann ließ ich sie gaaanz sanft absinken. Erst bei schätzungsweise einhundert Knoten kam das radlose Bugfahrwerk am Boden an. Außer dass sich das Flugzeug vorne merklich weiter abgesenkt hatte, als ich das gewohnt war, bemerkte ich keinen großen Unterschied zu einer normalen Landung. Die Stoppstrecke war wohl etwas kürzer als sonst, aber dramatisch war die Landung überhaupt nicht. Ich blieb schließlich mitten auf der Landebahn stehen und stellte das Triebwerk ab. Feuerwehr und andere Blaulichter versammelten sich um mich, brauchten aber nichts zu unternehmen. Sogar an eine Leiter hatte man gedacht, damit ich bequem aussteigen konnte. Die später gefundenen Rollenlager des Fahrwerkes machte man mir zum Geschenk. Sie waren wie ganz kleine Orgelpfeifen in ein Teakholzbrettchen eingelassen und mit einem Erinnerungsschild aus Messing verziert. Meine Landung hinterließ im Asphalt der Landebahn eine mehrere hundert Meter lange Riefe, die am nächsten Tag mit Teer ausgegossen wurde.

Und hier gleich noch eine weitere Geschichte aus Lossiemouth. Die hatte allerdings nicht direkt etwas mit unserem Staffelaustausch zu tun. Piloten beider „F-104" Geschwader der Marine machten ab und zu sogenannte „Out und Backs" nach Lossiemouth. Ein „Out and Back" war ein Überlandflug, von dem man am gleichen Tag oder nach einem Wochenende wieder zum Heimatflugplatz zurückkehrte. Schottland war ja nun generell weltweit berühmt für seinen guten Whisky. In der Gegend um Lossiemouth gab es nun aber ein oder zwei kleinere Destillen, die ganz besonders hervorragenden „Malt"-Whiskey brannten. Wenn man nun mit dem Flugzeug sowieso schon dort oben war, warum sollte man nicht gleich zwei oder drei Flaschen mit zurück nach Deutschland nehmen.

Der Einkauf wurde grundsätzlich „offiziell" und ausschließlich über die Offiziersmesse in Lossiemouth abgewickelt. Man bestellte beim Messevorstand das, was man mitnehmen wollte. Die O-Messe wiederum bestellte bei der entsprechenden Brennerei und gegen Bezahlung und Unterschrift in der O-Messe bekam man seinen Schnaps. Der wurde allerdings zunächst in der Messe einbehalten und erst dann vom örtlichen Zollbeamten höchstpersönlich mit dem kleinen Zollauto bis direkt ans Flugzeug gefahren, wenn der Abflug nach Deutschland unmittelbar bevorstand. Man unterhielt sich nett mit dem Mann vom „Custom and Excise", der hätte vom Typ her auch in die Fernsehserie „Der Doktor und das liebe Vieh" gepasst, während man selber die Flaschen im Flieger verstaute. In einem Starfighter war nicht viel Platz für derartiges Sondergepäck. Der einzige Stauraum dafür lag direkt hinter dem Cockpit in der sogenannten Electronic Bay. Das war ein druckbelüfteter Stauraum, in dem diverse Computer ihren Dienst taten, ohne die eine „F-104" gar nicht fliegen konnte. Allerdings fehlte dort normalerweise der „Bomb-Computer", der nur für einen Atombombenabwurf gebraucht wurde. Aber weil wir ja keine A-Bomben flogen, die Bundesregierung hatte das nach Jahren heißer Debatten nun so entschieden, blieb dieser Steckplatz für andere Dinge leer. Da die meisten Computer im Flugzeug noch Röhrentechnologie besaßen, war dieser eine und nun leere Computerplatz etwa so groß wie zwei heutige Desktop PC. Ich glaube, der Einbauschacht war sogar noch ein ganzes Stück tiefer. Dort hinein passten nicht nur unsere privaten Sachen für einen Überlandflug, sondern nun auch noch zwei oder drei Flaschen des guten Getränkes.

Wie der Zufall es aber wollte, machte gerade ein Redakteur der „BILD" Zeitung im Raum Lossiemouth einen völlig privaten Urlaub. Zeitungsleute haben manchmal die Angewohnheit, auch fremde Zeitungen zu lesen. Als er nun dort seinen Urlaub genoss, veröffentlichte das lokale Tageblatt gerade einen netten Artikel über die in Lossiemouth stationierte Royal Navy. Über die Historie des Platzes und seine gegenwärtige Rolle in der Royal Navy war dort zu lesen. Und ganz beiläufig wurde erwähnt, dass auch andere NATO Flugzeuge gerne einmal einen Kurzbesuch dort abstatten würden, nicht zuletzt wegen des hervorragenden Whiskys aus dieser Region. Und besonders die deutsche Luftwaffe würde öfter einmal vorbeikommen und deren Piloten würden auch gerne die eine oder andere Flasche per Flugzeug mit nach Hause nehmen.

In der Bildzeitung erschien sehr kurz darauf ein Dreizeiler mit der Überschrift „Überschall-Whisky aus Schottland"... Da hier nur von der Luftwaffe die Rede war, wurde zuerst auch nur dort recherchiert. Alle Piloten, die in den letzten 12 Monaten nach Lossiemouth geflogen waren, wurden an Hand der Flugbücher festgestellt. Bis man sich schließlich daran erinnerte, dass die Marine ebenfalls Starfighter flog und auch ab und zu in Lossiemouth landete, verging etwa eine gute Woche. Ich will die Geschichte an dieser Stelle abkürzen. In einigen Gärten meiner Fliegerkameraden wurde hektisch gegraben. Dennoch: an Hand der in der O-Messe in Lossiemouth geleisteten Zollunterschriften konnte lückenlos nachgewiesen werden, wer die „Zollsünder" waren. Neben einer zu entrichtenden Zollnachzahlung nebst Zollstrafe durften einige meiner Kameraden einen Monat lang nicht fliegen. Sie bekamen natürlich für diesen Monat auch keine Fliegerzulage. Das alleine tat sehr weh. Darüber hinaus gab es noch mindestens einen strengen Verweis. Die Bundeswehr ist meines Wissens die einzige Instanz in unserem Staat, die neben einer Zivilstrafe auch noch eine „militärische" Strafe verhängen kann. So unterlag ein zivilrechtlich verurteilter Bundeswehrsoldat in der Regel einer Doppelbestrafung. Wie ich aber bereits an früherer Stelle erwähnte: ich war nie ein großer Getränksmann und konnte meine Fliegerzulage behalten.

Während der Zeit unseres Staffelaustausches wurden an den Wochenenden auch von Lossiemouth aus sogenannte „Out and Backs" geflogen. Wir wurden von unserem Einsatzoffizier gefragt, wer Lust hätte, übers Wochenende irgendwohin zu fliegen. Erstens meldete sich kaum jemand und zweitens war es für mich persönlich viel interessanter, irgendeinen schönen Überlandflug zu machen, als am Wochenende an der Bar in der O-Messe zu hocken. Ich meldete mich sofort und mit mir noch zwei weitere Kameraden. Wir entwarfen einen schnellen Plan fürs Wochenende und kamen überein, erst einmal nach Alconbury zu fliegen. Von dort wollten wir dann mit der Eisenbahn weiter nach London fahren, um die Stadt zu besichtigen. Alconbury war damals ein großer Militärflugplatz der Amerikaner. Er lag etwa eine Bahnstunde nördlich von London. So düsten wir denn am Freitagvormittag zu dritt in Formation und im Tiefflug durch die schottischen Hochebenen, hinweg über die kahlen Gegenden der Midlands bis hin zu unserem Bestimmungsflughafen. Ich durfte die Dreierformation anführen und war daher für alle Planungen verantwortlich. In Alconbury angekommen kamen wir ins Gespräch mit zwei amerikanischen Piloten. Die fragten uns nach dem woher und wohin und machten uns den Vorschlag, zusammen mit ihnen ins Columbia Hotel nach London zu fahren. Dieses Hotel lag direkt am Hyde Park und war ein Vertragshotel für die in England stationierten amerikanischen Truppen. Als NATO-Angehörige durften wir dort auch problemlos übernachten. Gesagt, getan, und in einem Dienstwagen der United States Air Force nahmen die Amerikaner uns mit zum Bahnhof Huntington, ganz in der Nähe von Alconbury. Der Zug brachte uns in 60 Minuten direkt bis in die Londoner Innenstadt zum Kings Cross Bahnhof. Mit einem Taxi landeten wir schließlich unter der Führung der beiden US Piloten im Hotel. Dort angekommen fragten sie uns erneut, was wir denn nun in der Stadt vorhätten. Schließlich entschieden wir uns, gemeinsam zu fünft ein ganz tolles Theaterstück zu besuchen. Ich glaube, es war das Stück „No sex please, we are British", eine mitreißende Komödie. Die Empfehlung für gerade dieses Theaterstück kam von der jungen Dame an der Rezeption des Columbia Hotels. Dort hatte Sie eine Buchungsmaschine, mit der man fast alle Veranstaltungen in der Metropole bequem buchen konnte. Ihr Tipp für diesen Abend war Gold wert.

Von unserem Einsatzoffizier hatte ich die Auflage bekommen, auch am darauffolgenden Samstag mindestens eine „Mission" von Alconbury aus zu fliegen. Also begaben wir uns nach dem Frühstück vom Hotel zurück nach Alconbury und am späteren Vormittag an unsere Flugzeuge. Ich hatte für uns drei einen tollen Tiefflugplan ausgetüftelt, der uns um den gesamten Süden der britischen Insel führen sollte. Es gab allerdings ein Problem: wir durften von Alconbury aus keine Starts nach „Sichtflugregeln" durchführen. Das alleine wäre auch noch kein Problem gewesen. Aber dann stellte sich heraus, dass unter Radarkontrolle nur höchstens zwei Flugzeuge in Formation starten dürften. Der Dritte würde danach erst mit mindestens fünf Minuten Abstand folgen dürfen. Bei einer Fluggeschwindigkeit von 450 Knoten wären wir ersten beiden bereits 37,5 Seemeilen, das entspricht 69,5 Kilometern, vom Platz entfernt gewesen, bevor unser dritter Mann überhaupt erst starten durfte. Wir hätten uns wahrscheinlich anschließend in der Luft nie wieder getroffen. Ich rief daraufhin persönlich bei der Radarkontrollstation „Midland Radar" an und verlangte den verantwortlichen Flugsicherungsoffizier zu sprechen. Midland Radar kontrollierte sämtlichen Flugverkehr in dieser Gegend. Vor allen Dingen waren das täglich tausende von Passagiermaschinen, die im Großraum London an- und abflogen. Es dauerte ziemlich lange und bedurfte all meiner Überredungskunst, bis er uns eine absolute Ausnahmegenehmigung für einen Tiefflug ab dem Start erteilte. Dann aber, das war seine Auflage, nur einen einzigen Startvorgang. Wir waren allerdings zu Dritt.

So ging ich noch einmal ins Wetterbüro, um die aktuelle Windrichtung zu erfragen. Zu unserem Glück blies der Wind genau aus der Startrichtung. Ich entschloss mich zu einem Start mit allen drei Flugzeugen gleichzeitig, was eigentlich völlig unüblich war. Etwas anderes wollte Midland Radar uns einfach nicht genehmigen. Die Leute am Boden staunten nicht schlecht, als wir mit ohrenbetäubendem Donner zu Dritt nebeneinander die Starbahn entlang fegten und nur 40 Sekunden später in unserer Tiefflughöhe von 500 Fuß nach Westen am Horizont verschwanden. Der Flug wurde sehr interessant und ich konnte meinen beiden „Wingmen" sogar noch die Isle of Wight zeigen. Unser Anflug nach Alconbury etwa eineinhalb Stunden später verlief dann problemlos und unter der üblichen Radarkontrolle erst von „Midland", dann vom örtlichen „GCA". (Ground Controlled Approach = Radaranflug Kontrolle). Wir setzten mit einer knappen Minute Abstand hintereinander auf der sehr breiten Landebahn in Alconbury auf.

An diesem Samstagabend fand unten im Columbia Hotel in der dort befindlichen Bar ein richtiges Tanzfest statt. Wir kamen gerade aus der Stadt und ich wunderte mich, dass etliche junge Frauen vor dem Hotel warteten. Wir wurden sogar von zwei netten Mädchen angesprochen mit der Bitte, sie doch mit ins Hotel zu nehmen. Offensichtlich durften weibliche Wesen, die nicht in amerikanischer Uniform daherkamen, das Gebäude nicht betreten. Wie sich aber nur Minuten später herausstellen sollte, war das als Gast eines Hotelbewohners allerdings gar kein Problem, Der Portier fragte nicht einmal nach, wer die Damen waren. Die Frauen verschwanden sofort in der Bar. Wir machten uns allerdings erst einmal auf unseren Zimmern frisch.

Der Sonntag diente zu unserer Erholung. Wir trollten durch den Hyde Park, schauten uns unzählige dort am schmiedeeisernen Zaun ausgestellte Gemälde aller Kunstrichtungen an und aßen zwischendurch kalten Truthahnbraten im „Swan". Diese Kultkneipe servierte ganz zarte Truthahnscheiben zusammen mit einem Krautsalat und anderen Wunschbeilagen. Dazu trank man natürlich ein englisches Bier vom Zapfhahn. Ich bin im Laufe der Jahre immer einmal wieder hierher zurückgekommen. Der Laden war selbst tagsüber stets brechend voll. Der „Swan" war für diese Spezialität weit übers Land hinaus fast schon berühmt. Nach dieser wohlschmeckenden Stärkung setzten wir unseren Stadtbummel fort. Nur ins „Madame Tussauds" bekam mich niemand hinein. Erstens stand draußen eine kilometerlange Warteschlange und zweitens lagen mir solche „ausgestopften" Wachsfiguren noch nie.

Es folgte der Montag und wir waren am frühen Vormittag wieder zurück in Alconbury. Ein erneuter Anruf bei „Midland Radar" hatte diesmal sofort Erfolg. Ich nehme an, dass sich unsere „Dreierformation" irgendwie herumgesprochen hatte. Etwa eindreiviertel Stunden später waren wir nach einem Tiefflug quer durch England wieder zurück in Lossiemouth bei unseren anderen Kameraden. Noch am selben Nachmittag warf ich über dem nahegelegenen Übungsplatz Bomben ab.

Bereits am übernächsten Wochenende wiederholte sich das Spiel. Wir waren wieder zu Dritt unterwegs und übernachteten erneut im Columbia Hotel. An diesem Samstag gelang es mir sogar, mit Genehmigung von Midland Radar zwei Tiefflüge über Südengland durchzuführen, bevor wir abends erneut die Stadt Londoner Innenstadt unsicher machten. Am Montag rief ich in Lossiemouth bei unserem Kommando an.

„Bleibt bloß da unten. Hier oben haben wir Orkan! Die haben schon damit angefangen, die riesigen Hallendächer mit Drahtseilen festzubinden. Hier fliegt uns alles weg."

Ich hatte bereits im Hotel im Frühstücksfernsehen vom schlechten Wetter in Schottland gehört. Deshalb hatte ich dann vorsichtshalber dort oben erst einmal angerufen. Ich bekam für uns drei und für gleich mehrere Flüge einen mündlichen Flugauftrag. Wir durften also einige Male von Alconbury aus zu weiteren Tiefflügen aufsteigen. Ich nutzte diese einmaligen Gelegenheiten, um immer neue Gegenden in Südengland zu erkunden. Vier Flüge konnten wir auf diese Weise bis Dienstagabend machen. Dann stellte sich aber an Hand der Bordbücher heraus, dass zwei Maschinen unbedingt zur Routinewartung anstanden und keine weiteren Flugstunden mehr zur Verfügung hatten. Wir einigten uns per Telefon, auf weitere Flüge von Alconbury aus zu verzichten. Die Restflugzeit für die zwei betroffenen Maschinen reichte gerade noch aus, um von Alconbury nach Lossiemouth zurückzufliegen. Also blieben wir den ganzen Mittwoch in London und besuchten an diesem Tag sogar zwei Theatervorstellungen hintereinander. Ich bin seither sicher, dass es in London die besten Theaterstücke der ganzen Welt zu sehen gibt. Auch haben mich die sehr alten und schon fast historisch zu nennenden Theaterräume fasziniert. Manche gleichen eher Museen, als Schauspielhäusern. Nicht immer entsprachen diese ehrwürdigen Mauern dem aktuellen Baustandart, aber die reichen Verzierungen, tollen Kandelaber und sonstigen Baumerkmale ließen mich schmunzelnd an „die gute alte Zeit" denken, die ich gar nicht kannte.

Der Donnerstagnachmittag brachte Schottland eine wesentliche Wetterberuhigung. So konnten wir endlich nach Lossiemouth zurückfliegen. Zwar wehte es bei unserer Ankunft noch immer recht ordentlich, aber unsere Landungen verliefen problemlos. Die Rückkehr in unsere Unterkünfte auf der „Royal Navy Air Station Lossiemouth" war auch aus einem weiteren Grunde dringend geboten: wir hatten inzwischen keine saubere Wäsche mehr...

16. Kapitel
Absturz auf Terschelling

Einer der am häufigsten angeflogenen Schießplätze unserer zweiten Staffel lag auf der holländischen Insel Terschelling. Von Eggebek aus war man in nur etwa 25 Minuten Flugzeit über der Nordsee dort. Es gab einen Kontrollturm, in dem ein holländischer Pilot die Treffer per Funk durchgab und auf die allgemeine Flugdisziplin achtete. Dazu hatte er an der Fensterscheibe des Towers vor seiner Beobachtungsposition mit einem Fettstift einige Linien aufgemalt. Die obere Line bedeutete eine zu große Anflughöhe und daraus resultierend einen möglicherweise zu steilen Anflug auf das Ziel. Das Abfangmanöver konnte dann schon einmal kritisch werden. Wenn er aber ein Flugzeug unterhalb der unteren Linie anfliegen sah, gab er sofort über Funk eine Verwarnung an den Piloten. Zwei senkrechte Linien rechts und links bedeuteten den frühest möglichen Punkt zum Abfeuern der Kanone, die andere Senkrechte bedeutete das späteste Einstellen des Feuerns und das sofortige Hochziehen der Maschine an dieser Stelle.

Die zweite Staffel war an einem Tag mit einer Viererformation am Platz und drehte ihre Runden. Es wurde mit der Bordkanone geschossen. Einer der erfahrensten Piloten des Geschwaders kam wiederholt tief und feuerte auch noch eben „außerhalb" des zweiten senkrechten Striches. Er kam wirklich sehr tief und feuerte auch noch zu nah am Ziel. Wenn jemand so dicht ans Ziel heran flog und dann auch noch sehr spät feuerte, konnte das Flugzeug von den Querschlägern der eigenen Munition getroffen werden. Insgesamt soll er vom „Controller" über Funk hintereinander drei Verwarnungen bekommen haben. Bei seinem nächsten Anflug danach kam er noch tiefer angeflogen, feuerte sehr spät und konnte nicht mehr rechtzeitig abfangen. Er schlug kurz hinter dem Ziel auf einer Düne auf. Das Flugzeug zerschellte in einem riesigen Feuerball. Der Pilot hatte nicht einmal mehr Zeit, den Schleudersitz zu betätigen. Er war sofort tot.

Wieder stand das Geschwader in einer dafür leer geräumten Flugzeughalle angetreten und die Zeitungen in Deutschland erhöhten die Starfighter Absturzziffer um eine weitere Zahl.

Irgendwann in dieser Zeit flog ich meine 1000ste Flugstunde auf der „F-104". Wie das in unseren Fliegerkreisen damals so üblich war, setzte man mich in einen auf einem Anhänger befestigten Schleudersitz (ausgemustert...) und zog mich per Trecker über den Flugplatz. Hinter mir fuhr ein Feuerwehrwagen, der mich mit viel zu kaltem Wasser bespritze. Anschließend gab es Sekt und was noch so dazugehörte, inklusive Grillparty nach Ende des Flugbetriebes.

Zum Glück hatte ich noch meinen „Kaltwasseranzug" an.
Den trugen wir grundsätzlich bei allen Flügen über See.
Er war vom Kopf an abwärts absolut wasserdicht.
Drunter trug man einen gesteppten Isolieranzug.

17. Kapitel
Die 1. Staffel des MFG 2 bekommt einen neuen Staffelchef.

Es war die Zeit der sich noch immer häufenden Starfighterabstürze. Die Presse in Deutschland zählte nun akribisch mit. Besonders die Überschriften der „Bild"- Zeitung und die des „Stern" waren nicht mehr zu übersehen.

Wir bekamen einen neuen Staffelchef. Sein Vorgänger war regulär versetzt worden. Der „Neue" war einer von den ganz wenigen Piloten, die ein ziemlich verrücktes Manöver mit dem Starfighter ausprobiert hatten. Unter den Militärs war man sich damals zunehmend sicher, im Kriegsfall mit dem Warschauer Pakt sehr schnell die eigenen Flugplätze durch Bombenangriffe zu verlieren. Deshalb erprobte man „F-104"-Starts von einer schräg hochgestellten Startrampe aus. Diese Rampe war nur wenig länger als das Flugzeug selber, konnte aber wegen ihrer Mobilität praktisch in jeder Waldschneise aufgestellt werden. Um auf steuerbare Fluggeschwindigkeit zu kommen, wurde die „F-104" mit einer Startrakete zusätzlich zum Nachbrenner in die Luft „geschossen". Unser neuer „Staka" war also ein sehr erfahrener Pilot.

Nun gab es zu dieser Zeit einen gerade aus Amerika und von der Wettereinweisung in Jever zu uns versetzen jungen Piloten, der gerade mit seinem „TCTP" begonnen hatte. Er hatte ein Problem. Das bestand in einem ganz bestimmten Ausweich-Manöver, dass man fliegen musste, wenn man von hinten angegriffen werden sollte. Da der Starfighter gegenüber allen anderen damals bekannten gegnerischen Flugzeugen einen viel zu großen Kurvenradius besaß, die Tragflächen waren für enge Kurvenflüge einfach zu klein, gab es nur dieses eine standardisierte Verfahren, um einen angreifenden Gegner loszuwerden, den sogenannten „Break". Dieses Flugmanöver ging so: beim Erkennen eines Gegners direkt hinter dem eigenen Flugzeug und quasi schon in Schussposition, musste man eine abrupte Steilkurve fliegen. Man riss das Flugzeug förmlich in 90 Grad Schräglage, nahm gleichzeitig ruckartig den Gashebel in den Leerlauf und fuhr die Landeklappen und die Sturzflugbremsen aus.

Mit diesem Manöver sollte der Gegner so überrascht werden, dass er nicht rechtzeitig mitdrehen konnte. Falls man zu zweit unterwegs gewesen wäre, hätte jetzt der zweite Mann möglicherweise die Chance gehabt, seinerseits am Gegner in Schussposition zu kommen und ihn ins Visier zu nehmen. Nun aber hatte mein junger Staffelkamerad so seine Problemchen mit diesem Manöver. Das veranlasste unseren neuen Staffelchef, sich zusammen mit ihm in einen Doppelsitzer „TF-104" zu setzen, um das Manöver mit ihm alleine zu üben.

Ich war an diesem Tag „OvG", Offizier vom Gefechtsstand. Der „OvG" wird abwechselnd von allen Piloten gegangen. Man kam etwa alle sechs Wochen an die Reihe und saß dann 24 Stunden im Gefechtsstand und koordinierte den Betrieb.

Ein Telefon klingelte vor mir an der Konsole.

„Offizier vom Gefechtstand..."

„Moin, heppt se en Piloten mit dem Nomen „soundso"? Un heppt se ok een mit Nomen „soundso"? De licht hier beide doot up mien Acker. De sinn hier grood afstörzt... Ich heff de Helme in mien Hand..."

Ich griff zum roten Alarmtelefon und eine Aktion, auf die jeder gerne verzichtet hätte, nahm ihren traurigen Anlauf.

Was war (vermutlich) geschehen? Es gab ja damals noch keine Crashrecorder in Kampfflugzeugen. Die Untersuchung zum Hergang des Unglücks ergab dann folgendes Ergebnis: die rapide eingeleitete Steilkurve wurde höchstwahrscheinlich übersteuert. Die Schräglage des Flugzeuges betrug dabei vermutlich mehr als 90 Grad. Durch das kräftige „Ziehen" am Steuerknüppel, um diese rapide Kurve zu fliegen, geriet das Flugzeug nun in eine leicht zum Boden gerichtete Flugbahn. Da das Manöver vermutlich sogar im Tiefflug, also bei nur etwa knapp 300 Metern Höhe eingeleitet wurde, näherte sich die Maschine nun sehr schnell dem Boden. Die Piloten bemerkten ihre Situation sehr wohl, legten auch sofort die Tragflächen gerade und versuchten, durch weiterhin kräftiges Ziehen am Steuerknüppel die Abwärtsbewegung der „TF-104" zu beenden. Allerdings war inzwischen durch die ausgefahrenen Klappen und Sturzflugbremsen und dem zunächst noch im Leerlauf drehenden Triebwerk die Fluggeschwindigkeit so niedrig geworden, dass ein rechtzeitiges Hochziehen der Maschine aerodynamisch gar nicht mehr möglich war. Das Flugzeug schlug mit bereits angehobener Nase mit dem Hinterteil zuerst auf einem Acker auf und zerschellte.

Es gab schon wieder eine militärische Trauerfeier in Eggebek, an dem das ganze Geschwader teilnahm. Die Zeitungen konnten nun gleich um zwei Nummern weiterzählen und unsere Staffel bekam schon wieder einen neuen Staffelchef.

18. Kapitel
Staffelaustausch nach Tanagra, Griechenland

Mit acht Piloten verlegten wir mit unserem zweiten neuen Staffelchef nach Tanagra. Der Platz lag in einem weiten Tal nördlich von Athen. Es sollte ein damals üblicher Staffelaustausch zwischen fliegenden Verbänden der NATO werden. Mit einem Kameraden zusammen bildete ich die letzte Rotte, die von Eggebek startete und über Decimomannu auf Sardinien als Zwischenstopp nach Griechenland verlegen sollte. Wir kamen erst gegen Mittag von Eggebek los. Nach dem Tanken in „Deci" und einer Zwischenmahlzeit in der Pilotenkantine machte mein Flügelmann und ich mich auf zum Zielflughafen. Es ging in sehr großer Höhe über das Mittelmeer gen Osten. Wir überflogen den italienischen Stiefel und schließlich den Pelepones. Noch immer in sehr großer Höhe fliegend lag Athen nun linker Hand und nördlich von uns. Es war inzwischen dunkel geworden. Wir schrieben den Monat November. Ich hatte große Mühe, einen Funkkontakt zu Tanagra herzustellen. Nur über die „Guard"-Frequenz konnte ich schließlich jemanden erreichen. Meine anderen sechs Kameraden mussten alle längst gelandet sein und vielleicht schon an der Bar sitzen. Wir beiden befanden uns im engen Formationsflug und lauschten nun angestrengt den Anweisungen von Tanagra Radar. Man führte uns in weitem Bogen südöstlich um Athen herum und dann in einer sehr weit ausholenden Schleife über einen nördlichen Kurs schließlich hin zu einem sehr langen Anflug auf Tanagra. Wir kamen nun mehr oder weniger direkt aus östlicher Richtung auf die Landebahn zu. Der Radarcontroller wies uns eine mittlere Höhe an und brachte uns auf eine gerade Anfluglinie zum Platz, der aber noch ziemlich weit vor uns lag. Ich hatte mir auch für solche Überlandflüge stets eine Fliegerkarte in Heftform angefertigt und schaute nicht nur auf die Instrumenten-Anflugkarte von Tanagra, sondern auch wiederholt auf mein angefertigtes Landkartenheft. Nach der „TACAN"-Funkanzeige waren wir noch immer sehr weit östlich vom Platz, als uns der Radarcontroller auf eine Höhe von lediglich 2000 Fuß hinunter schickte.

„Just forget it..." funkte ich meinen Flügelmann an. „Wir sind noch viel zu weit östlich ... vor uns liegen hohe Berge..."

Erst als ich sicher war, den Gebirgszug auf der östlich von Tanagra liegenden Insel Euböa wirklich überquert zu haben, gingen wir auf eine niedrigere Anflughöhe und wurden schließlich zum Flugplatz geleitet. Die Anfluglichter waren dann auch schon aus weiter Entfernung gut zu sehen. Die Sicht in Bodennähe war ausgezeichnet.

Wieder am Boden schaute ich mir die Anflugstrecke noch einmal genauer an. Hätte ich die Anweisung der Anflugkontrolle befolgt und wäre nach dessen Anweisung auf 2000 Fuß herunter gegangen, könnte ich heute dieses Buch nicht schreiben. Die Berge auf Euböa sind bis zu 4188 Fuß hoch. So haben mein „Wingman" und ich den deutschen Zeitungen das Weitererzählen der Starfighter Absturzzahlen erspart.

Nach der Landung gab es noch auf dem Flugfeld eine knappe Begrüßung und eine Richtungsangabe zur Offiziersmesse. Dort trafen wir auf unsere Kameraden. Allerdings hatte man zu dieser abendlichen Stunde bereits überall die „Bürgersteige hochgeklappt". Niemand von unseren Gastgebern war zu sehen. Da ich Hunger hatte, geisterte ich mit noch einigen Kameraden, denen es ähnlich ging, durch die Kombüse der Offiziersmesse. Das hätten wir lieber nicht machen sollen. Solch einen verdreckten Saustall hatte ich in meinem ganzen Leben noch nicht gesehen. Selbst von Afrika oder Mittelamerika kannte ich so etwas nicht. Es gab nirgendwo etwas zu essen. Auch schon der ersten eintreffenden Rotte hatte man nur ein „herzliches Willkommen" gesagt und ihnen die Unterkünfte gezeigt, die nun für knappe fünf Wochen unser zu Hause werden sollten. Aber darüber hinaus gab es keine weitere Einweisung. Also machten wir uns enttäuscht auf den Weg zu unserer Unterkunft. Das war eine flache Steinbaracke mit mehreren Zimmern. Je zwei von uns mussten sich eine „Stube" teilen. Eine Einrichtung war nicht vorhanden. Neben den beiden Metallbetten gab es einen Tisch im Raum, zwei steile Holzstühle mit viel zu kurzen Sitzflächen a là Spanien, zwei Bretterschränke mit einer rostigen Metallstange zum Aufhängen von Uniformen und eine Glühbirne, die mitten von der Decke ins Zimmer hing. Die gekalkten Wände färbten ab, sobald man dagegen kam. Vorne im Eingang gab es eine Abstellkammer. In der stand auch solch ein Metallbett und auf der Kante saß ein junger griechischer Soldat. Der stützte sich im Sitzen auf sein Gewehr. Ich habe mir die Waffe nicht genauer angesehen, aber vom flüchtigen Hinsehen hätte das ein Karabiner 98 sein können, leicht mit Flugrost eingefärbt. Jedes Mal wenn einer von uns die Unterkunft betrat oder verließ, sprang er auf und grüßte. Einen richtigen Stuhl besaß er nicht. Seine übrige und fensterlose Kammer war zugepackt mit Stapeln von Toilettenpapier.

Wir acht Mann aus Eggebek saßen am nächsten Morgen nach einem guten Frühstück zusammen mit unseren griechischen Fliegerkameraden in einem großen Besprechungsraum. Man begrüßte uns sehr freundlich auf Griechisch und mit nur wenigen englischen Übersetzungen und dann durften wir den weiteren Ausführungen in griechischer Sprache lauschen. Unser gerade neuer Staffelchef dreht sich schon das eine oder andere Mal zu uns um. Wir hörten uns die Vorträge schon viel zu lange an, als er schließlich die Hand erhob und höflich auf Englisch nachfragte, wie lange das hier noch so gehen würde. Wir würden nämlich kein Wort verstehen. Es gab eine ganz kurze Unterbrechung und wir wurden nun je einem griechischen Piloten zugeteilt. Jeder von uns verschwand mit „seinem" Piloten in einem separaten Briefingraum. Meiner stellte sich vor und begann, mir den ersten gemeinsamen Flug zu erklären, den wir im Anschluss an dieses Briefing und in Zweierformation durchführen sollten. Wir hatten uns auf Tiefflug geeinigt. Auf meine Frage, wie tief man in Griechenland fliegen dürfte, in Deutschland waren das über Land generell 800 Fuß, beteuerte er mir, so tief fliegen zu können, wie ich nur wollte. Na gut dachte ich. Dann fing er aber an, mir den Start zu erklären. Er sei die Nummer eins, also der Rottenführer, ich solle aber vorneweg fliegen und auch als erster von der Startbahn und vor ihm abheben. Das ging ja nun nach meinen Vorstellungen von einem Formationstiefflug gar nicht. Ein Rottenführer flog immer vorneweg. Es tauchten im weiteren Gespräch noch mehrere derart merkwürdige Dinge auf, dass ich um einen Moment Pause bat und nach draußen auf den Flur ging. Im selben Moment kamen mir schon zwei meiner Kameraden entgegen, denen das auch alles nicht so ganz geheuer schien. Ich mache es an dieser Stelle kurz: wir sind während des etwa fünf Wochen dauernden Staffelaustauschens nicht ein einziges Mal zusammen mit unseren griechischen Kameraden in der Luft gewesen. Wir alle hielten das schlichtweg für viel zu gefährlich.

Nicht viel später an diesem Morgen waren nur wir Eggebeker auf dem Flugfeld und an unseren Maschinen. Wir hatten beschlossen, alleine und in Zweierformationen und auf eigene Faust den griechischen Luftraum im Tiefflug zu erkunden. Die griechische Ägäis aus der Luft betrachten zu können, ist viel, viel interessanter, als mit einer Fähre zwischen den Inseln herumzuschippern. Aus unseren Starfightern, mit denen wir bei 840 Stundenkilometern Geschwindigkeit die Inseln eine nach der anderen übersprangen, sah das alles wirklich toll aus.

Während eines solchen Fluges, ich darf es hier nach so vielen Jahren gefahrlos beichten, kam ich mit meinem Wingman von See her im Tiefstflug auf eine hügelige Insel zugerast. Ich hatte schon von weit draußen über See die drei typisch griechischen Windmühlen gesehen, die sich mit ihren dreieckigen Stoffsegeln gemächlich oben auf der höchsten Stelle dieses Hügels drehten. Wir flogen, noch immer nicht viel höher als vorher über dem Wasser, den Hang hinauf. Ich wollte quasi „zwischen" zwei Windmühlen hindurch den Kamm des Hügels „überspringen". Wenn ich ihn gekannt hätte, dann hätte ich mich bestimmt hinterher bei dem Bauern entschuldigt, der gerade in diesem Moment mit seinem einachsigen Eselkarren zwischen den Mühlen auf steinigem Weg daherkam. Ob er sich mehr als sein Esel erschrocken hat, wird mir niemand sagen können. Der arme Esel jedenfalls bekam dermaßen die Panik, was ich bei meiner geringen Flughöhe verstehen konnte, dass er mit dem Karren am Geschirr wie wild den Hang hinunter sauste. Ich konnte das nur sekundenlang in der Steilkurve, die ich nun flog, beobachten. Die nächste Insel lag bereits nur Minuten entfernt vor uns.

Die Transall aus Hohn hatte außer den Eggebeker Technikern und eventuell benötigten Ersatzteilen auch einen Bundeswehr VW-Bus mitgebracht. An vielen Abenden und an jedem Wochenende durfte ich der Fahrer für uns neun Soldaten sein. Das waren meine sieben Pilotenkameraden und ein Flugsicherungs-Offizier aus

Tarp, den wir zum Glück hierher nach Tanagra mitgenommen hatten. Er war übrigens der Pilotenschüler, der damals in den USA auf der Sheppard Air Force Base vorzeitig von der „T-37" abgelöst worden war. Wir bekamen von den Griechen einen militärischen Sonderausweis, mit dem wir nicht nur freie Fahrt auf den Maut-Autobahnen, sondern auch überall sonst freien Eintritt hatten, zum Beispiel auf der Akropolis. Und mit diesem Zettel an der Windschutzscheibe konnten wir auch überall unbehelligt parken.

An einem Abend waren wir Eggebeker im Hafen von Piräus. Ein amerikanischer Flugzeugträger lag auf der Reede von Athen. Hier in Piräus lief uns zufällig ein amerikanischer Offizier in Uniform in die Arme, der eine Schwinge am Hemd trug, allerdings keine „richtige" Pilotenschwinge. Wir von der Marine waren allerdings alle in Zivilkleidung unterwegs. Wir sprachen ihn an und stellten Fragen über den Flugzeugträger. Besonders interessiert hätte uns die Auslaufzeitpunkt des Trägers. Der aber glaubte uns offensichtlich kein Wort von alle dem, was wir ihm über uns erzählten und „verriet" uns nicht einmal den Namen des Kriegsschiffes.

Am folgenden Morgen war ich mit meinem neuen Staffelchef gerade von Tanagra aus gestartet und konnte über die Berge nach Athen hinüber sehen. Mein „Staka" flog neben mir als mein Wingman. Da lag der Träger also noch immer auf der Reede vor Anker. Ich rief ihn über Funk auf der „Guard" Frequenz. Das ist ein Anrufkanal für Not- und Dringlichkeitsfälle. Alle Kriegsschiffe und Militärflugzeuge und alle Flugplätze in der gesamten NATO hörten diesen Kanal ständig ab. Ich brauchte nur zweimal zu rufen, als er antwortete. Er gab mir eine Arbeitsfrequenz und nannte als sein Rufzeichen „Gun Chain". Ich versuchte zu erklären, wer wir mit unseren beiden „F-104" Flugzeugen waren, und ich fragte höflich, ob wir den Flugzeugträger nicht einmal überfliegen dürften. Es dauerte nicht lange, bis er uns dafür sein Einverständnis gab. Als Überflugshöhe wies er 1000 Fuß an. Das war mir viel zu hoch, aber besser als gar nichts.

Nun muss man wissen, dass dieses riesige Schiff direkt „neben" dem internationalen Flughafen von Athen in der großen Athener Bucht vor Anker lag. Da der sich dummerweise auch noch innerhalb des Flughafen-Nahbereiches befand, musste ich zunächst eine Einfluggenehmigung in diesen Bereich vom Internationalen Athener Flughafen einholen. Ich war richtig erstaunt, diese sofort zu bekommen. Ich meldete mich darauf wieder beim Controller des Flugzeugträgers und mein Rottenflieger und ich sausten in 1000 Fuß Höhe in „gerader Haltung" über das Flugdeck hinweg. Ich fragte nach, ob es nicht auch ein wenig tiefer ginge. In der zweiten Runde ließ er uns bis auf 500 Fuß herunter kommen, das waren nur noch knappe 170 Meter Höhe. Nun lag der Flugzeugträger parallel zur Küste und in eine Richtung von etwa 330 Grad zeigend. Wir kamen aus südlicher Richtung auf ihn zugeflogen, den „Athens International Airport" zu unserer rechten Seite. Scherzhaft erzähle ich manchmal heute noch, wir wären nach dem Überflug des Flugzeugträgers erst einmal in die Stadt geflogen, eben links an der Akropolis vorbei, dann an der fünften roten Ampel links abgebogen und dann wieder links herum in Richtung See verschwunden. Und das alles mit über 840 Stundenkilometern. Ich erbat noch einen weiteren Überflug. Der Kontroller wollte nun etwas genauer wissen, wer wir waren und wieso wir als „F-104" der German Navy denn überhaupt hier waren und so... Während wir uns über Funk unterhielten, meldete sich der Athener Flughafen bei mir über „Guard" und fragte sehr höflich an, wie lange meine Manöver mit dem Flugzeugträger noch andauern würden. Er hätte nämlich im Moment alle Passagierflugzeuge extra meinetwegen am Boden warten lassen. Ich schaute kurz nach rechts und sah eine lange Reihe Passagiermaschinen auf dem Taxiway fein hintereinander aufgereiht stehen und warten. Ich weiß nicht, wie viele das waren, aber es waren etliche. Man muss an dieser Stelle nun wissen, dass wir uns gerade in einer der schwersten Erdölkriesen aller Zeiten befanden. Irgendwann in dieser Zeit gab es in Deutschland sogar das Sonntags-Fahrverbot. Und dort unten standen nun die großen Passagierflugzeuge in langer Reihe hintereinander und verbrannten unnötigen Treibstoff. Vermutlich haben die dort unten uns „F-104" Flieger bis in die Steinzeit verflucht.

Am kommenden Morgen war ich mit meinem neuen Staffelchef erneut unterwegs. Er flog wieder als mein Wingman. Offensichtlich hatte ihm die Fliegerei an meiner Seite am Vortag so viel Spaß gemacht, dass er sich gleich noch einmal an meine Fläche „hing". Wir hatten nach dem Abheben gerade so viel Höhe erreicht, dass wir über die Berge und über die Stadt hinweg nach Süden schauen konnten. Ich erkannte sofort den aufsteigenden Rauch des Flugzeugträgers. Da ich früher ja auch einmal auf ölbefeuerten Turbinenschiffen gefahren war, rechnete ich mir aus, dass der nun wohl in Kürze seinen Ankerplatz verlassen würde. Wir beiden machten an diesem Vormittag einen sehr interessanten Tiefflug über die Inseln der Ägäis.

Da für den Nachmittag dieses Tages für mich noch eine weitere „Mission" vorgesehen war, bestimmte mein „Staka" sich erneut zu meinem Rottenflieger. Was die Streckenführung anging, konnte ich mir die besten Sehenswürdigkeiten aussuchen. Einmal bin ich auf diese Weise sogar im Tiefstflug durch das Tal von Delphi geflogen und habe dort die antike Arena mit der Bordkamera fotografiert. Nun aber schauten wir hinüber nach Athen und der Flugzeugträger war verschwunden. Da noch keine vier Stunden vergangen waren, seit er mit rauchendem Schornstein dort lag, konnte er auch noch nicht sehr weit entfernt sein. Ich schätze ihn keine 40 Meilen südlich von Athen. Die Sicht war wieder „bis zum Anschlag" und auf meinem 80 Meilen Radar konnte ich ein größeres Seeziel ausmachen. Kurz darauf sah ich den Flugzeugträger bereits mit bloßem Auge am Horizont auftauchen. Ich rief „Gun Chain" und bekam sofort eine Antwort. Wir sollten aber bitte für die nächsten 15 Minuten etwas weiteren Abstand halten, da gerade Flugzeuge starten würden. Wir sahen etliche „F-4" Phantom Jagdbomber von den Katapulten beschleunigt in den blauen Himmel aufsteigen. Dann rief er uns per Funk und erlaubte unseren ersten Überflug in 500 Fuß Höhe und genau in Richtung des Flugdecks. Für den nächsten Überflug erlaubte er uns 200 Fuß über dem Deck. Ich entschloss mich, diesen Überflug mit vollen Landklappen, ausgefahrenem Fahrwerk und eingeschalteten Lande- Scheinwerfern zu fliegen. Der dritte Überflug, den er uns freigab, war eigentlich kein Überflug, sondern ein eher langsamer Vorbeiflug mit 250 Knoten. Ich holte meinen Staffelchef auf meine linke Seite und wir passierten das Schiff dieses Mal in Höhe des Flugdecks und seitlich an seiner Backbordseite. Ich habe noch nie so viele Seeleute über solch ein Deck rennen sehen. Alle wollten uns wahrscheinlich vom Deck aus ins Cockpit schauen oder auch fotografieren. Den folgenden letzten Überflug plante ich etwas spektakulärer. Mein „Staka" war einverstanden. Aus etwas größerer Entfernung anfliegend beschleunigten wir auf eben unter Schallgeschwindigkeit. Direkt neben dem Flugdeck zogen wir in enger Formation steil nach oben. Im Steigen drehte ich eine sehr langsame Rolle, damit mein Rottenflieger gut in seiner Wing-Position bleiben konnte. Wir verschwanden in großer Höhe und ich verabschiedete mich.

„Besucht uns 'mal wieder..." kam es von unten.

Den Flugzeugträger habe ich auf meinen nächsten Flügen überall in der Ägäis gesucht, aber nicht wiedergefunden.

Unsere griechischen Fliegerkameraden luden uns zu einem Fest ein. Es wurde viel getrunken, gelacht und Spaß gemacht. Die Griechen erklärten uns die Schritte des „Taschentuchtanzes" und wie man einen kleinen Tisch mit mehreren Männern nur mit dem Mund in der Höhe halten konnte, während einer oben darauf tanzte. Acht Mann hoben den Tisch mit dem Tänzer darauf an, vier an den Seiten und andere vier bissen in die Tischecken und hielten den Tisch zwischen ihren Zähnen einige Sekunden in der Balance. Ich sagte schon, dass ich nie ein großer Getränksmann war. Unseren „Staka" dagegen hatte es ein wenig erwischt. Als er am folgenden Morgen fliegen wollte und seinen „Walk Around", also die Sichtüberprüfung des Flugzeuges von außen gerade begonnen hatte, war schon zu erkennen, dass er wackelig auf den Beinen stand. Bevor wir von der Nachbarmaschine an seiner ankamen, um ihn vom Flugvorhaben abzubringen, stand er direkt vor dem „Pitot-Boom", der langen Spitze ganz vorne am Starfighter. Er wollte gerade in das kleine Loch schauen, das letztlich die Fluggeschwindigkeit misst und frei sein musste von Fliegendreck oder ähnlichem, als er nur leicht die Balance verlor und sich das sehr scharfkantige Loch vorne in seine Stirn bohrte, genau über der Nasenwurzel. Er blutete wie ein Schwein und verschwand per Wagen im Krankenrevier. Am kommenden Tag war er wieder nüchtern und fit zum Fliegen. Ein Pflaster zierte seine Stirn.

Da ich irgendwann vorher einmal die „Werkstattflug-Berechtigung" für den Starfighter erworben hatte, dafür musste man einen besonderen „Testpilotenlehrgang" in Jever absolvieren, wurde ich auserkoren, die letzte Maschine von Tanagra aus nach Hause zu fliegen. Es war der Tag unserer Abreise aus Griechenland. Ich hatte davor schon etliche Testflüge am Heimatstandort Eggebek durchgeführt. Nun drückte man mir ein Flugzeug in die Hand, bei dem während dieses Aufenthaltes in Tanagra wiederholt Probleme mit den Außentanks aufgetreten waren. Zufällig hatte ich ja nun bereits meine Erfahrung mit vier Außentanks gemacht, aus denen kein Sprit kam. Angeblich wäre der Schaden aber nun behoben. Mit vier vollen Außentanks rollte ich zur Startbahn. Auf dem Weg dorthin prüfte ich erst die Tanks an den Tragflächenspitzen und dann die beiden unter den Tragflächen hängenden vollen Behälter. Ich konnte an den Tankanzeigen einwandfrei erkennen, dass aus allen vier Tanks Treibstoff entnommen wurde. Also stand meinem Abflug nun nichts mehr im Wege. Alle anderen Starfighter waren bereits in der Luft und auf dem Wege nach Hause. Auch die Transall mit unseren Technikern und dem VW-Bulli an Bord war ebenfalls abflugfertig und rollte irgendwo kurz hinter mir her. Falls sich am Boden wider Erwarten doch noch ein Problem mit den Tanks herausstellen sollte, wäre die Transall zusammen mit mir am Boden geblieben, um erneut nach einem Fehler zu suchen. So war es vorher abgesprochen worden.

Ich kam gut in die Luft, verabschiedete mich höflich bei unseren Gastgebern und stieg auf größere Höhe. Es dauerte gar nicht lange, bis ich feststellen musste, dass wieder kein Sprit aus den Außentanks zum Haupttank im Rumpf floss. Offensichtlich hatte ich ein „In-der-Luft" Problem, das am Boden nicht nachzuvollziehen war. Da die Transall inzwischen auch bereits abgehoben hatte, entschloss ich mich nicht zu einer Umkehr. Stattdessen versuchte ich nun alle denkbaren Tricks, doch noch an den Treibstoff heranzukommen. Ich flog sogar eine kurze Weile im Rückenflug, wackelte heftig mit den Tragflächen, zog elektrische Sicherungen, aber nichts half. Ich begann zu rechnen. Ohne den Sprit aus den Außentanks könnte es sehr knapp werden bis zu meinem nächsten Zwischenstopp in Grosseto in Italien. Aber, so rechnete ich weiter, wenn ich den Außenwiderstand des Flugzeuges verringern würde, käme ich gerade so dort hin. Die einzige Möglichkeit, mein Gesamtgewicht und den Widerstand zu verringern, bestand im Abwurf der vier vollen Tanks, aus denen ich ja leider trotz aller Versuche noch immer keinen Sprit bekam. Noch einmal rechnete ich nach und dann sprengte ich die Außentanks ab. Das Flugzeug machte einen kleinen Hüpfer und ich konnte den Gashebel etwas zurücknehmen, ohne langsamer zu werden. Die vollen Spritbehälter müssen irgendwo zwischen Griechenland und Italien ins Wasser geplatscht sein. Es stand nichts in irgendeiner Zeitung über einen bombardierten Fischer. Der Weiterflug und die Landung in Grosseto verliefen normal, auch wenn sich der Spritzeiger nach dem Ausrollen bedenklich der roten „Empty"-Markierung näherte. Ein Tanklastwagen wartete bereits an meinem Abstellplatz.

Kurz nach unserer Rückkehr aus Griechenland beschloss unser neuer Staffelchef, seinen „Einstand" zu feiern und ein zünftiges Staffelfest zu geben. Unser damaliger Flugplatzmeister wohnte irgendwo in einem kleinen Einfamilienhaus am Waldrand. Er war nebenbei Jäger. Ab und zu wurde in seinem Haus auch sonst irgendein Staffelfest gefeiert. Er besserte damit offensichtlich sein Taschengeld auf. Dort in seiner „guten" Stube wurde also ordentlich gefeiert. Die Erlebnisse aus Tanagra waren noch ganz frisch und der „Staka" wollte all denen, die nicht mit in Griechenland waren, erzählen und demonstrieren, wie dort gefeiert und getanzt wurde. So stand er denn zu fortgeschrittener Stunde auf dem guten Stubentisch und zeigte allen den „Taschentuchtanz". An der Decke und genau vor seinem Gesicht hing eine alte Deckenleuchte aus den fünfziger Jahren. Die besaß etwa fünf trichterförmige gläserne Lampenschirme, die an einem sternförmigen Messinggestell schräg befestigt waren. Bei seinen Tanzvorführungen fiel er nicht nur beinahe nach hinten vom Tisch ins Stubenfenster, vielmehr störte ihn auch die Deckenleuchte. Wieso, weiß ich nicht mehr. Aber plötzlich behauptete er, dass er Glas essen könne. Und schwups hatte er bereits ein Stück Glas aus einem Lampenschirm mit dem Mund herausgebrochen. Wir waren nicht in der Lage, ihn davon abzuhalten. Erst als ihm eine scharfe Bruchkante einen ordentlichen Schmiss im Gesicht verpasste, stieg er mit unserer Hilfe vom Tisch herunter. Er sah ähnlich blutig aus wie vor kurzem in Tanagra. Es gab auch wieder ein Pflaster.

Später auf der Heimfahrt im Bundeswehrbus wurde ihm mehrfach so schlecht, dass der Bus anhalten und wir ihn in den Straßengraben begleiten mussten. Irgendwann in den frühen Morgenstunden kamen wir schließlich bei ihm zu Hause an. Mit drei Leuten bugsierten wir ihn in seine neue Wohnung, die er erst ein oder zwei Tage vorher mit Frau und zwei kleinen Kindern bezogen hatte. Seine Frau erschrak beinahe zu Tode, als sie uns und ihn in seinem Zustand sah. Wir kannten sie noch gar nicht und sie uns natürlich auch nicht. Und da stand sie nun im Nachthemd und in einer noch überhaupt nicht eingerichteten Wohnung. Wir schleppten ihn ins Bad, zogen ihm alle Klamotten aus und wuschen ihn, so gut es ging. Seine arme Frau musste die Kinder wecken und in die Ehebetten verfrachten, damit wir für unseren „Staka" im Kinderzimmer auf dem Fußboden eine größere Matratze ausbreiten und ihn dort schließlich „ablegen" konnten.

19. Kapitel
Der Absturz von Joachim von Hassel

Am 10. März 1970 wurde ich als Rottenführer zu einer Dreierformation eingeteilt. Unser Flugauftrag: einmal rechts rund um Fünen herum. Die dritte „F-104" meiner Formation sollte sich kurz nach unserem gemeinsamen Abflug aus Eggebek von uns trennen und danach irgendwo entlang unserer Route als „feindlicher Angreifer" fungieren und uns attackieren. Joachim von Hassel, Sohn des damaligen Bundestagspräsidenten Kai Uwe von Hassel, flog diese dritte Maschine. Der Flug verlief wie geplant. Joachim kam innerhalb der eineinhalbstündigen Flugzeit zweimal aus dem „Nichts" und versuchte uns „abzuschießen". Wir haben die entsprechenden Ausweichmanöver so geflogen, wie das vorgesehen war und wir konnten Joachim „abschütteln". Während des letzten Stücks unseres Fluges zum Heimatflughafen Eggebek waren wir nun wieder zu dritt im Formationsflug zusammen, an jeder Seite hatte ich einen „Wingman". Plötzlich begann meine Maschine sehr unangenehme Bewegungen um die Hochachse zu machen. Als wenn ich ständig rechts und links größere Ausschläge mit dem Seitenruder machen würde, so fühlte es sich an. Aber meine Füße hielt ich ganz still auf den Seitenruderpedalen. Ich erklärte den beiden, was gerade passierte, worauf sie erst einmal einen etwas größeren Abstand zu mir hielten. Sie flogen nun nicht mehr die üblichen eineinhalb Meter neben mir, sondern vielleicht zehn. Ich ging die Checkliste durch und zog die Sicherung für den Seitenruderdämpfer. Aber was ich auch versuchte, das Flugzeug verhielt sich unangenehm und unnormal. Ich beschloss daraufhin, für die bevorstehende Landung keine normale Platzrunde zu fliegen, sondern von Norden kommend im direkten und geraden Anflug die Landebahn anzusteuern und gleich aufzusetzen. Die beiden anderen sollten dann erst nach mir landen. Joachim bot sich an, ganz dicht hinter mir einzuschwenken und sich die ungewollten Ruderausschläge genauer anzusehen. Ich war einverstanden. Er setzte sich also mit seiner Maschine direkt hinter mich, vermutlich etwas tiefer bleibend, um nicht in meine Tragflächenwirbel zu geraten. Sehen konnte ich ihn in dieser Position nur vage und nur durch meine beiden Rückspiegel. Er konnte mir melden, dass das Seitenruder in einem gleichmäßigen Rhythmus etwa acht bis zehn Zentimeter nach jeder Seite ausschlagen würde. Genau so fühlte sich das bei mir im Cockpit auch an. Ich informierte den Eggebeker Kontrollturm und bekam sofort eine Landefreigabe für einen „Straight In". Joachim blieb an meiner linken Seite, etwas höher und nach hinten versetzt und blieb dort bis zu meinem Aufsetzen. Dann startete er durch, zog in niedriger Höhe links an mir vorbei und wurde vom Tower aufgefordert, auf unsere Radaranflugfrequenz zu wechseln. Er sollte anschließend eine vom Bodenradar geführte erweiterte Radarplatzrunde fliegen, um danach selber zu landen. Die Sicht in Bodennähe war an diesem wolkenlosen Tag nämlich nicht besonders. Es war bis in etwa 700 Meter Höhe sehr dunstig. Solche vom Radar in Eggebek geführten weiten „Platzrunden" waren völlig normal und wurden selbst bei guter Sicht üblicherweise sehr häufig so geflogen. Schließlich mussten ja auch die Soldaten unten an den Radargeräten pro Jahr eine bestimmte Anzahl an Anflügen nachweisen können.

Ich zog den Bremsschirm und rollte anschließend zum Abstellplatz. „Onkel Nico", unser Staffelfahrer, wartete bereits auf mich und brachte mich ins Staffelgebäude, nachdem ich vorher meine Ausrüstung in seinem VW-Bulli verstaut und dann noch das Bordbuch ausgefüllt hatte. Den inzwischen eingetroffenen Technikern musste ich noch kurz erklären, was passiert war. Gerade erst im Gebäude meiner Staffel angekommen wurde ich gefragt, wo ich denn Joachim gelassen hätte. Ich verstand die Frage nicht.

„Der fliegt noch ein GCA-Pattern...",

also eine vom Bodenradar über Funk geleitete Platzrunde,

„...der muss gleich unten sein" war meine Antwort.

Aber bereits in diesem Moment wussten alle in der Staffel und im Geschwadergefechtsstand, dass Joachim nur Minuten vorher in einem Wäldchen bei Sörup abgestürzt war. Ein Landwirt, der nur wenige Schritte neben der Absturzstelle in einem kleinen Häuschen wohnte, hatte gerade im Geschwader angerufen.

Die folgenden Stunden und Tage entwickelten sich dramatisch. Joachim von Hassel, der Sohn des Bundestags-Präsidenten und früheren Verteidigungsministers, war tot. Und ausgerechnet mit einem „Starfighter" war er abgestürzt. Und das alles zu einer Zeit, als in der Bundesrepublik heftige Diskussionen über die vielen Starfighterabstürze bei der Luftwaffe und der Marine geführt wurden. Wilde Gerüchte machten in der deutschen Presse die Runde, die Beschaffung gerade dieses Flugzeugmusters durch die Bundeswehr wäre mit Bestechung und politischen Skandalen behaftet. Joachim wohnte zu dieser Zeit, wie ich auch, in Tarp in der Flensburger Straße. Von meiner Wohnung konnten wir zu seiner hinüber sehen. Wir waren als Staffelkameraden sehr gut befreundet.

Kurz darauf machte sich unser Kommodore bereits in seinem Dienstwagen auf den Weg zur Hasselschen Wohnung. Unser Staffelchef und der Fliegerarzt saßen mit ihm im Wagen. Wenn zur damaligen Zeit der Dienstwagen eines Kommodore am helllichten Tag an einer Pilotenwohnung auftauchte, dann konnte das nur eines bedeuten. In der Flensburger Straße standen mehrere Ehefrauen hinter den Gardinen und schauten ängstlich auf die drei, die nun zur Haustür von Hassel gingen. Elke, Joachims Ehefrau, war nicht zu Hause. Unter den Blicken der Siedlung verschwand der Dienstwagen wieder vom Hof. Wie viele Telefongespräche in den nächsten Minuten liefen, kann ich mir gar nicht vorstellen. Wir anderen Piloten saßen ja noch immer mit gesenkten Häuptern im Staffelgebäude in Eggebek. In solchen Situationen war es der militärischen Telefonvermittlung in Tarp streng verboten, Gespräche ins zivile Telefonnetz durchzustellen. Aber irgendwo gab es immer jemanden, der das zu umgehen wusste. Es gab auf dem Flugplatz sogar eine öffentliche Telefonzelle. Ich glaube, die stand an der Hauptwache zum Flugplatz. Mobiltelefone waren zu der Zeit noch gar nicht erfunden.

Der Kommodore, wo er mit seinem Dienstwagen auch immer gewartet haben mag, traf nun zum zweiten Male an der Wohnung ein. Elke war gerade zurückgekehrt. Im Staffelgebäude warteten wir auf erste Nachrichten zum Unfallhergang. Es kam ein Anruf aus der Flensburger Straße. Die ersten Fotografen würden die Hasselsche Wohnung belagern.

Da an weiteren Flugbetrieb an diesem Tag sowieso nicht zu denken war, machte sich die halbe Staffel mit ihren Fahrzeugen sofort auf nach Tarp. Da ich ja genau gegenüber wohnte, war ich einer der ersten vor Ort. Was sich dort vor der Wohnung abspielte und sich in den nächsten Stunden noch abspielen sollte, war nicht zu beschreiben. Vertreter etlicher Presseagenturen reisten mit Fotoausrüstungen an. Man hatte schon vor unserem Eintreffen versucht, in die Hasselsche Wohnung zu gelangen, noch während der Kommodore mit Gefolge dort anwesend waren. Als die schließlich die Wohnung verlassen hatten, begann eine förmliche Belagerung. Wir Staffelkameraden kamen gerade noch rechtzeitig, um Schlimmeres zu verhindern. Einige Ehefrauen von Fliegerkameraden waren inzwischen bei Elke. Ein Fotograph hatte es sogar bis in die Wohnung geschafft. Wir mussten den richtig verprügeln und in hohem Bogen aus dem Haus werfen. Seinen Knipskasten konnten wir ihm abnehmen. Ich konnte in letzter Minute zusammen mit meinen Kameraden einen anderen daran hindern, unter dem niedrig über dem Erdboden liegenden Balkon zu kriechen und dort durch ein offenes Kellerfenster einzusteigen. Ich glaube, einige dieser Sensationshascher mussten mit einem blauen Auge und ohne Fotos von dannen ziehen.

Für den kommenden Tag hatte sich Joachims Vater angesagt. Er kam mit einer Bundeswehrmaschine aus Bonn und landete in Eggebek. Ich wurde ihm als Begleitoffizier zugeteilt und blieb mehr oder weniger so lange an seiner Seite, wie er sich im Geschwader und aus diesem Anlass hier oben im Raum Tarp / Eggebek aufhielt.

Nur wenige Tage später wurde auf dem Flugplatz Eggebek die große militärische Trauerfeier abgehalten. Das ganze Geschwader nahm daran teil. Neben der Witwe Elke von Hassel, ihren beiden Söhnen und Joachims Vater Kai Uwe waren auch noch etliche andere Prominente gekommen. Fliegerkameraden und Crewmitglieder von Joachim kamen aus der gesamten Bundesrepublik angereist, Piloten von weiter weg kamen sogar mit Starfightern.

Zu dieser Zeit war es aus solch traurigen Anlässen noch üblich, eine sogenannte „Lost Wingman Formation" zu fliegen. Das war eine „Viererformation", bei der an der Position der Nummer

Drei der Platz freigelassen wurde. Dort fehlte also einer in der Formation. Über Funk wurde diese Staffel genau in dem Moment direkt über die Halle geleitet, als der Sarg angehoben wurde. Mit ohrenbetäubendem Lärm und in nur geringer Höhe überflogen drei Starfighter die Trauergemeinde. Das war dann ja auch der Moment, an dem Elke vollends zusammenbrach. Erst in späteren Jahren wurde dieses sehr an die Nerven gehende Zeremoniell zumindest in der Bundeswehr abgeschafft. Joachim wurde in Glücksburg an der Ostsee im Familiengrab beigesetzt.

Trauerfeier Joachim von Hassel

Beerdigung Joachim von Hassel. Sein Vater steht hier zwischen Kameraden des MFG 2.
Kai Uwe von Hassel war zu dieser Zeit Bundestagspräsident.

Unser Flugbetrieb ruhte nur ein oder zwei Tage. Da sich kein technischer Fehler in den Trümmern seiner Maschine feststellen ließ, ging unser Flugbetrieb anschließend normal weiter. Ich erspare mir an dieser Stelle, die in den darauf folgenden Tagen veröffentlichten Artikel in der deutschen Presse zum Unglück zu zitieren oder zu kommentieren. Alle Artikel endeten in einer entsetzlichen Schlammschlacht auf politischer Ebene. Ich selber bin übrigens zu keiner Zeit von irgendeiner Seite zu dem Unfall befragt worden, obwohl ich der letzte war, der ihn lebend gesehen hat, als mein Flügelmann an meiner Seite. Als Unfallursache wurde, soweit ich mich erinnere, ein plötzlich aufgetretener Schwächeanfall genannt. Der wiederum könnte im Zusammenhang damit stehen, dass er vorher nichts gegessen hatte. Ich selber saß allerdings vor unserem gemeinsamen Flug mit Joachim zusammen am Esstisch in unserer Staffel. Aber wie gesagt: ich bin niemals von irgendeiner Seite zu diesem verhängnisvollen Flug befragt worden. Ich hätte meine eigene Theorie zur Unglücksursache gehabt.

20. Kapitel
Der Flugbetrieb geht weiter

Andere Flüge führten uns in großen Höhen durch halb Europa und bis hinauf nach Norwegen und zurück. Wenn wir über der Ost- oder Nordsee fliegen mussten, um „Schiffe zu jagen", dann ging das ausnahmslos nur in Zweierformation. Falls dann jemand abstürzen würde, wüsste der zweite Mann zumindest, wo genau das gewesen war. Obwohl wir die „Aufklärer" waren und meist nur mit unserer eingebauten Filmkamera flogen, hatten wir natürlich auch eine sehr hohe Anzahl Schieß- und Bombeneinsätze zu fliegen. Das hatte die NATO so vorgegeben. Am einfachsten für uns Eggebeker war ein solcher Einsatz auf dem Schießplatz am „Ellenbogen" auf der Insel Sylt. Allerdings krachten unsere Geschosse, Raketen und Bomben nur in den Wintermonaten in die abgesperrten Dünen. Es gab auch die Möglichkeit, aber nur bei ruhigem Wetter, zwischen dem Festland und der Insel Helgoland auf ein Seeziel zu schießen. Dafür lag im Helgoländer Hafen extra ein Schlepper der Bundesmarine bereit, der dann auf Anforderung ein schwimmendes Ziel hinter sich her zog. Geschossen werden durfte allerdings nur, wenn kein Fischer in Sicht war. Auch eben nördlich von Damp lag ein allerdings dort fest verankertes Seeziel vor der Küste. Spaziergänger konnten unsere Treffgenauigkeit vom Schönhagener Hochufer aus bewundern. Im Laufe der Jahre regte sich dann allerdings immer mehr aus einer bestimmten politischen Richtung der Widerstand gegen unsere Flüge auf diesen Schießplätzen, so dass diese nach und nach restriktiver gehandhabt und schließlich für immer verboten wurden. Dafür flogen wir dann über die Nordsee bis nach Terschelling in Holland, wo die Holländer auch für uns einen Schießplatz bereit hielten.

Interessant waren unsere Flüge ins Ausland. Unter der Bezeichnung „Fernflüge" klapperten wir nach und nach alle europäischen NATO Länder ab. Ein typischer „Long Range Flight", den ich hier als Beispiel erzähle, fand zusammen mit einem Staffelkameraden statt. Der Flug sah wie folgt aus: am Freitag, nach dem Frühstück bei „Tante Sophie" bei uns im Staffelgebäude, flogen wir in nur einem „Hop" nach Decimomannu auf Sardinien. Flugzeit: eindreiviertel Stunden. Dort nahmen wir ein zweites Frühstück ein, während unsere Maschinen aufgetankt und mit frischem Sauerstoff versehen wurden. Weiterflug gegen 11:00 Uhr. Unser nächster Zwischenstopp lag in Tanagra/ Griechenland. Dieser Platz liegt eben nördlich von Athen in einem riesigen Tal. Flugzeit nach dort: eine Stunde und vierzig Minuten. Hier gönnten wir uns ein leckeres, typisch griechisches Mittagessen. Ich kannte Tanagra bereits von unserem früheren Staffelaustausch. Weiterflug etwa 14:30 Uhr. Während die ersten beiden Teilstrecken in sehr großer Höhe durchgeführt wurden, planten wir nun eine Tiefflugstrecke übers Mittelmeer und über die schöne Inselwelt der Ägäis. Von Tanagra aus und in 500 Fuß Höhe (etwa 160 Meter) und wieder mit 450 Knoten Geschwindigkeit überflogen wir Antimilos, die Insel Kreta von West nach Ost, Kasos, Karpathos, Rhodos, Kos, Lesos, Patmos und schließlich Ikaria. Von dort meldeten wir uns beim Tower des Militärflughafens in Izmir in der Türkei für eine Landung an. Flugzeit: eine Stunde und vierzig Minuten. Natürlich wurden diese Auslandsflüge vorher diplomatisch angemeldet, aber innerhalb der NATO war das nie ein Problem. Es war noch immer der Abflugsfreitag und wir nutzten die Abendstunden, um in Izmir Land und Leute kennenzulernen. Samstag war ein Besuch auf einem Basar angesagt und abends musste ich zumindest für eine kurze Weile einen Bauchtanz mit der leierigen Musik dazu ansehen und anhören. Dicke Weiber, die mit ihren „Rettungsringen" um die Hüfte herum wackeln, waren und sind nun so gar nicht mein Fall. Unterkunft fanden wir dort in Izmir übrigens in einem amerikanischen Vertragshotel mit Blick auf den Hafen. Nun stand uns noch immer der ganze Sonntag mit Stadtbesichtigung und etwas Ruhezeit zur Verfügung. Ein Dienstwagen der türkischen Luftwaffe holte uns am Montag pünktlich um 08:00 Uhr vor dem Hotel ab. Bevor wir einsteigen konnten, wurde ich Augenzeuge des folgenden Ereignisses: unser Fahrer, ein einfacher Soldat, stand im Stillgestanden am Wagen, während ihn ein türkischer Offizier ansprach. Wir blieben stehen, um nicht zu stören. Plötzlich knallte der Offizier dem Fahrer mit offener Hand eine ins Gesicht, so dass der arme Kerl beinahe umfiel. Und das vor einem Hoteleingang auf öffentlicher Straße. Der Offizier ging seines Weges und wir zum Wagen. Schluchzend verstaute der Soldat unser weniges Gepäck im Kofferraum und fuhr uns zum Flugplatz. Während der ganzen Fahrt rollten ihm dicke Tränen über die Wangen. Leider konnten wir uns nicht mit ihm unterhalten. Er sprach kein Englisch, wir kein Türkisch. Unser Rückflug, wieder in großer Höhe, führte nun direkt nach Grosseto in Italien. Nach kurzem Tankstopp ging es von dort im Direktflug zurück nach Eggebek. Kurz nach Mittag waren wir wieder zu Hause. Solche Flüge machte ich öfter nach Norwegen, Holland, England und Schottland.

Als Starfighter-Pilot in Eggebek

21. Kapitel
Als Bergungsleiter bei der Segel-Olympiade in Kiel

1970 und 1971 wurde ich jeweils für zwei Wochen zur Kieler Woche abgestellt. Ich war inzwischen überall als Segler bekannt und man fragte mich, ob ich Lust hätte, im Hinblick auf die bevorstehende Segel-Olympiade 1972 während der Spiele den Posten des Bergungsleiters zu übernehmen. Ich fand die Idee toll und so kam es, dass ich bereits während der letzten beiden Kieler-Woche-Regatten auf ein Landungsboot eingeschifft wurde. Mit diesem Landungsboot der Bundesmarine sollten Erfahrungen gesammelt werden. Man hatte sich ausgedacht, während der Olympischen Segelwettbewerbe jeweils ein Landungsboot an jede Regattabahn der Jollen und kleineren Yachten zu legen und diese Landungsboote als Sicherungs- und Sammelpunkte für beschädigte Regattaboote zu nutzen. Auch sollten eventuell notwendige Rettungseinsätze von diesen Booten aus gestartet werden. Dazu wurden auch Minentaucher und Kampfschwimmer mit ihren schnellen Schlauchbooten eingeplant und eingeschifft. Ich selber sollte nun während der zwei noch bevorstehenden Kieler Wochen alles erproben und letztlich das Erforderliche veranlassen, damit die Bergungsorganisation funktionieren konnte. Letztlich sollte ich von meinem „Führungsboot" auch die anderen Landungsboote an der Funkstrippe haben und alle erforderlich werdenden Einsätze während der Olympiade leiten und koordinieren. Die beiden Kieler Wochen vorher liefen sehr gut und ich konnte Vorschläge machen, wie die Landungsboote noch modifiziert werden müssten, um zum Beispiel gekenterte Jollen, die nicht mehr einsatzfähig waren, über die Bugrampen unbeschadet aufnehmen zu können. Dafür wurden vorne an den Rampen große Rollen angebracht und auf die Stahlrampen kamen dicke Holzbohlen, um die Boote nicht zu verschrammen. Nach 1970 wurden die ersten Modifikationen vorgenommen und nach dem Einsatz auf der Kieler Woche im Jahre 1971 noch einmal nachgebessert. Zu Beginn der Olympiade war dann alles perfekt organisiert.

Ich hatte sehr viele Soldaten der Kampfschwimmer-Kompanien und der Minentaucher unter meinem Kommando.

Über Funk war ich schließlich auf Heeresfunkgeräten mit der Wasserschutzpolizei, der Deutschen Gesellschaft zur Rettung Schiffbrüchiger, dem Deutschen Roten Kreuz, dem Malteser Hilfswerk und mit den anderen Landungsbooten verbunden und konnte mich so mit denen jederzeit koordinieren.

Ich glaube, die folgende Geschichte passierte gleich zu Beginn der Olympiade. Ein kleineres französisches Regattaboot war aus unerklärlichen Gründen gesunken. Die Untergangsstelle wurde mit einer Boje markiert. Niemand kam zu Schaden. Das Boot sollte natürlich so schnell wir möglich gehoben werden. Die Ostsee war an der Untergangsstelle nur 19 Meter tief. Als Bergungsleiter machte ich mich noch abends auf den Weg zu den Minensuchern in Kiel-Wik. Die lagen dort im Marinestützpunkt und fuhren tagsüber geladene Gäste zu den Regattabahnen. Daneben wurde pro Regattabahn ein weiteres Minensuchboot als Start- und Zielschiff eingesetzt. Das Olympische Komitee und die zivilen Stellen der Stadt Kiel waren für eine derartige internationale Veranstaltung dringend auf die Hilfe der Bundeswehr angewiesen. Das für eine solche internationale Großveranstaltung erforderliche Material und das nötige Hilfspersonal. konnten nur das Heer, die Luftwaffe und die Marine zur Verfügung stellen.

Der Befehlshaber der Flotte bei mir an Bord „meines" Landungsbootes.
(Segelolympiade in Kiel 1972)

Ich brauchte nun aber dringend einen Minensucher für die Bergung des gesunkenen Segelboots. Es kam nur ein Minensucher in Frage, der am kommenden Tag „nur" zu Gästefahrten eingeteilt war. Ich meldete mich an Bord und ließ den Kommandanten holen und verkündete ihm sein „Glück". Er müsse mit mir bereits um vier Uhr morgens auslaufen, damit wir früh an der Unfallstelle und möglichst mit der geborgenen Yacht wieder so rechtzeitig in Kiel-Schilksee eintreffen würden, dass die dann vormittags auslaufenden Regattaboote nicht durch uns gestört würden. Er war natürlich gar nicht begeistert, aber Dank meiner Spezialaufgabe konnte ich ihn zu meinem Bergungsschiff „ernennen", um nicht zu sagen „befehlen". Um Punkt vier machten wir uns auf den Weg. Etwa eine Stunde später sah ich die Markierungsboje. Kurz darauf war ich meiner ersten Verzweiflung nahe, als ich mit ansehen musste, wie stümperhaft der Kommandant sein Boot manövrierte und schließlich viel zu weit von der Boje entfernt seinen Anker warf. Ich hatte versucht, ihm zu erklären, wie ich mir das Manöver vorstellen würde. Aber da ich in seinen Augen ja nur ein „Luftrowdy" war, er konnte ja nicht wissen, dass ich früher einmal Nautiker war, kam es zu keinem vernünftigen Gespräch. Die Boje lag schließlich etwa 30 Meter schräg vor uns an der Steuerbordseite. Ein Minentaucher, den ich von meinem Landungsboot-Team mitgebracht hatte, machte sich klar zum Tauchgang. Die Grundidee war nun ganz einfach. Er sollte am Heck des Minensuchers an einem Schleppdraht des Bootes hängend einfach ins Wasser bis auf den Grund der Ostsee hinabgelassen werden, die Yacht mit einem Schäkel am Draht befestigen und der Minensucher hätte den Havaristen ganz einfach am Heck hochziehen können. Eine feste Öse zum „Kranen" befand sich im offenen Cockpit der Yacht. Also einhaken und hochziehen. Das wäre alles gewesen. Nun aber lag die Yacht 30 Meter vor uns plus die Länge des Minensuchers. Minensucher eignen sich für eine derartige Aufgabe prinzipiell hervorragend, da sie auf ihrem Achterschiff riesige Winden mit langen Drahtseilen haben. Damit schleppen sie normalerweise ihr Minenräumgerät. Mein Taucher hing am Draht und verschwand langsam in den Fluten. Ich schaute mir das nur einen Moment an, ging dann zu dem Bootsmann, der die riesige Winde betätigte und bat ihn inständig, die Winde doch bitte etwas schneller ablaufen zu lassen. Der schaute allerdings nur stur geradeaus und beließ es, wie es war. Ich beschwöre daraufhin einen Offizier der Besatzung, er möge seinem Bootsmann eine entsprechende Anweisung geben. Nichts! Ich kam mir wie gar nicht anwesend vor. Ich ließ den Kommandanten holen, der sich auch nur widerwillig das anhörte, was ich ihm vorschlug. In dieser Morgenstunde schienen mir alle an Bord irgendwie total kontraproduktiv gewesen zu sein. Es dauerte ewig, bis erst ein paar Meter vom Draht abgespult waren. Ich sah die Luftblasen von meinem Taucher nun gerade einmal seitlich vom Heck des Bootes aufsteigen. Man stelle sich nun bitte vor: der Taucher wird viel zu langsam vom Heck des Minensuchbootes neunzehn Meter bis zum Grund der Ostsee abgelassen. Von dort muss sich der Taucher zu Fuß auf den Weg zur untergegangenen Yacht machen. Dafür muss er etwa 100 Meter über den Meeresgrund laufen und dabei eine schwere Stahltrosse hinter sich herziehen. Der Taucher, noch nicht viel weiter gekommen als wo gerade eben noch seine Luftblasen aufstiegen, tauchte urplötzlich an der Wasseroberfläche auf. Ich erspare mir die Wiedergabe seiner Schimpfkanonade, die hier nun im Morgengrauen über der ruhigen Ostsee losdonnerte. Das Wort „Idioten" kam mehrfach darin vor. Nun hatte wohl auch der Kommandant ein Einsehen und tat nun endlich, was er bereits längst hätte tun müssen. Die Winde drehte sich nun in einer schnellerer Gangart. Wie lange das Manöver insgesamt gedauert hat, weiß ich nicht mehr. Der Taucher erschien irgendwann neben der Boje an der Wasseroberfläche und meldete die Yacht am Haken. Die Winde begann ihre weitere Arbeit und spulte den Draht wieder auf. Diesmal hätte ich es lieber gesehen, wenn es langsamer vonstatten gegangen wäre. Ich will meine Erzählung an dieser Stelle wieder etwas abkürzen. Das Boot kam sehr, ich meine sehr ramponiert am Heck des Minensuchbootes zum Vorschein. Beim Hieven bis an die Wasseroberfläche verhakte sich auch noch der Mast unter dem Heck des Bootes und brach krachend in zwei Teile. Der Bootsmann an der Winde hatte einfach nicht zugehört und die Winde weiter ziehen lassen, auch noch, als die halbe Besatzung „Stopp" schrie. Da der Minensucher nicht so geankert hatte, wie ich es anfänglich vorgeschlagen hatte, nämlich genau gegen den Wind zur Markierungsboje und dann mit länger werdender Ankerkette soweit achteraus, bis die Markierungsboje genau am Heck zu liegen gekommen wäre. Dann hätte die Yacht senkrecht unter unserem Heck gelegen und es wäre sehr einfach gewesen, sie anzuheben. Nun aber hatte man das Regattaboot erst einmal etwa einhundert Meter über den Ostseegrund zerren müssen. Das Ergebnis konnte man nun auch sehr deutlich „bewundern" Es war einfach nur eine Schande und meine Meinung zu Minensuchern nahm an diesem Tag eine bestimmte Richtung ein.

Wie sich später herausstellte, wollten die französischen Segler hier einen netten Versicherungsbetrug begehen.

Meine Eltern mit mir auf „meinem" Landungsboot.
(Segelolympiade in Kiel 1972)

22. Kapitel
Der Sauerstoffzwischenfall

Ich war an einem ganz normalen Tag mit einem Rottenflieger an meiner Seite unterwegs auf einer „Baltic Express Mission". Solche Flüge machten wir regelmäßig über der Ostsee. Dabei führte solch eine Flugroute in der Regel nördlich an der Ostseeinsel Bornholm vorbei, und viele Seemeilen später drehte man dann erst nach Süden auf die polnische Küste zu, um danach mit dem vorgeschriebenen 12-Meilen-Abstand entlang der Küste nach Westen zurückzufliegen. Auf dem Rückflug kam man etwas später an Rügen vorbei und schließlich wieder in „heimatliche" Gewässer. Aufgabe war es, russische, polnische und DDR-Kriegsschiffe aufzuspüren und mit der Bordkamera zu fotografieren. Ich weiß nicht, wie lange wir bereits im Tiefflug über der Ostsee unterwegs waren, als ich plötzlich „Sterne" vor meinen Augen tanzen sah. Nur für einen Moment, gar nicht lange hielt dieser Zustand an. Dann war plötzlich alles wieder wie gewohnt. Mich beunruhigten diese wenigen Sekunden allerdings und ich beschloss, den Flug vorzeitig abzubrechen und direkt zum Platz zurückzufliegen. Es wurde eine normale Landung. Der Fliegerarzt erwartete mich am Flugzeug und mir wurde eine Atemprobe entnommen. Es hatte vorher bereits mit Starfightern mehrere Sauerstoffzwischenfälle gegeben. Es gab einmal sogar einen tödlichen Unfall, bei dem eine „F-104" der Luftwaffe in große Höhe aufstieg und dann mit beinahe Nordkurs stur geradeaus über die Nordsee flog. Ich glaube, erst waren die Dänen mit ihren „F-104" hinter ihm her, später wurde er von norwegischen Starfightern begleitet. Der Pilot saß nach vorne gebeugt in seinem Cockpit und reagierte auf nichts. Sein eingeschalteter Autopilot flog ihn in gleichbleibender Höhe und immer auf demselben Kurs weiter nordwärts. Irgendwann ging dem Flugzeug dann schließlich der Sprit aus und das Flugzeug stürzte mit seinem Piloten in Norwegen ab. Man vermutete als Ursache Probleme mit der Sauerstoff-Versorgung. Nun wollte man bei mir prüfen, ob eventuell auch mit meinem Sauerstoff etwas nicht in Ordnung gewesen sein konnte. Ich erfuhr nur wenig später, man habe Verunreinigungen im Sauerstoff gefunden.

Etwa zwei Monate später wurde ich dann aber ins Bundeswehrkrankenhaus nach Hamburg beordert. Dort sollte ein Arzt an mir einen Versuch machen. Es war geplant, mir erst die eine, dann die andere Halsschlagader völlig zuzudrücken. Der Arzt empfing mich zwar, teilte mir aber mit, er würde die Untersuchung nicht machen, weil er mich schließlich nicht umbringen wollte. Ich wurde zu einem anderen Arzt geschickt. Der griff mir dann auch tatsächlich so kräftig an den Hals, dass mir nach etlichen Minuten ganz langsam schwindlig wurde, worauf er den Druck nachließ. Ich durfte wieder nach Hause und auch wieder ganz normal weiterfliegen. Es gab danach auch nie wieder Probleme.

Drei Monate später kam ein Fernschreiben vom Medizinischen Institut der Luftwaffe in Fürstenfeldbruck, ich dürfte bis auf Weiteres nur noch in Begleitung eines anderen Piloten fliegen. Ich war also erst einmal auf unsere Doppelsitzer verbannt. Dann aber wurde mir offiziell mitgeteilt, dass mir das weitere Fliegen wegen unklarer medizinischer Befunde in meinem Fall untersagt würde. Das war Anfang 1973. Ich legte dagegen Widerspruch ein, weil mir bis auf diese wenigen Sekunden des „Sternesehens" nie irgendetwas an mir aufgefallen war und ich mich in einem Top Zustand befand. Aber wenn man einmal in eine solche Mühle geraten war, dann war man ziemlich machtlos. Ich diskutierte mit dem Chefarzt in „Fürsti". Der versprach mir, sich meiner Sache noch einmal persönlich anzunehmen. Letztlich wurde vorgeschlagen, dass ich mich einer weiteren Untersuchung in der Universitätsklinik in München unterziehen sollte. Natürlich fuhr ich im eigenen Auto in die Uni. Ein Professor Dr. Kugler sollte mich untersuchen. Ich hatte ein sehr kurzes Gespräch mit ihm. Er erklärte mir, dass mir wahrscheinlich auch das fehlte, was 25 Prozent der Erdbevölkerung gar nicht hätten, nämlich eine bestimmte Blutader im Kopf, die quer von einer zu anderen Seite verlief. Da ich aber unbedingt wieder fliegen wollte und nun als letzte Möglichkeit diese Untersuchung sah, willigte ich ein. Er versicherte mir, es wäre ein ganz kleiner Eingriff. Man würde mir ein harmloses Kontrastmittel spritzen, meinen Kopf röntgen, und das sei dann auch schon alles. Eine Schwester kam und gab mir eine Spritze.

„Legen sie sich einfach hier hin, ich komme gleich wieder" sagte sie und verschwand.

Es dauerte und dauerte und ich stand schließlich auf, um jemanden zu fragen, wann ich denn nun geröntgt würde und überhaupt…

„Um Himmels Willen, legen sie sich sofort wieder hin".

Nur Sekunden später, ich lag gerade wieder, muss ich die Besinnung verloren haben.

Irgendwann später wachte ich in einem OP auf, nicht ahnend, was mit mir geschehen war. Zu allem Übel wurde ich, noch immer halb benommen, mit einem Bundeswehr Sanitäts-Kraftwagen als liegender Patient ins Bundeswehr-Krankenhaus München „abgeschoben". Der Herr Professor hatte seine Arbeit erledigt und mir ging es erst einmal sehr schlecht. Dieser Eingriff unter Vollnarkose wurde übrigens ganz ohne mein Wissen und ohne meine Zustimmung gemacht. Ich hatte vorher weder eine wirkliche Belehrung über eine Vollnarkose erhalten, noch eine entsprechende Einwilligung unterschrieben.

Die Bundeswehrärzte waren sehr schlecht bis gar nicht darüber informiert, was man mit mir in der Uniklinik angestellt hatte. Ich wusste das leider auch nicht und versuchte erst einmal zu erklären, dass mein privates Auto vor der Uniklinik im Parkverbot stehen würde. Ich hatte nach dem Gespräch bei Herrn Professor Kugler angenommen, es handele sich um eine in nur wenigen Minuten erledigte Röntgenaufnahme. Nun lag ich allerdings in München irgendwo bei der Bundeswehr im Krankenbett und es ging mir überhaupt nicht gut. Dass ich über einen Herzkatheter von der Leiste aus mit Kontrastmittel ins Gehirn versorgt worden war, habe ich erst viel später erfahren. Der Bluterguss in meiner rechten Leiste reichte hinunter bis zum Knie. Den ausführenden Arzt möchte ich noch heute gerne zu fassen bekommen, zusammen mit dem Herrn Professor. Das mit meinem falsch geparkten Auto konnte ich im Moment dann auch nur schwer erklären, weil ich plötzlich nicht mehr klar sprechen konnte. Das ganze Bundeswehrkrankenhaus schien sich nun rührend um mich zu kümmern. Erst einmal wurde mit der Uni-Klinik telefoniert um sich schlau zu machen, was man denn mit mir überhaupt angestellt hätte. Ein Informationsfluss schien vorher gar nicht vorhanden gewesen zu sein. Als es mit meinem Sprechen wieder etwas besser ging, rief ich sofort bei meiner Frau in Tarp an, sie möge bitte umgehend per Bahn nach München kommen, irgendetwas hätte man hier mit mir angestellt. Und mein Auto stünde auch noch immer im Parkverbot vor der Uni-Klinik. Sie kam mit dem nächsten Zug. An meinem Auto steckte inzwischen ein Zettel der Klinik „Der Fahrer dieses Wagens wurde als Notfall in der Uni-Klinik aufgenommen, Telefon soundso". Und: es gab kein Knöllchen. In München schienen nettere Politessen zu arbeiten, als in Norddeutschland.

Ich war bereits am darauffolgenden Tag mit meiner Frau auf dem Wege nach Hause nach Tarp und etwa eine Woche später durfte ich auch wieder „F-104" fliegen. Allerdings mahlten die Mühlen im Hintergrund weiter und weitere drei Monate später musste ich meinen Militärflugzeugführerschein erst einmal abgeben.

Ich behielt aber alle meine privaten Flugzeugführerscheine und mit meinem noch gültigen amerikanischen Berufsflugzeugführerschein meldete ich mich beim Luftfahrtbundesamt zur Prüfung für den deutschen Berufsflugzeugführerschein an. Ich wollte den amerikanischen eins zu eins in einen deutschen Flugschein umwandeln lassen. Ohne jede spezielle Vorbereitung und nur mit meinen bisherigen Flugerfahrungen und Lizenzen aus der Militärfliegerei fuhr ich also nach Braunschweig. Eigentlich hatte ich gar nicht so viele Probleme beim Ausfüllen der Fragebögen. Aber als ich im Luftrecht dann danach gefragt wurde, wie breit die weißen Striche auf einer Startbahn zu sein hätten, da fiel mir nicht mehr ein, als zu antworten: „…so breit der Maler sie gemalt hat. Dem Maler müssen Sie diese Frage stellen. Ich steige doch nicht aus meinem Flugzeug aus, um das nachzumessen". Als ich bereits im Jahr 1957 meinen PKW Führerschein erwarb, wurde seinerzeit auch schon mal so blöd gefragt. Damals wollte man von mir wissen, wie weit die Autoscheinwerfer höchstens von der Außenseite eines Autos zur Mitte hin versetzt sein durften. Ich schlug damals vor, das den Autoherstellern zu sagen.

Wegen des nicht gewussten Maßes der Mittellinien und einiger weiterer so überflüssiger Fragen fiel ich durch die Prüfung. Ich kaufte daraufhin einen Fernlehrgang, büffelte die Antworten zum Luftrecht und durfte nach bestandener Prüfung anschließend zweimotorige Zivilmaschinen fliegen. Mit meinen neuen Fluglizenzen bin ich in den kommenden Jahren insgesamt mehr geflogen, als mit der „F-104". An öffentlichen Flugtagen zog ich mit einem Doppeldecker vom Typ „Great Lakes" oder einer ehemaligen Luftwaffen „Piaggio 149 D" im Kunstflugprogramm meine Kreise und belustigte die Zuschauer. Nur den Starfighter durfte ich nun nicht mehr fliegen.

23. Kapitel
Als Hörsaalleiter an der Marineschule-Mürwik

Mit einem ehemaligen Handelsschiffsoffizier, der nach seiner militärischen Grundausbildung und einem einjährigen Offizierlehrgang nichts weiter gemacht hatte, als schnelle Jagdbomber zu fliegen, wusste man nicht wirklich etwas anzufangen. Daher wurde in Bonn entschieden, mich an der Marineschule-Mürwik zum Hörsaalleiter zu machen. Auf solch einem Posten ist man so etwas wie ein „Mädchen für Alles" für seinen Hörsaal. Meine Schüler sollten zu den damals gerade neu in der Marine eingeführten Fachoffizieren ausgebildet werden. Es gab auch bereits ein oder zwei Jahre vorher für bewährte Portepèe-Unteroffiziere die Möglichkeit, über einen nur sechs Wochen dauernden Lehrgang an der „Burg" Marinefachoffizier zu werden. Meine Gruppe war jedoch die erste, die dafür ein ganzes Jahr lang die Schulbank an der Marineschule drücken sollte. Es handelte sich dabei um 24 gestandene Portepèes, die fast alle verheiratet waren. Der einzige Unterricht, den ich selber als Lehrer in meiner Gruppe zu geben hatte, war theoretische und praktische Seemannschaft. Dafür waren pro Woche eine ganze Stunde Theorie und an einem einzigen Vormittag 6 Stunden Praxis auf meinem Stundenplan angesetzt. Das ergab für mich immerhin sieben Stunden „Arbeit" pro Woche. Ich bin in den ersten Wochen dieses Frühjahrs 1973 an der Marineschule fast vor langer Weile gestorben. Um dem vorzubeugen, fand ich schnell einige Ersatzbeschäftigungen. Erst einmal verlegte ich meinen Dienstbeginn auf später am Tag. Das fiel sowieso niemandem auf, da ich nicht im Hauptgebäude der Schule, sondern zusammen mit meinen Fachoffizieranwärtern in einer der Baracken hauste, die noch aus dem Jahre 1937 stammten und als „Trampedachlager" bekannt waren. Außerdem stellte ich mir einen kleinen Fernseher in mein „Dienstzimmer". Die Sesamstraße kannte ich später in- und auswendig. Zusätzlich besorgte ich mir eine Staffelei. Auf der begann ich Einfamilienhäuser zu entwerfen. Einige meiner Grundrisse sind daraufhin unter anderem in Langstedt bei Eggebek von Kameraden verwirklicht worden.

Pilotenfreunde von mir haben dort in den siebziger Jahren Häuser nach meinen Plänen gebaut.

Für meine Frau und mich entwarf ich selber auch ein schönes Einfamilienhaus. Ein Grundstück dafür fanden wir in Bollingstedt. Das erwarb ich für ganze sechzehn Mark pro Quadratmeter, erschlossen! Mit geschickter Verhandlung überließ mir der Bollingstedter Bürgermeister sogar noch weitere 500 Quadratmeter, für je eine Mark den Meter. Insgesamt betrug die Größe unseres Grund und Bodens damit etwas über 2500 qm. Dafür habe ich damals lediglich um die 40.000,- Mark bezahlt. Mit meinen eigenen Konstruktionszeichnungen ging ich zu drei Bauunternehmern in der Umgebung. Einer machte gerade Pleite, ein anderer wollte einen völlig aus der Luft gegriffenen Preis haben und der dritte Unternehmer lud mich zum Gespräch in sein Büro ein. Ich hatte dazu einen Vertrag mitgebracht, den ich auch selber ausgetüftelt hatte. Der bestand aus nur sechs Paragraphen. Um den zu lesen und schließlich zu akzeptieren, brauchte der Unternehmer bestimmt zehn Minuten. So lange saß er völlig stumm an seinem Schreibtisch und vor meinem Papier. Dann sagte er nur trocken: „denn möt ik dat wohl ünnerschrieven". Als Baubeginn war der erste Juni 1973 vertraglich festgelegt. Das Haus sollte am ersten Dezember desselben Jahres bezugsfertig sein. Als er die Baustelle zum allerersten Mal betrat, war gerade das früher dort gelegene Getreidefeld abgeerntet. Wir schrieben allerdings bereits Mitte August. Ich mache es kurz: Anfang September maß er die Baustelle aus und der Rohbau inklusive Dacheindeckung war vier Wochen später fertig. Es war kein kleines Haus. Mit der integrierten Garage stand das Gebäude auf einer 200 qm großen Betonplatte. Einen „Eindrittelkeller" hatte das Haus auch. Was mich überraschte: seine Bauarbeiter, allesamt sehr fleißige Männer, gehörten zur Flugplatzfeuerwehr in Eggebek. Ich kannte die und sie kannten mich. Ich weiß nicht, wie viele Male ich mit meinem Starfighter an ihnen vorbeigerollt bin, wenn sie an der Startbahnmitte in ihrem Feuerlöschzug saßen und dort in Bereitschaft standen. Da sie aufgrund ihres Schichtdienstes immer mal wieder in der Woche ein oder zwei Tage frei hatten, verdienten sie sich bei meinem Bauunternehmer etwas Geld nebenbei. Sie arbeiteten schnell, sauber und tranken auf der Baustelle nur Wasser. Den vertraglich festgeschriebenen Fertigstellungstermin musste mein Bauunternehmer dann doch leider etwas überschreiten. Ein in Süddeutschland bestelltes Fußbodengitter, unter dem die Heizung vor dem vier Meter messenden Terrassenfenster im Boden eingelassen werden sollte, kam nicht rechtzeitig auf die Baustelle. Und so lange war auch drinnen noch kein Estrich vorhanden, da der Rahmen für dieses Gitter gleich mit eingegossen werden musste. In der Wartezeit, zwischen Anfang Dezember und bis kurz vor Weihnachten, machten meine Frau und ich uns von unserer damaligen Wohnung in Tarp auf nach Bollingstedt. Wir wollten die Decken und Wände unseres Neubaues selber streichen. Was eigentlich kein Problem sein sollte: wir standen allerdings in der größten Ölkrise der Bundesrepublik und es herrschte ein absolutes Fahrverbot an den Wochenenden. Also fuhren wir per Taxi zum Neubau, Farbe und Pinsel mitschleppend und mit zwei elektrischen Heizlüftern und zwei Campingliegen bepackt. Es herrschte draußen strenger Frost und drinnen war es auch nicht viel wärmer. Mit einem Heizlüfter im Rücken und beinahe anfrierender Farbrolle an der Wand brachten wir den Anstrich auf. Am 23. Dezember 1973 wurde an nur diesem einen Tag die gesamte Wohnung in Tarp aus- und in Bollingstedt wieder eingeräumt. Meine ehemalige „F-104" Staffel war vollzählig angetreten. Ehefrauen packten Geschirr ein- und aus, meine Kameraden zerlegten in Tarp die Möbel und ein zweites Team baute in Bollingstedt alles wieder zusammen. Ich selber pendelte mit einem kostenlos ausgeliehenen 3,5 Tonner der Firma WONETA aus Tarp die Sachen von der Wohnung in der Flensburger Straße zum neuen Haus in Bollingstedt. Am Nachmittag desselben Tages saßen wir mit den meisten Helfern in unserer nun sogar schön warmen Wohnung. Mit der Hilfe meiner Fliegerkameraden war sie bereits vollständig eingerichtet. Es gab Kaffee und selbst gebackene Torten. Ein Teil meiner treuen Helfer war allerdings bereits am frühen Nachmittag wieder gegangen. Am folgenden Tag war schließlich Heilig Abend.

Im April begann die Segelsaison an der Flensburger Förde und der Bootsunterricht, den ich zu geben hatte, verlagerte sich von den Ausbildungs-Motorbooten zu den Segelbooten. Ich fand in der Zeit auch immer andere Hörsaalleiterkollegen, die wie ich vor langer

Weile mit sich nichts anzufangen wussten. Mit denen bin ich an so manchen Tagen mit einem Folkeboot oder mit einem 6,5er auf der Förde unterwegs gewesen. Oben an der Schule vermisste uns niemand.

Unten im Segelhafen der Marineschule lagen bereits zu meiner Kadettenzeit zwei damals nicht aufgetakelt Rümpfe von sehr großen, ehemaligen Regattayachten. Die hörten auf die neuen Namen „Ost- und Westwind". Als Offizierschüler war ich ein oder zweimal an Bord der beiden „alten Damen" geklettert, und ich stellte mir vor, wie diese im Jahr 1937 und 1939 gebauten Renner wohl unter Segeln aussehen würden. Bereits während meiner Pilotenzeit im MFG 2 hatte ich dann tatsächlich Gelegenheit dazu. „Paco", einer meiner Pilotenkameraden, durfte die „Ostwind" segeln und nahm mir auf dieser Yacht den militärischen Segelschein „C" ab. Zum Skippern dieser Yachten vom Typ 12 mR brauchte man eine spezielle Sondergenehmigung der Marineschule. Diese Boote waren nämlich überhaupt nicht einfach zu handhaben, da sie mit ihren 25 Tonnen Verdrängung und dem gut 30 Meter hohen Mast und sehr großer Segelfläche keine eingebaute Maschine besaßen. Nach der Prüfungsfahrt auf der „Ostwind" bekam ich auch gleich noch diese Sondergenehmigung. Ich bin sehr häufig mit den Yachten, am liebsten mit der „Ostwind", an Wochenenden unterwegs gewesen und konnte auch etliche „dienstliche" Langfahrten damit segeln. Herrliche Boote waren das. Solch eine Langfahrt dauerte 14 Tage und führte uns bis hinauf in die schwedischen Schären oder rund Fünen nach Kopenhagen.

Durch den praktischen Segelunterricht einmal pro Woche unten im Bootshafen konnte ich meinen „Hörsaal 66" so vom Segeln begeistern, dass ich mehrfach während ihres Ausbildungsjahres mit jeweils einer Hälfte der Klasse an Wochenenden auf See war. Auch nahm ich Gelegenheit, an diversen Wochenenden deren Ehefrauen mit einzuladen. Auch meine Frau war dann mit von der Partie. Mit diesen tollen Rennyachten schaffte ich es leicht, an einem Tag von der „MSM" bis in den Innenhafen von Sonderburg und gleich wieder zurück zu segeln. Ablegen an der „Burg" war gegen 10:00 Uhr. In Sonderburg angekommen drehte ich unter Segeln ein oder zwei „Ehrenrunden" im Innenhafen vor der Klappbrücke, und gegen 16:00 Uhr waren wir zurück in Flensburg. Die direkte Segelstrecke betrug immerhin 56 Seemeilen, die wir mal eben als „Kaffeefahrt" abhaken konnten. Mit meinen Fachoffizieren aus dem „Hörsaal 66" des Jahrganges 1973 habe ich mich anschließend etwas über dreißig Jahre lang jedes Jahr wieder getroffen. In den ersten Jahren nach ihrem Abschluss an der „Burg" waren wir an einem Wochenende mit der „Ostwind" unterwegs. Später dann wurden unsere Treffen auf zwei pro Jahr erweitert. Einmal wurde gesegelt, das zweite Mal waren wir mit Frauen und Kindern unterwegs. Wir trafen uns zu diesen „Familientreffen" stets an einem anderen Ort. So reisten wir zum Beispiel nach Österreich zum Füssener Jöchle oder zum Bosseln nach Wilhelmshaven. Einmal war die gesamte Crew inklusive Ehefrauen bei uns in Bollingstedt im neuen Haus zu Gast. Das große Dachgeschoss war zwar noch nicht fertig ausgebaut, aber es war bereits isoliert. Auch fertiger Estrichfußboden war vorhanden und vom großen Balkon konnte man in den Bollingstedter Forst schauen. Wie in einer Gebirgshütte in Österreich schlief alles auf losen Matratzen und in Schlafsäcken. Es gab am Abend eine riesige Grillpartie im Garten und für alle war es eine riesige Gaudi.

Zu dieser Zeit gab es an der Marineschule einen Hörsaalleiter mit „blauem Blut". Es war ein Adliger mit sehr alter Familiengeschichte. Dem drückte man eine Spezialaufgabe aufs Auge. Er sollte das Büchlein „Stil und Form in der Marine" neu überarbeiten. So wurde er von heute auf morgen so etwas wie der Knigge der Marine. Nun geschah es, dass er vor einer Klasse alt gedienter Fachoffizieranwärter stand und „Stil und Form in der Marine" unterrichtete Wie er dort nun vor den teils schon älteren Herren um die vierzig vom „küss die Hand, gnä Frau..." und anderen Gebräuchen faselte, kratzte er sich nicht nur beiläufig am Hintern, sondern dozierte ungeniert, dass ein Offizieranwärter der Marine niemals unterhalb seines zukünftigen Offizierstandes heiraten dürfe, so zum Beispiel keine Friseurin. Darauf meldete sich ein Hauptbootsmann OA (Offizieranwärter) aus der letzten Bankreihe und fragte bescheiden nach, ob er sich als Vater von drei nun schon erwachsenen Kindern von seiner Frau zu trennen habe. Er wäre schließlich mit einer Friseurin verheiratet.

Irgendwann danach merkten auch höhere Vorgesetzte, dass die Zeit des Kaiserreiches längst der Vergangenheit angehörte. Diese „Messer und Gabel Unterrichtsstunden" wurden schließlich vom Stundenplan gestrichen, aus heutiger Sicht bedaure ich persönlich das allerdings sehr.

Noch für ein zweites Jahr und für den nächsten Fachoffizierlehrgang behielt man mich als Hörsaalleiter an der Marineschule. Wieder suchte ich nach einer sinnvollen Beschäftigung, denn wieder sah mein Stundenplan nur eine einzige Unterrichtsstunde pro Woche im Klassenzimmer vor und während der Segelsaison lediglich einen einzigen Vormittag mit praktischem Bootsdienst.

Im Juli 1974 war ich zum „Ausgleich für meinen anstrengenden Dienst" mit der Segelyacht „Monsun" für 14 Tage in der Ostsee unterwegs. Es handelte sich wieder um „dienstliches Segeln" und man brauchte dafür auch keinen Urlaub zu nehmen. Zu fünft waren wir an Bord. Am letzten Tag der Reise hatten wir von Sonderburg kommend gerade die „Pappelallee" passiert. Das war die Fahrwasserenge, die dicht am dänischen Ufer entlang und von der Außenförde kommend schließlich in die Flensburger Innenförde führte. Wegen etlicher Fahrwassertonnen, die beide Seiten der schmalen Fahrrinne bezeichneten und die wie die Pappeln an einer Allee aufgereiht schwammen, wurde dieses Fahrwasser unter Seglern die „Pappelallee" genannt.

Einer meiner Jungs hatte ein Marinefernglas in der Hand und faselte, eher zu sich selber, „...die spinnen, die Bayern. Nun sind sie auch schon mit ihren Flößen auf der Innenförde".

Er reichte mir das Fernglas. In der Tat erkannte ich wenige Seemeilen vor uns an der dort breitesten Stelle der Innenförde etwas, das wie ein Floß mit etlichen Leuten an „Bord" und einer Art Mast in der Mitte aussah. Aber dann wurde dieser Mast beinahe im Takt immer wieder hin- und her geschwenkt. Ich ließ den Kurs auf das vermeintliche Floß ändern. Meine anderen Jungs waren gerade unter Deck damit beschäftigt, die letzten Pött und Pann wieder frisch gewaschen in die Shapps zu verstauen und die Bundeswehrschlafdecken ordentlich zusammenzulegen. An Oberdeck war bereits alles zum Einlaufen und zur Rückgabe des Bootes an den

Bootsoffizier vorbereitet und die Segelkleider waren auch bereits aufgezogen. Wegen des nur geringen Windes, und der kam auch noch gegenan, hatte ich mich entschlossen, das letzte Stück der Reise durch die Flensburger Innenförde unter Maschine zurückzulegen. Beim Näherkommen erkannte ich dann etliche Leute im Wasser, die lediglich mit Teilen ihrer Schultern und dem Kopf aus dem Wasser ragten. Einer schwang vorsichtig einen Riemen in der Luft. Ich beorderte die Crew aufs Oberdeck und wir machten uns zu einer Bergung bereit. Wie sich nun herausstellte, saßen insgesamt 14 Personen auf einem gekenterten Segelkutter, der durch das Gewicht der Leute mit 90 Grad Schräglage vollständig unter Wasser trieb. Diese 14 Segler saßen auf der Bordkante ihres Kutters. Es war sehr schwierig, die völlig unterkühlten Menschen aus ihrer Lage zu uns an Deck hochzuziehen. Keiner von ihnen konnte auch nur im Geringsten zur Bergung beitragen. Sie waren halb erfroren. Ich ließ einen Kessel Wasser für Tee aufsetzen und die Decken hervorholen. Dann gelang mir eine Funkverbindung zum Flottenkommando, das nur wenige Seemeilen vor uns hoch am Ufer lag. Das Kommando rief bei der Hanseatischen Yachtschule in Glücksburg an, zu der der gekenterte Kutter und die Segelschüler gehörten. Der Skipper des Kutters verriet mir, während ich mit Höchstfahrt in Richtung Segelschule dampfte, dass sie vor gut einer Stunde in einer Böe gekentert waren und etliche Segelboote teils sehr dicht an ihnen vorbeigesegelt seien. Niemand habe sich um sie gekümmert. Nur die Tatsache, dass sich alle untergehakt auf der Bordwand halten konnten und ihre Hinterköpfe nicht im Wasser waren, hat ihnen allen das Leben gerettet. Das Wasser der Förde war lediglich 12 Grad warm.

Ich bekam später von der Hanseatischen Yachtschule als Dank für die Rettung von vierzehn Menschen einen Flaschenkorken mit einem kleinem Wimpel des DHH oben aufgeklebt als Geschenk.

Die Marineschule gab mir dann später allerdings auch noch eine „förmliche Anerkennung" und schenkte mir ein Buch.

Was im Logbuch der Dienstsegelyacht "Monsum" in wenigen kurzen Zeilen festgehalten ist, bedeutete für 14 Menschen die Rettung vor dem Ertrinken. Am 12. Juni um 11.35 Uhr wurden sie von Kapt. leutnant W. Beeck an Bord des Schulbootes genommen. Die Geretteten waren mit einem Segelkutter in der Flensburger Förde gekentert. Unter Einsatz aller Kräfte gelang es dem Kapt.l. und seiner Besatzung, die Schiffbrüchigen vollzählig zu bergen. Die Besatzung des gekenterten Kutters war stark unterkühlt und nicht mehr in der Lage, irgendwelche Handgriffe auszuführen. Seit einer Std. trieben sie bereits in dem Wasser, das eine T. von nur 12 Grad hatte. Der Kommandeur der Schule sprach der Besatzung der Monsun seine Anerkennung aus. Außerdem soll Kpt. 1. Beeck für seine Tat und sein umsichtiges Verhalten mit einem Buchpreis ausgezeichnet werden. Bereits 1973 hat er aus ähnlichem Anlaß eine förmliche Anerkennung erhalten.

Juli 1974

Herrn
Kapitänleutnant Wulf Beeck
als Anerkennung für seinen
umsichtigen persönlichen
Einsatz bei der Rettung von
14 Menschen am 12. Juni 1974
in der Flensburger Förde.

Kampe
Flottillenadmiral u. Kommandeur

Mürwik, 28.6.1974

Nach zwei Jahren Dienst an der Marineschule-Mürwik als Hörsaalleiter und kurz vor meiner Versetzung zurück zum MFG 2 nach Tarp bekamen drei andere Hörsaalleiter zusammen mit mir den gemeinsamen Auftrag, eine Studie anzufertigen mit dem Titel „Aufgaben und Auslastung der Hörsaalleiter an der Marineschule–Mürwik". Es dauerte nicht lange, bis der erste meiner „Kollegen" sich wegen Arbeitsüberlastung aus der Gruppe verabschiedete. Nicht viel länger danach war ich aus ähnlichen Gründen als einziger übriggeblieben, der dann auch tatsächlich damit begann, diese Studie zu schreiben. Ich ging sehr pragmatisch vor. Im Schulbüro ließ ich mir alle Lehrgänge nennen, die von Hörsaalleitern betreut wurden. Dann stellte ich an Hand der Stundenpläne fest, welche und wie viele Unterrichtsstunden in einem Jahr insgesamt von jedem Hörsaalleiter gegeben wurden. Die Stundengesamtzahl teilte ich durch die vorhandenen Hörsaalleiter und erschrak. Selbst als ich zu den tatsächlich abgehaltenen Schulstunden noch für jede zusätzlich drei Vorbereitungsstunden und eine Nachbereitungs-stunde angesetzt hatte, also pro tatsächlich gegebener Stunde glatte vier Stunden hinzu addierte, kam keiner auf seine vorgeschriebenen 960 Stunden pro Jahr. Ich glaube, selbst mit den „gelogenen" Vor- und Nachstunden erreichten die Hörsaalleiter nicht einmal 50 Prozent ihrer Sollstunden. Ich wusste das ja schließlich auch von mir selber, wie wenig bis gar nichts ich zu tun hatte. Es war eine sehr einfache Milchmädchenrechnung, die ich aufmachte. Aber sie entsprach absolut den Tatsachen. Ohne besondere Weisung erweiterte ich meinen Auftrag, der in seiner Urform direkt vom Lehrgruppenkommandeur kam, und ich schloss in meine Betrachtungen gleich noch die sogenannten Truppenfachlehrer mit ein. Diese waren mir seit längerer Zeit durch besonders häufige Abwesenheit aufgefallen. Im Vorfeld der schriftlichen Ausarbeitung meiner Studie fragte ich einmal ganz beiläufig den Fliegerkundelehrer, wie viele Stunden er denn in seinem Fach geben würde. Er wusste da noch nicht, warum ich das gefragt hatte und verriet mir schmunzelnd, er hätte im zurückliegenden Halbjahr nicht eine einzige Stunde unterrichtet. Weil Truppenfachlehrer auch keine generelle Anwesenheitspflicht hatten, sie durften sich offiziell in Ruhe zu Hause „vorbereiten", wo nicht alle 45 Minuten die Pausenklingel störte, sei er lediglich jeden Mittag pünktlich zum gemeinsamen Treffen in der Offiziermesse an der Bar erschienen, habe dort seinen üblichen Cherry getrunken, sich die Kurzansprache des Admirals angehört und sei danach sofort wieder verschwunden. So ginge das nun schon über ein halbes Jahr.

Auch hier habe ich dann wieder über das Schulbüro die tatsächlich zu erteilenden Jahresgesamtstunden aller Truppenfachlehrer erfragt, diese durch die Anzahl der Truppenfachlehrer geteilt und kam Netto auf etwa sieben Prozent Auslastung für einzelne Herren.

Meine Studie habe ich erst an meinem Versetzungstag, aber noch drei Tage vor dem offiziellen Abgabetermin, ins Vorzimmer des Lehrgruppenkommandeurs eingereicht.

Einen Tag nach Dienstantritt auf meinem neuen Dienstposten im MFG 2 in Tarp klingelte bereits das Telefon. Ob ich verrückt sei, solch eine Studie abzuliefern, lautete die Frage aus der Marineschule. Ich erwiderte, man möge mir nachweisen, dass auch nur eine einzige Zahl falsch sei. Ich wäre sofort bereit, alles zu überarbeiten. Daraufhin habe ich nie wieder etwas über meine Arbeit gehört. Allerdings: als ich einige Jahre später selber Truppenfachlehrer für Nautik an der „MSM" wurde, gab es keinen Fliegerkundelehrer mehr und von den drei früheren Wehrgeschichtelehrern war inzwischen auch nur noch einer geblieben. An das Vorhandensein von Hörsaalleitern kann ich mich zu meiner Zeit als Nautiklehrer nicht mehr erinnern.

24. Kapitel
Inspektionschef bei der Marinefliegerlehrgruppe in Westerland auf Sylt

Meine Versetzung zur Marinefliegerlehrgruppe in Westerland auf Sylt stand bevor. In Westerland wurde ich Inspektionschef. Mir unterstellte Truppenfachlehrer bildeten angehende Flugzeugtechniker und Spezialisten für die Flugzeugtypen „Breguet Atlantic", „F-104 Starfighter" und den „Seaking" Helikopter aus. Mechaniker der Fachgebiete Triebwerk, Zelle und Hydraulik wurden hier auf ihre zukünftigen Tätigkeiten in den einzelnen Marinefliegergeschwadern in Theorie und Praxis ausgebildet. Schon während meiner aktiven Pilotenzeit trieb ich mich viel in Flugzeugwerkstätten herum, aber hier in Westerland kannte ich mich nach und nach mit beinahe jeder Schraube an jedem der drei Flugzeugtypen aus. Mir machte so etwas Spaß. Von jedem der drei Muster stand ein „echtes" Exemplar in den Flugzeughallen. Die Maschinen wurden wieder und wieder zerlegt, anschließend zusammengebaut und letztlich sogar bis zur „Flugfreigabe" getestet. Die Triebwerke und die bordeigenen Systeme wurden dabei wie im richtigen Flugbetrieb durchgecheckt. Allerdings sind diese Flugzeuge nie mehr geflogen. Sie waren bereits vorher aus anderen Gründen ausgemustert worden.

Während auf der militärischen Seite des Westerländer Flugplatzes technisches Personal für die Marineflieger und Sanitätspersonal für die Marine ausgebildet wurden, lief auf der stadtnahen Seite der zivile Flugbetrieb. Ich schaute mich dort in der Flugzeughalle um. Verlassen in einer Ecke stand eine ehemalige Bundeswehr „Piaggio 149-D". Die gehörte nun einem Geschäftsmann, der hier auf der Insel gutes Geld verdiente. Das Flugzeug wurde aber schon seit längerem nicht mehr geflogen. Wie mir der Hallenwart erzählte, hatte der Eigentümer seinen letzten Piloten gefeuert, weil der immer wie ein Kamikazepilot geflogen sein soll. Es hat Wochen gedauert, bis ich den Besitzer schließlich persönlich am Telefon zu fassen bekam. Ich stellte mich wie folgt vor:

„Hier ist ihr neuer Pilot. Wenn sie ihr schönes Flugzeug nicht bald fliegen, werden die Vögel nicht nur im Motor nisten. Wir sollten uns einmal treffen".

Wir trafen uns. Er hatte seine Freundin mitgebracht und ich kutschierte die beiden durch den blauen Himmel über Sylt und Nordfriesland. Er war begeistert. Ich bin danach nur noch wenige Male zusammen mit ihm geflogen. Er schien überhaupt keine Freizeit zu kennen. Eines Abends aber rief er mich ganz verzweifelt in der Kaserne an. Ob ich Zeit hätte, ihn am kommenden Morgen nach Köln zu fliegen. Er könne ein sehr lukratives Geschäft machen, müsse aber gleich morgens in der Frühe los und unbedingt noch vor dem Mittag in Köln ankommen. Sein Geschäftspartner würde sich mit ihm direkt am Flughafen treffen. Anschließend müsse er jedoch aus geschäftlichen Gründen auch sofort wieder zurück nach Westerland. Ob das mit seinem Flugzeug, der „Piaggio", zu machen sei. Ich hatte zu dieser Zeit einen sehr verständnisvollen Kommandeur, einem ehemaligen Marinepiloten. Der verstand meine Passion.

„Beeck, wenn ihr Laden läuft, haben sie meinen Segen. Aber melden sie sich in meinem Vorzimmer ab, damit ich weiß, wo sie sind."

Das Flugwetter nach Köln war so lala, aber wir kamen nach Sichtflugregeln gut durch. Es dauerte in Köln tatsächlich nicht einmal eine Stunde, bis er freudestrahlend zurück kam. Offensichtlich hatte er grade das Geschäft seines Lebens erfolgreich besiegelt. Das Wetter hatte sich allerdings leider in dieser einen Stunde auf der Strecke nach Norden ziemlich verschlechtert, aber er musste ja unbedingt gleich wieder zurück nach Westerland. Ich konnte und wollte ihn nicht enttäuschen. Wir kamen noch gut aus Köln weg, aber je weiter wir nach Norden flogen, desto schlechter wurde die Sicht. Schließlich meldete ich mich über Funk beim Tower der Luftwaffe in Hopsten und bat um Radarführung. Wozu war ich all die Jahre mit meiner „F-104" unterwegs gewesen, wenn ich nun nicht wüsste, was in solch einem Fall zu tun sei. Nachdem ich dem Radarcontroller mehrfach versichern musste, dass ich eine „Piaggio" auch im Blindflug fliegen konnte, eigentlich war dieses Flugzeug für Blindflug gar nicht zugelassen, gab man mir die erbetene Hilfe. Anschließend war „Bremen Radar" die nächste Stelle, die mich per Bodenradar weiterführte und schließlich an „Hamburg Radar" übergab. Die Hamburger bedauerten allerdings, mich nur bis über die Insel leiten zu können, aber für einen Blindanflug auf den Flughafen Westerland würde ihr Radar nicht weit genug reichen. Westerland selber hatte kein Radar und konnte daher immer nur bei noch halbwegs vernünftiger Sicht angesteuert werden. Mit meiner Ortskenntnis, einer funktionierenden Stoppuhr und bei nun sehr schlechter Sicht erreichte ich den Platz gerade noch, bevor der wegen des Wetters unmittelbar nach meiner Landung zumachte. Mein Geschäftsmann war so glücklich darüber, dass alles so reibungslos und prima geklappt hatte, dass er aus Dankbarkeit verkündete: „Sie wissen ja, wie wenig Zeit ich habe. Und ich weiß, wie gerne sie fliegen. Wo die Tankkarte steckt, wissen sie ja auch. Sie können fliegen, wann immer und so viel sie wollen und sie dürfen einfach auf meine Kosten mit meiner Tankkarte tanken. Sagen sie nur meiner Sekretärin Bescheid. Dann weiß ich, dass sie unterwegs sind."

Für den Rest meiner insgesamt dreijährigen Stationierung auf der Insel Sylt brauchte ich fast nie wieder die Bundesbahn zu bemühen. Ich flog mit der „Piaggio" freitags nach Flensburg. Meine Frau holte mich dort von Flensburg Schäferhaus mit dem Auto ab. Wenn das Wetter in Flensburg gut genug war, habe ich so manchen Flug auch noch während der Wochenenden mit der „Piggi" von dort aus unternommen. Montags flog ich dann wieder zur Insel zurück. Ich landete bei Platzöffnung pünktlich um 08:00 Uhr. Mein Kommandeur kam um 08:01 per Bahn am Westerländer Bahnhof an. Sein Fahrer holte ihn dort ab. Ich aber war dann bereits auf dem Flugplatz und nur wenige Minuten später saß ich „pünktlich" in meinem Büro.

Einige Flüge machte ich mit dieser Maschine sogar nach Eggebek und besuchte meine ehemaligen Staffelkameraden. Die Techniker des MFG 2 waren ganz wild darauf, an „meinem" Flugzeug Wartungsarbeiten und Inspektionen durchzuführen. Es gab etliche Flugzeugtechniker, die noch eine Lizenz für die Wartungsarbeiten an einer „Piaggio" besaßen. Da die Marine allerdings die „Piaggios" inzwischen abgeschafft hatte, gab es für die Techniker nun keine Gelegenheit mehr, ihre Lizenzen zu erhalten. Da kam ich nun gerade recht. Bezahlen musste ich nichts, freier Ölwechsel inklusive.

Die private „Piaggio 149-D" aus Westerland.
Ich durfte damit kostenlos fliegen, so oft und so viel ich wollte.

Auch an etlichen Flugtagen nahm ich irgendwo als „Kunstflugteam" teil. Sogar an einem Tag der offenen Tür beim Marinefliegergeschwader 1 in Jagel führte ich meine Loopings und gesteuerten Rollen vor. Meine ehemaligen Starfighterkollegen verstanden nicht, dass mir die Marine meinen militärischen Flugschein gesperrt hatte, ich hier aber privat Kunstflug vorführen konnte.

25. Kapitel
Als Kompaniechef der Schweren Sicherungs-Kompanie in Tarp

Meine neue Dienststellung war Kompaniechef der „1.SSichKp", einer „Schweren Sicherungskompanie" in Tarp. Das war eine bodenständige Einheit, die fast ausschließlich aus Wehrpflichtigen bestand. Eine der Hauptaufgaben dieser Kompanie bestand im Wachegehen am Kasernentor. Die eigentliche Aufgabe der Einheit dagegen bestand aus der Bedienung von 20mm Luftabwehrgeschützen. Mit denen sollte im Kriegfall der Flugplatz Eggebek vor feindlichen Tiefflieger geschützt werden. Durch das Wachegehen im 24 Stundenrhythmus und den anschließenden freien Tagen, die den Soldaten zustanden, war an eine fundierte und geschlossene Ausbildung an den Kanonen und der geforderte Ausbau von entsprechenden Kanonenstellungen um den Flugplatz herum gar nicht zu denken. Es dauerte von den zweieinhalb Jahren meiner Kompaniecheftätigkeit fast ein ganzes Jahr, bis ich den Kommodore davon überzeugt hatte, die Wachsoldaten nicht nur von meiner Kompanie, sondern aus allen Einheiten des Geschwaders anteilmäßig stellen zu lassen, damit die Sicherungskompanie dann wirklich Zeit hätte das zu lernen und zu üben„ wozu sie aufgestellt worden war. Damit war der Weg frei für Scharfschießübungen in Putlos und Todendorf an der Ostsee. Auch diverse Schießtage zum Beispiel auf dem Truppenübungsplatz in Munster in der Lüneburger Heide oder in Ehra-Lessien konnten nun in regelmäßigen Abständen folgen und die Kompanie wurde nach und nach einsatzbereit. Selbst „Winterkampfübungen" konnte ich ansetzten, zu denen die gesamte Kompanie in den Harz in eine Heereskaserne verlegte. Im Winterschnee des schönen Harzes haben wir Iglus gebaut, Fahrzeuge und Soldaten für den Einsatz im Schnee getarnt und neben der anstrengenden Winterausbildung auch eine Menge Spaß gehabt. Sogar mit vom Heer geliehenen Skiern rutschten wir die Idiotenhügel hinunter. Winterurlauber lachten sich halb tot, als sie uns im olivgrünen Kampfanzug und mit Seestiefeln auf Holzbrettern sahen, die noch aus der frühen Zeit des Filmstars und Kletterers Luis Trenker stammen konnten. Die Skier hatten uns die Gebirgsjäger des Heeres auf dem Dienstweg geliehen.

Die „Schwere Sicherungskompanie" des MFG 2 im Harz zur Winterkampfausbildung.

Auf uralten Skiern, mit Seestiefeln an den Beinen und völlig ungeübt durch den Harz mir die Knochen, blieb aber mit Gipsbein

In dieser Zeit wurde ich als Chef der Einheit einmal gefragt, ob ich für eine Sicherheitsübung an der militärischen Luftraumüberwachungsanlage in Brekendorf bei Schleswig eine Gruppe Soldaten meiner Kompanie als angreifende „Feinde" abstellen könnte. Ich bot sofort meine gesamte Kompanie dafür an. Das waren immerhin so etwa 130 Soldaten.

Diese Radaranlage diente der Luftraumüberwachung gegen einfliegende Feindflugzeuge. Angeblich konnte man auf den Radarschirmen die Flugbewegungen in der nördlichen DDR, der Ostsee und in westlichen Teilen Polens sehen.

An einem der nächsten Tage wurde ich zu einer Übungsbesprechung nach Brekendorf in die Anlage eingeladen. Man sagte mir zu, ich könne mit völlig freier Hand einen „Überfall" auf die Radaranlage planen. Die Sicherungssoldaten der Luftwaffe, die diese Anlage zu verteidigen hätten, würden uns schon abzuwehren wissen. Natürlich dürfe dabei niemand zu Schaden kommen. Wir wären auch keine Rambos, das versicherte ich meinen Gegenübern ruhigen Gewissens.

Meine Planung sah wie folgt aus: der größte Teil meiner Kompanie würde in einer riesigen Scheune einquartiert werden, die sich ganz in der Nähe des westlichen Außenzaunes der Radaranlage auf einem Bauernhof befand. Auf meine Bitte hin hatte die Standortverwaltung Tarp mit dem Bauern einen „Mietvertrag" abgeschlossen. In dieser Scheune fanden alle meine Soldaten Platz im Stroh. Selbst unsere mitgeführten Unimogs, mein VW-181 „Chef-Kübelwagen" und unser 7,5 Tonner Küchenwagen passten gleichzeitig mit in diese große Scheune. Einen meiner Soldaten bat ich, mit seinem Privat-Pkw teilzunehmen. Dieses Auto besaß ein ganz normales UKW Autoradio. Was ich aber schon lange vorher wusste: wenn man den Zeiger auf der Senderskala ganz bis zu einem Ende drehte, konnte man die Funkgespräche der „Verteidiger" mithören. Das Bundeswehrbeschaffungsamt, im Volksmund auch schon einmal als „Bundeswehrbestechungsamt" tituliert, hatte für alle Sicherungskompanien der Bundeswehr „neue" tragbare Funkgeräte der Firma Telefunken eingekauft, die es offiziell auf dem freien Markt schon gar nicht mehr gab. Zu der Zeit waren die bereits veraltet. Angeblich musste Telefunken die schon länger eingestellte Produktion auf Anforderung der Bundeswehr wieder neu anfahren. Mit Hilfe eines normalen Autoradios konnte man problemlos den Funkverkehr dieser Geräte abhören. Jeder konnte das. Wo der „Feind" seine Stellungen am Zaun entlang eingerichtet hatte und wie sich deren Wachablösungen abspielten, fanden wir also sofort heraus.

Ich selber hatte mich während der vorher stattgefundenen zwei Einsatzbesprechungen bei der Luftwaffe als „Spion" betätigt und einen Sicherheitsausweis, den ich dort und zu diesem Anlass bekommen hatte, aus Brekendorf „mitgehen" lassen. Diesen Sicherheitsausweis habe ich zigfach kopieren lassen und damit etliche meiner Soldaten ausgerüstet. Für diese Übung habe ich schließlich auch noch zwei „Bell UH-1D" Hubschrauber vom Heeresflugplatz „Hungriger Wolf" angefordert. Einer sollte eine unserer 20 mm Luftabwehrgeschütze per Außenlast transportieren, der andere die dazugehörige Kanonenbesatzung und noch einige weitere Soldaten und natürlich auch mich mitnehmen. Die Kanone sollte von unserer Tarper Kaserne in die „Hüttener Berge" geflogen und so vor Ort absetzen werden, dass wir ein gutes Schussfeld auf die Radarantenne haben würden. Die riesige Radarantenne verbarg sich unter einer sehr großen Kunststoffkuppel. Diese war ein sehr markanter Punkt in dieser Gegend und kilometerweit sichtbar. Den geplanten Einsatz der Hubschrauber hatte ich während der Einsatzbesprechung nur dem Schiedsrichter meiner Gegenseite angekündigt. Ich bat ihn als Unparteiischen, meinen „Gegnern" nichts davon zu verraten. Das versprach er mir hoch und heilig.

Die beiden Hubschrauber holten uns gemäß Übungsplan ab und brachten die Kanone und die Bedienercrew in die „Berge" bei Brekendorf. Allerdings hatte sich das Wetter dermaßen verschlechtert, dass mein geplanter Landeplatz im Sprühnebel lag und die beiden Hubschrauberpiloten auch nicht mehr so ganz genau wussten, wo sie waren. Deshalb wurden wir kurzerhand auf dem nächstbesten Feldweg samt Kanone abgesetzt. Die Hubschrauber verschwanden sofort wieder knatternd in der Ferne. Es wurde augenblicklich merkwürdig still. Ein Feldweg, ein Knick, dahinter ein nach unten in eine Senke abschüssiger Acker, dessen unteren Teil man aber wegen der schlechten Sicht nicht ausmachen konnte.

Sonst lag ringsum nur Wald. Da standen wir nun mit Kanone und Kanonenbesatzung. Feuchter Nebel kroch durch unsere Kampfanzüge. Erst einmal ließ ich die Kanone vom Feldweg durch eine Öffnung im Knick an den Rand des offenen Ackers ziehen. Da der Feldweg zu beiden Seiten unseres Standortes abschüssig war und auch das Feld vor uns nach unten führte, mussten wir uns irgendwo auf einem höher gelegenen Punkt befinden. Ich studierte die Karte bis ich ziemlich sicher war, wo wir uns befanden. Die Kanone stand nun zufällig dort, wo man die große Radarkuppel hätte sehen müssen, wenn, ja wenn der Nebel sich erst einmal verziehen würde. Aber noch war überall ziemlich „dicke Suppe" um uns herum. Wir warteten deshalb einfach nur ab. Es dauerte gar nicht lange, bis wir irgendwo da unten am Feld, auf dem wir oben standen, Fahrgeräusche eines Unimogs hörten. Offensichtlich hatte der „Unparteiische" doch geplaudert und man suchte uns nun dort unten. Später stellte sich heraus, dass mein ursprünglicher Landeplatz in der Tat etwas weiter unten gelegen hätte. Genau dort suchte man uns nun. Durch die schlechte Sicht aber hatten wir unseren geplanten Landeplatz zum Glück leicht verfehlt und unsere „Häscher" suchten uns nun an einem falschen Ort. Vom Motorengeräusch des Unimog konnten wir unschwer feststellen, dass sie nun langsam näher kamen. Ich ließ die Kanone wieder auf den Feldweg ziehen und mit Platzpatronen fertig laden. Wenn man mit Platzpatronen schoss, musste bei dieser Kanone ein Sicherheitsabstand von 70 Metern vor der Rohrmündung eingehalten werden. Der Unimog unserer Gegner näherte sich nun tatsächlich von irgendwo da unten auf genau diesem Feldweg, auf dem wir standen. Es gab in dieser Hügellandschaft überhaupt nur sehr wenige Möglichkeiten, mit einem Fahrzeug zu fahren. Das konnte ich auf meiner Karte sehen. Wir warteten. Als schließlich das Führerhausdach und der Planenaufbau des Unimogs eben über dem Rand des abschüssigen Weges in Sicht kam, noch immer etwa 100 Meter entfernt, richteten wir auf das Fahrzeug aus und, sobald die Windschutzscheibe zu sehen war, löste sich krachend ein Schuss. Die Leute im Fahrzeug sprangen in Panik zur Seite herunter und kamen zutiefst erschrocken auf uns zu. Es wurde sofort lauthals geflucht und gemeckert. Der Schiedsrichter war zum Glück auch in einem nachfolgenden Fahrzeug mitgekommen. Ich ließ die Strecke von der Kanone bis zum Unimog ausmessen. Es waren noch immer gute 80 Meter. Damit hatten wir den vorgeschriebenen Sicherheitsabstand eingehalten und einen Unimog „abgeschossen".

Nun aber stellte man uns die Frage, wie wir denn wohl von hier aus jemals die Radarkuppel beschießen wollten. Von dieser Position aus könne man die Radaranlage niemals sehen. Stimmte, jedenfalls nicht bei dem Nebel. Aber es zogen inzwischen nun eher nur Nebelschwaden vorüber. Der Himmel lichtete sich offensichtlich mit der Zeit mehr und mehr. Ab und zu versuchte sogar die Sonne, von oben durchzukommen. Ich vertröstete den Schiedsrichter und die anderen von der Gegenpartei, sie möchten sich doch bitte noch etwas gedulden. Da niemand einen anderen Termin hatte, saßen alle abwechselnd auf unserer Kanone und schauten durch die umschaltbaren Zieloptiken. Es gab eine für die Luftabwehr und eine für die Bekämpfung von Bodenzielen. Gegen Bodenziele war die Kanone sehr viel besser geeignet, als gegen Flugziele. Dabei sollte sie eigentlich eine Flugabwehrkanone sein. Alleine schon das Richten der Waffe durch nur einen Schützen brachte riesige Probleme beim Auffassen eines Luftzieles. Mit der linken Hand drehte man das Geschütz nach rechts oder links, mit der rechten Hand kurbelte man das Rohr rauf oder runter. Ich habe nicht einen einzigen Soldaten kennengelernt, der nicht ständig rechts und links und rauf und runter verwechselte.

Machen Sie als Leser dieses Buches jetzt bitte einmal folgenden Versuch: strecken Sie beide Arme nach vorne, die Handflächen zeigen nach unten. Bilden sie nun Fäuste, als ob sie in jeder Hand eine Kurbel hätten. Nun machen sie mit der rechten Hand eine Drehbewegung wie an einem Leierkasten auf dem Jahrmarkt und gleichzeitig mit der anderen Hand eine Drehbewegung in die entgegengesetzte Drehrichtung.

Sehen sie: nun verstehen sie, was ich meine.

Ich behaupte auch heute noch, dass mit dieser Kanone sehr wahrscheinlich nie jemand ein Flugzeug getroffen hätte. Jeder Kanonier, dem ich zugeschaut habe, bewegte das Rohr zuerst immer in eine falsche von den vier möglichen Richtungen.

Gegen feststehende Bodenziele, bis in etwa einen Kilometer Entfernung, traf diese Waffe allerdings erstaunlich präzise.

20 mm Kanone MK 20-2

Wie abgesprochen, wurde die auf mehrere Tage angesetzte Übung am folgenden Morgen fortgesetzt. Meine restliche Mannschaft hatte inzwischen weiter das „feindliche" Objekt erkundet und festgestellt, dass jeden Morgen um sieben Uhr ein Bundeswehrbus mit einer ablösenden Mannschaft die einzige Straße zur Anlage und zu dem hinter einer letzten Kurve liegenden Haupttor fuhr. Jetzt kam die Stunde meines Soldaten, der seinen Privatwagen mitführen durfte. Er wurde kurz vor der Ankunft des Busses auf diese einzige Zufahrtstraße geschickt. Sein Auftrag lautete: mitten auf der schmalen Straße und unmittelbar vor der letzten Kurve stehenbleiben und eine Autopanne vortäuschen. Der Bus hätte dort nicht passieren können. Die Straße war zu schmal. Den Rest meiner Truppe versteckte ich gleich daneben im Wald. Anführer dieser Aktion war mein Kompaniefähnrich, der sich als zukünftiger Offizier einer Sicherungskompanie seine Sporen verdienen sollte. Offensichtlich hatte er großen Spaß an unserer Planung und auch an der Tatsache, dass ich ihm weitgehend freie Hand ließ, den Überfall nach seinen Vorstellungen auszuführen. Ich fuhr derweil mit unserem Kompaniefeldwebel und zwei weiteren Soldaten in meinem „VW-181" mit etwas Abstand hinter dem Bus her. Der musste nun zwangsläufig anhalten. Zurück konnte er auch nicht mehr, da ich ja nun dort im Wege stand. Meine Truppe stürzte in diesem Moment aus dem Wald und umstellte den Bus. Etwas verdattert aber noch immer guter Dinge blieb die Ablösung der Radarstellung im Bus sitzen. Ich hörte, wie mein Fähnrich den zivilen Busfahrer durchs geschlossenen Fahrerfenster anbrüllte, er solle sofort die Tür öffnen. Sie wären nun Gefangene und hätten sofort auszusteigen. Aber die Insassen fühlen sich offensichtlich in ihrem Fahrzeug ziemlich sicher. Niemand im Bus machte auch nur irgendwelche Anstalten, herauszukommen. Für einige Sekunden herrschte Gleichstand auf beiden Seiten. Wir durften dem Bus ja nichts antun. Es war doch alles nur ein „Spiel" erwachsener Männer. Mein „Spieß" rettete die Situation zu unseren Gunsten. Er sprang aus meinem Wagen, nahm zwei CS Tränengasdosen mit, zündete diese und legte sie in aller Ruhe hinten unter den Bus. Der hatte den Motor, der jetzt im Leerlauf lief, hinten und von dort arbeitete auch die Fahrzeugbelüftung. Jetzt kam augenblicklich Hektik auf, die Bustür sprang auf und alles rannte prustend ins Freie. Meine Truppe nahm sie daraufhin alle fest und die „Gefangenen" wurden zum Waldrand gleich nebenan abgeführt. Der Fähnrich rief mir zu, es ginge sofort weiter, ich solle nur noch einen Moment warten. Derweil beförderte mein Kompaniefeldwebel die beiden Reizgasbehälter mit dem Fuß unter dem Bus hervor und warf sie weit genug in die Gegend. Die ersten „neuen" ablösenden Soldaten kamen vom Wald zurück. Der Fähnrich hatte einer genügenden Anzahl Luftwaffensoldaten deren Jacken und Mützen abgenommen. Derart in Luftwaffenuniform verkleidet, und zwar nur oben herum, unten trugen meine Männer weiter ihre eigenen Kampfanzughosen, stiegen nun meine Marinesoldaten in den Bus ein. Erst wurden noch ABC-Schutzmasken getragen. Sogar für den zivilen Fahrer hatten wir eine übrig. Der weigerte sich allerdings hartnäckig, diese aufzusetzen. Da ich die Übung von meiner Seite her sehr sorgfältig geplant hatte, befand sich in meiner Truppe auch ein Fahrer mit Bundeswehr-Busführerschein. Da der Zivilfahrer keine Maske aufsetzen und nicht mehr in seinen Bus einsteigen wollte, es roch noch immer ziemlich nach Reizgas, nahm stattdessen mein Busfahrer auf dem Fahrersitz Platz. Es wurden erst einmal alle Lüfter auf volle Leistung geschaltet und die Dachfenster und beide Bustüren weit geöffnet. Nach etwa zehn Minuten fuhr der Bus dann in Richtung Tor weiter. Drinnen saßen nun allerdings ausschließlich meine Leute in „Luftwaffenverkleidung". Der Schlagbaum hob sich bereits, als der Bus in der Kurve gerade vom Personal am Tor gesichtet wurde. Wir hatten zwar etwa zwanzig Minuten „Verspätung", aber das schien hier niemanden zu beunruhigen. Auch meinen Dienstwagen ließ man ohne Kontrolle durch. So waren wir erst einmal unbehelligt im militärischen Sicherheitsbereich angekommen. Ich hatte vorher meinem Fähnrich eine sehr genaue Einweisung von der Anlage gegeben. Ich war zwar auch nur zweimal anlässlich der gemeinsamen Manövervorbesprechungen im Radargebäude gewesen, hatte aber so viele Informationen weitergeben können, dass der Bus mit unserem Fahrer am richtigen Gebäudeeingang hielt. Meine Truppe marschierte nun unter Leitung des Fähnrichs ins Gebäude und auch dort wurde die Sicherheitsschleuse für die innere Sperrzone ohne weitere Nachfrage geöffnet. Ich trottete als letzter hinter allen anderen hinterher. Dem Wachpersonal ist nicht einmal die seltsame Uniform meiner Leute aufgefallen. Und nun passierte auch noch folgendes: mein Fähnrich verlief sich in einem der Flure. Ihm kam gerade in diesem Moment ein Luftwaffensoldat entgegen. Der fragte sehr höflich, ob er etwas für ihn tun könnte.

„Zum Gefechtsstand..."

„Gleich dort die Treppe hoch..."

Und schon waren wir an der Tür zum „Heiligtum" der Radaranlage, dem Hauptleitstand. Von hier aus würden im echten Krisen- und Kriegsfall die notwendigen Entscheidungen für die eigene Luftabwehr getroffen werden. Mein Fähnrich zog seine Walter P1 Pistole (natürlich nicht geladen...), öffnete in aller Ruhe die Tür und so etwa 12 Mann meiner Schweren Sicherungs-Kompanie betraten ganz ruhig den Befehlsraum. In der Mitte saßen einige Offiziere an Konsolen, die mit diversen Telefonen ausgestattet waren, und versahen ungestört ihren Dienst. Nun kannte ein Marinesoldat damals nicht unbedingt die Rangabzeichen der Luftwaffe oder des Heeres. Mein Fähnrich zur See schien auch einen winzigen Augenblick nicht zu wissen, wer hier was war. Dann aber blieb er neben dem mit den meisten Sternen auf der Schulter stehen. Es war tatsächlich der Kommandeur dieser Radareinheit. Ich höre meinen Fähnrich sehr gefasst aber unüberhörbar sagen:

„Herr Oberst, und all die anderen Herren auch, legen sie sofort die Telefonhörer hin. Sie sind alle verhaftet. Der Krieg ist für sie beendet."

Dabei hielt er dem Oberst seine Walter P1 an den Kopf. Einen Moment glaubte ich, der Herr Oberst wollte in Ohnmacht fallen, aber dann bemühte der sich aufzustehen. Mein Fähnrich drückte auf dessen Schulter. Herr Oberst blieb sitzen. Irgendwann in den nächsten Minuten tauchte ein Schiedsrichter auf. Für uns war damit dieser Teil der Übung beendet. Meinen Namen hat man sich in Brekendorf ganz bestimmt gemerkt.

Für eine 14-tägige Schießübung verlegten wir nach Ehra-Lessien. Wir zogen es stets vor, nicht in die festen Kasernengebäude am Schießplatz einzuziehen, sondern die gesamte Truppe auf einem dafür vorgesehenen Biwakplatz mitten im Wald campieren zu lassen. Dafür wurden drei große und ein etwas kleineres „Stabszelt" errichtet. Es gab zwischen den Zelten einen „Antreteplatz" mit Flaggenmast in der Mitte und einem Grillplatz gleich nebenan. Mein Kompaniefeldwebel hatte gut vorgesorgt und wir, das waren der Spieß, meine vier Zugführer und ein Fähnrich und meine Wenigkeit, konnten etwas bequemer als der „gemeine" Soldat auf ausgemusterten Kojenmatratzen ehemaliger Minensucher schlafen. Es gab Stromanschluss auf dem Biwakplatz, nachts sogar spärliche Platzbeleuchtung und in unserem Zelt sogar einen Kühlschrank und einen kleinen E-Kocher. Die anderen Zelte waren von der Standortverwaltung, die für diesen Schießplatz zuständig war, reichlich mit Stroh ausgestattet worden. So konnte sich jeder Soldat ein ordentliches „Nest" bauen. Gegen ungebetene Nachtbesucher ließ der Spieß das gesamte Biwakgelände mit Nato-S-Draht absichern. Die einzige Einfahrt zum Camp wurde 24 Stunden am Tag durch einen bewaffneten Wachposten gesichert.

Wir waren an diesem Tag zum Nachtschießen aufgebrochen. Die Luft war die letzten Tage nicht mehr so trocken und die Schießplatzverwaltung, mit der ich über ein Feldtelefon eng in Verbindung stand, erlaubte uns in dieser Nacht das Schießen mit Leuchtspurmunition. An trockenen Tagen ist das wegen der Brandgefahr strikt verboten. Die gesamte Kompanie bewegte sich auf unseren eigenen Unimogs und zusätzlich mit einem großen Bundeswehrbus zur vorgesehenen Schießbahn.

Es wurde bereits kräftig aus allen Rohren geschossen, als sich der Nachthimmel noch weiter verdunkelte. Es sah bedrohlich aus. Meine Zugführer und ich berieten noch, als es zu blitzen und zu donnern begann. Unsere Schüsse waren gerade noch als kleine glühende Punkte im Zielgebiet eingeschlagen, als es fürchterlich anfing zu regnen.

Ich ließ die Übung abbrechen und ordnete einen sofortigen „Rückzug" an. Wer selber schon einmal eine solche Übung mitgemacht hat, der weiß, was nun alles zu passieren hatte. Wir schossen in dieser Nacht mit dem Gewehr G3 und dem Maschinegewehr. Wenn solch ein Schießen eingestellt wurde, musste zunächst die bereits an den Mann ausgegebene Munition wieder vereinnahmt werden. Dazu mussten die Patronenausgeber und Schiesskladdenschreiber höllisch aufpassen, keine Fehler zu machen. Die Bücher und die Anzahl der vorhandenen Munition musste auf eine einzelne Patrone korrekt sein. Dazu wurde dann auch noch die „schießende Truppe" in Reih und Glied aufgestellt und es musste eine Sicherheitsüberprüfung jeder einzelnen Waffe durchgeführt werden. Die Soldaten wurden außerdem unter Androhung von Strafen belehrt. Erst wenn alle diese Sicherheitsmaßnahmen ordnungsgemäß durchgeführt waren, durfte die abgesperrte Schießbahn verlassen werden.

Inzwischen goss es wie aus Eimern und über uns war ein Inferno losgetreten. Es blitzte und krachte nur so um uns herum, dass einem angst und bange werden konnte. Wie lange der „Abbau" in finsterster Nacht, nur durch Blitze erhellt, letztlich gedauert hat, weiß ich nicht mehr. Jedenfalls waren wir alle, und das waren immerhin so um die 120 Soldaten, bis auf die Knochen nass. In diesem Zustand erreichten wir mühsam auf schon fast aufgeweichten Waldwegen das Camp. Dort war der Spieß mit den ganz wenigen Wachsoldaten in heller Aufregung. Der vorher über lange Wochen sehr trocken gebliebene Waldboden konnte die anrauschenden Regenmengen gar nicht schnell genug aufsaugen. Zwei der großen Zelte standen unglücklicherweise in einer fast nicht bemerkenswerten Senke, durch die jetzt ein fast schon reißender Bach floss. Ergebnis: sämtliche Schlafsäcke mitsamt dem Stroh darunter, unzähliges Kampfgepäck und andere Ausrüstung wie Kochgeschirr und dergleichen lagen fortgespült irgendwo „stromabwärts" im Wald verteilt. Erst einmal rangierten wir die Unimogs so durch die Bäume, dass mit den Scheinwerfern die Szene des Schreckens beleuchtet werden konnte. Da selbst während eines Nachtschießens immer Zivilpersonal des Truppenübungsplatzes anwesend war, konnte ich mit deren Hilfe einen telefonischen Notruf an die Bereitschaft der Standortverwaltung richten. Es war zum Glück genügend Platz in den festen Unterkünften frei und wir zogen in den Morgenstunden komplett und pitschnass in feste Gebäude um. Ich ließ die Truppe ausschlafen und erst nachmittags räumten wir das Biwak. Das war nach diesem Unwetter nicht mehr bewohnbar. Abends veranstalteten wir daraufhin erst einmal ein zünftiges Grillfest. Der Kompaniefeldwebel hatte trotz der vergangenen Nacht alles dafür perfekt vorbereitet.

Die restlichen Übungstage blieb es trocken und wir wohnten bis zur Abfahrt in der festen Unterkunft mit einer Kantine gleich nebenan.

Es gab während meiner Zeit als Chef der Einheit schließlich noch eine ähnliche Übung. Dieses Mal ging es als „angreifende Truppe" gegen unser Nachbargeschwader, das MFG 1 in Kropp/Jagel bei Schleswig. Wir wurden gebeten, uns für eine Geschwaderübung zur Verfügung zu stellen. Ich hatte mit den dortigen Verantwortlichen auch wieder vereinbart, mit fast meiner gesamten Kompanie gegen sie anzutreten. Wir sollten versuchen, den Marineflugplatz Jagel einzunehmen.

Das Problem in Jagel war auch wieder, erst einmal auf das Fliegerhorstgelände zu kommen. In Jagel würde die dortige „Schwere Sicherungskompanie" zusammen mit der 40 mm Flak-Staffel das Flugplatzgelände verteidigen. Mein Plan: wir mussten zuerst mindesten ein Fahrzeug des MFG 1 kapern und mit diesem versuchen, durch das Haupttor des Fliegerhorstes hinein zu kommen. Sobald wir erst einmal das Tor offen hatten, würde es einfacher sein, mit weiteren Fahrzeugen einzufahren. Ich hatte auf diversen Unimogs unserer Kompanie hinten auf den Ladeflächen 20 mm Geschütze aufladen und mit Übungsmunition schießfertig machen lassen. Wir waren von Tarp aus mit einem längeren militärischen Lkw-Konvoi unterwegs. Der bestand aus mehreren Unimogs mit Kanonen auf den Ladeflächen und weiteren Unimogs mit den aufgesessenen Kanonenbesatzungen. Als Schlussfahrzeug fuhr ein großer Bundeswehrbus in der Kolonne mit. Der war voll besetzt mit Soldaten in voller Kampfausrüstung. Ich hatte auch diesmal wieder zwei „Bell UH-1D" Hubschrauber vom „Hungrigen Wolf" angefordert. Die standen inzwischen abflugbereit in Tarp. Über Funk konnte ich mit Tarp sprechen. Wir fuhren nun am helllichten Tag mit dem gesamten Konvoi über die B 77 quasi am Haupttor des Fliegerhorstes Jagel vorbei. Der Führer des Konvois, ein Leutnant zur See und Zugführer, dem ich das Kommando übergeben hatte, verpasste glatt die Einfahrt zum Haupttor und der gesamte Konvoi fuhr schnurstracks vorbei. Schlechter hätte es für uns als Angreifer nicht beginnen können.

Wir parkten schließlich alle Fahrzeuge erst einmal auf einer Nebenstrecke der B 77. Wieder kam ein Soldat mit Privatwagen und in Marineausgehuniform zum Zuge. Auf der „Geschwader-Alarmstraße" zwischen der in Kropp gelegenen Kasernenanlage und einem Nebentor des Fliegerhorstes in Jagel täuschte er jedes Mal eine Panne vor, sobald sich ein Militärfahrzeug näherte. Und davon gab es viele. Wir hatten in wenigen Minuten zwei LKW und einen VW-Bus in unserem Besitz. Die Fahrer und Beifahrer des MFG 1 wurden „festgenommen", abgeführt und in den Wald gebracht, während Soldaten mit militärischen Führerscheinen aus meiner Kompanie für diese gekaperten Fahrzeuge eingeteilt wurden. Wie der Zufall es wollte, hielt schließlich auch noch freundlicherweise der Fahrer des stellvertretenden Kommodore mit dem Dienstwagen an. Der hinten sitzende Stellvertreter wurde erstens seinen Dienstwagen los und zweitens landete er als „Kriegsgefangener" bei meiner Einheit auf dem Waldweg. Mit erheblichen Schwierigkeiten konnte ich dann per Funkanweisung meinen irgendwo an der B 77 wartenden Konvoi auch wieder in Marsch setzen, so dass der gekaperte Wagen des Stellvertreters nun an der zweiten Position in unserer Kolonne fuhr. Der „richtige" Fahrer des MFG 1 durfte selber fahren, ich saß mit dem protestierenden Stellvertreter hinten. Mein Spieß fuhr vorne als Beifahrer mit, eine „Uzi" auf den Fahrer gerichtet. Ganz vorne und als erstes Fahrzeug fuhr mein Zugführer mit dem gekaperten VW-Bus. Er wurde begleitet von Soldaten meiner Kampftruppen.

Der zivile Wachmann am Haupttor machte nicht auf. Wir mussten mit dem gesamten Konvoi draußen vor dem eisernen Tor stoppen. Ich sah mit an, wie dort offensichtlich heftig diskutiert wurde. Dann drohte mein Zugführer dem zivilen Wachmann, ihn auf der Stelle zu „erschießen", wenn nicht augenblicklich das Tor aufginge. Der Wachposten, der daraufhin fast einen Herzinfarkt bekam, machte schließlich doch das Tor auf. Einige meiner Soldaten stürmten daraufhin das Wachlokal, blockierten dort das Telefon und der gesamte Konvoi fuhr ein. Wie geplant verteilten sich meine Unimogs vor den beiden Staffelgebäuden, vor dem Hauptgefechtsstand und vor dem Kontrollturm. Ich rief Tarp über Funk und meine beiden Hubschrauber flogen von dort los, im „Gepäck" eine Kanone und die dazugehörige Besatzung samt Sicherungssoldaten.

Der große Bus mit meinen Kampftruppen parkte erst einmal hinter einem Gebäude, das offensichtlich nicht benutzt wurde und schlecht einsehbar war. Nur ein kurzes Stück weiter hatten unsere „Gegner" vom MFG 1 eine Geschützstellung mit einer 40 mm Flugabwehrkanone eingerichtet. Leute waren dort allerdings nicht zu sehen. Mein Zugführer hatte nach wie vor das Kommando. Er ließ erst einmal diese Stellung „stürmen". Das heißt, eine Erstürmung war gar nicht nötig, denn die Kanonenbesatzung saß seelenruhig in einem Kommandowagen neben der Kanone und kochte Kaffee. Wir übernahmen die Stellung „ohne eigene Verluste", machten eine Durchsage auf dem vorhandenen Funkgerät, dass der Flugplatz nunmehr durch unsere „Feindtruppen" eingenommen worden sei. Nach dieser Durchsage blockierten wir sofort jeden weiteren Funkverkehr auf diesem Hauptfunkkanal, indem wir einfach die Sprechtaste nicht mehr losließen. Wollte nun eine andere Funkstelle etwas durchgeben, hörte der gesamte Flugplatz auf dieser Frequenz nur Gequietsche.

Meine Hubschrauber kamen. Gleich neben der eingenommenen 40 mm Kanone wurde unser 20 mm Geschütz abgesetzt und feuerbereit gemacht. Natürlich waren die Magazine wieder nur mit Platzpatronen geladen. Da sich beide fliegenden Staffeln des MFG 1 in ihren oberirdischen Bunkern sehr sicher fühlten und die schweren Stahltore von innen verschlossen hielten, mussten wir mit Tränengas nachhelfen. Die Klimaanlagen auf den Bunkerdächern waren gut zugänglich. Der Flugplatz Jagel war „eingenommen".

Auch in Kropp/ Jagel konnte man sich noch lange an meinen Namen erinnern. Es sollte mein zweiter und letzter Übungseinsatz dieser Größe als Kompaniechef der „Schweren Sicherungskompanie des MFG 2" bleiben.

Irgendwann in dieser Zeit stand auch mein Stabsoffizierlehrgang an der Führungsakademie der Bundeswehr in Hamburg ins Haus. Der dauerte knappe drei
Monate und das Bestehen des auch schon einmal „Christenverfolgung" geschimpften Lehrganges war die Voraussetzung für

eine spätere Beförderung zum Stabsoffizier. Der richtige Name des Lehrganges war „Fortbildungsstufe C" wie „Charlie". Ich schnitt gar nicht schlecht ab, aber mit der Beurteilung meiner Leistungen stand anschließend fest, dass ich wohl nie Admiral werden würde. Das vorgegebene Thema für die von mir in vier Wochen anzufertigende Studienarbeit lautete: „Die Primärsozialisation der Mittelschicht". Alles klar?

Mein Stabsoffizierlehrgang. Ich stehe hinten, ganz links

26. Kapitel
Bootsoffizier an der Marineschule-Mürwik

Nach meiner Dienstzeit als Chef der Einheit der „SSichKp" in Tarp holte man mich erneut an die Marineschule-Mürwik. Man brauchte dort dringend einen neuen Bootsoffizier. Der bisherige Kapitänleutnant war aus einem triftigem Grund „gegangen" worden. Man kannte mich inzwischen in der ganzen Marine als leidenschaftlichen Segler und so fiel eine kurzfristige Personalentscheidung ausgerechnet auf mich. Als Bootsoffizier war ich verantwortlich für alle Segelboote und Segelyachten und für die Ausbildungsmotorboote der Marineschule-Mürwik. Außerdem unterstanden mir ein ziviler Bootsbaumeister, etliche zivile Bootbauer und Kraftbootsteurer, ein Segelmacher sowie zwei Hauptbootsleute und zwei Matrosen. Dazu kamen ein ziviler Kapitän und drei Besatzungsmitglieder des Schulbootes „Nordwind". Das war ein ehemaliger Kriegsfischkutter und nun zweimastiges Ausbildungsboot für Navigationsbelehrungsfahrten. Dafür wurde extra ein Radargerät an Bord installiert und für sehr viel Geld und noch mehr Ärger ein alter Dieselmotor eines Mercedes 240D zur insgesamt an Bord gestiegenen Stromversorgung eingebaut. Über die Geldverschwendung alleine an diesem Schulboot könnte ich ein ganzes Buch schreiben.

    Im Winter musste ich mich um die Reparatur, Wartung und Instandsetzung des schwimmenden Materials kümmern, im Sommer war ich quasi der Leiter des „Charterbüros" der Marineschule. Hier galt es, die Boote für den täglichen Ausbildungsbetrieb bereitzuhalten und die Segelyachten außerhalb der Bedürfnisse der Schule möglichst gerecht für „dienstliche" Langfahrten und Wochenendtörns einzuplanen. Anträge aus allen Bereichen der Marine gab es mehr, als Boote zur Verfügung standen.

    Das gab oft böses Blut. Einige Dienstgrade glaubten, sie könnten jedes Jahr zu der ihnen genehmen Zeit „ihr" Boot bekommen. Ich aber teilte vielen daraufhin einfach nur mit, dass sie bisher immer und jedes Jahr ein Boot bekommen hätten und nun auch einmal diejenigen an der Reihe wären, denen man jahrelang kein Boot zugestanden hätte. Nicht jeder wollte meine Argumentation verstehen.

Die in die Jahre gekommenen Folkeboote und 6,5 KR-Yachten der MSM bereiteten schon lange erhebliche Probleme. Bei den Folkebooten „regnete" es überall durch und im Frühjahr, wenn diese geklinkerten Holzboote nach dem langen Winterlager aus der Halle wieder ins Wasser kamen, musste das eine oder andere Boot auch schon einmal ein oder ganze zwei Tage im Kran hängen bleiben. Der Kran bewahrte die Boote vor dem Absaufen an der Pier. Das Holz der Rümpfe war über die Wintermonate in der immer viel zu warmen Halle dermaßen ausgetrocknet, dass es nun erst einmal im Wasser aufquellen musste, um dicht zu werden. Ein oder zwei Tage lang lief einfach noch viel zu viel Wasser durch die Ritzen. Erst nach dem „Abhängen" am Kran konnte man es wagen, die Boote von alleine schwimmen zu lassen. Bei den 6,5 KR-Yachten war es nicht viel anders. Die Boote waren insgesamt einfach „auf". Ich musste sogar einmal die Flensburger Feuerwehr holen, die dann mit Pumpen aushalfen. Sonst wäre mir glatt ein 6,5er abgesoffen. Am Kran hing inzwischen schon ein anderer...

Die Marine beschloss irgendwann zu dieser Zeit, einen Teil des Bestandes der Ausbildungsboote an der Marineschule zu erneuern. Für die Folkeboote wurden GFK-Boote vom Typ „Nadine" gekauft, die auf einer mir völlig unbekannten Werft hergestellt wurden. Bis auf einige unsauber eingebaute Schränke, die bei Seegang schon einmal auseinander fielen, waren das sehr gut segelnde Fahrzeuge für eine kleine Dreiercrew. Zehn Stück wurden davon beschafft. Für die 6,5er wurden als Ersatz Yachten der Werft Asmus in Glückstadt an der Elbe gekauft. Diese Werft hatte zu dieser Zeit erhebliche finanzielle Probleme und stand kurz vor ihrem Ruin. So kam die Marine mit einer Bestellung von sechs Yachten gerade recht. Warum sich die eigentlich sehr guten Boote des Typs „Hanseat 70" auf dem freien Markt nicht recht verkaufen ließen, mag am Preis und an der damaligen Konkurrenz aus dem Ausland gelegen haben.

Die Marine in Bonn forderte die Marineschule auf, für diese sechzehn neuen Boote Namen vorzuschlagen. Natürlich kam der Auftrag zu mir in meiner Eigenschaft als Bootsoffizier. Ich hatte einmal ein Buch eines amerikanischen Admirals gelesen, der während des zweiten Weltkrieges für die Namensgebung der seinerzeit in großen Stückzahlen gebauten Kriegs- und Hilfsschiffe zuständig war. Ich kam mir nun genauso vor. Alles was ich vorschlug, zum Beispiel Stadtteile Flensburgs, gab es irgendwie schon in der Marine als Schiffsnamen. Schließlich griff ich in die Trickkiste und schlug für die „Nadine"-Boote nun Namen mir bekannter weiblicher Wesen vor, und zwar in alphabetischer Reihenfolge. „Alke" wurde das erste Boot getauft, wobei Alke die Hündin von unserem besten Freundesehepaar war. Die zweite Nadine bekam den Namen „Birgit". Das war die Frau dieses befreundeten Ehepaares. „Christa" war die Witwe eines abgestürzten „F-104"-Freundes aus meiner Staffel. „Dorit" ist ein erfundener Name. „Elke" hieß ein Boot nach der Starfighterwitwe Elke von Hassel. Und schließlich bekam ich auf diese Weise alle meine Namen zusammen. Die „Namengeber" wissen wahrscheinlich bis heute nicht, warum von mir gerade diese Namen ausgewählt worden sind. Einfach nur aus Verzweiflung darüber, dass ich keine anderen Namen fand, die von höherer Stelle der Marine akzeptiert wurden.

Bei den „Hanseaten" nahm ich Halbedelsteine und Edelsteine zu Hilfe. „Achat", „Brillant", „Safir" und „Topas" kamen unter anderem dabei heraus. Die Übergabe des ersten Bootes „Achat" wurde mit einem gewissen Aufwand betrieben. Die Bauwerft hatte Vertreter der Marine und des Bundeswehrbeschaffungsamtes eingeladen. Von der Marine waren hohe Offiziere angereist, die nur auf dem Papier oder gar nichts mit den Ausbildungssegelbooten zu tun hatten. Das ist ähnlich wie auf Beerdigungen. Da tauchen dann auch Leute auf, die man vorher noch nie gesehen hat.

Die Werft hatte am Tag dieser Taufe im Auftrag des BWB erst noch nachzuweisen, dass das aufrichtende Moment des Bootes den „Anforderungen" der Marine genügte. Dazu hatte man das Boot quer zur Pier zwischen zwei Pfählen festgemacht. Eine Leine von der Mastspitze der „Achat" war zur Pier gespannt und dort an einem großen Gabelstapler befestigt worden. Der begann dann schließlich vor allen Augen damit, das Boot bis auf 90 Grad Schräglage zu ziehen. Es war erstaunlich zu sehen, dass das Hafenwasser bei dem nun völlig auf der Seite liegenden Boot nicht einmal bis zur

Einstiegsluke reichte. Das Boot schwamm in dieser extremen Lage sehr hoch auf. Die Marine war zufrieden und der eigentliche Taufakt konnte beginnen. Mir ist nicht bekannt, dass jemals auf irgendeiner Werft ein derartiger Versuch an einer Segelyacht durchgeführt worden ist.

Man hatte die Ehefrau eines sehr verdienten zivilen Mitarbeiters der Marineschule gebeten, die Taufrede zu halten. Sie sollte einfach nur sagen: „Ich taufe dich auf den Namen „Achat" und wünsche dir und deiner Crew allzeit gute Fahrt und immer eine handbreit Wasser unter dem Kiel." Der Text stand übergroß auf einem Zettel, den sie in der Hand hielt. Leider war sie so nervös, dass sie trotz mehrerer Anläufe keinen Ton herausbrachte. Jemand anderes las daraufhin den Text vom Blatt ab.

Direkt im Anschluss an die Taufe hatte uns die Werft in das alte Rathaus in Glückstadt zum Heringessen eingeladen. Ich bin kein großer Fischesser, aber was das Restaurant dort an verschiedenen Heringsleckereien gezaubert hatte, war bemerkenswert und von edlem Geschmack.

Nur wenige Tage später konnte ich als Bootsoffizier der „MSM" die „Achat" in Glückstadt abholen und unter Segeln nach Flensburg überführen. Für den Bootshafen brach eine neues Zeitalter an. Es gab dort noch keinen Bootsbauer, der sich mit dem GFK- Baumaterial der neuen Boote auskannte.

Kurz nachdem die sechs neuen Boote an die „MSM" ausgeliefert waren, meldete die Bootswerft Konkurs an. Die „Finanzspritze" der Marine hatte ihre Wirkung verfehlt.

Die holländische Marine hatte im Bootshafen der Marineschule einen Dauerliegeplatz von mir bekommen. Jedes Frühjahr brachte immer derselbe Korvettenkapitän eine Dienstsegelyacht nach Flensburg, von wo aus dann holländische Marineangehörige abwechselnd auf Törn gingen. Er segelte die Yacht stets um Skagen herum nach Flensburg. Einer seiner letzten Häfen vor Flensburg war Kerteminde in Dänemark. Dort wurde er Zeuge eines ungewöhnlichen Vorganges.

Zwei Hanseaten der Marineschule auf der Flensburger Förde.
(Dieses Foto stammt von paulus@hanseat-yacht.de)

Der Skipper der Yacht „Westwind", eine der beiden großen 12mR-Yachten der Marineschule, hatte sich offensichtlich beim Einlaufen nach Kerteminde derartig vermanövriert, dass diese stolze Rennyacht von mehr als 21 Metern Länge auf die Steinmole in der Hafeneinfahrt aufgelaufen war. Nun ja, solche Missgeschicke können schon einmal passieren. Mit Hilfe vieler Spaziergänger und Zuschauer wurden schwere Steine an Bord gehoben und damit das Achterschiff beschwert. Der Bug der 25 Tonnen wiegenden Yacht lag auf den untersten Steinen der Mole auf. Schließlich halfen alle mit, das Boot wieder ins Wasser zu schieben, was dann irgendwann und irgendwie auch tatsächlich gelang. Soweit die Tatsachen.

Der gerade bei uns in Flensburg eingelaufene Holländer erzählte mir von dieser Geschichte, als er zu mir ins Büro kam, um sich für die Saison anzumelden. Die „Westwind" selber kam auch noch an diesem Tag von einer 14-tägigen Langfahrt zurück. Nachdem sie im Bootshafen festgemacht hatte, schickte ich einen meiner Matrosen an Bord. Er sollte den Skipper bitten, ihm das Logbuch der Yacht mitzugeben. Der Matrose kam ohne Buch zurück. Der Skipper ließe fragen, wozu ich das Buch haben wollte. Abgesehen davon, dass die Logbücher grundsätzlich nach jeder Fahrt in meinem Büro abzugeben waren, schickte ich den Matrosen erneut hinüber mit der Mitteilung, ich wäre schließlich der Bootsoffizier und würde das Logbuch jetzt und sofort einsehen wollen.

Ein Fregattenkapitän der Flotte ließ sich nun aber von einem Kapitänleutnant und Bootsoffizier der „MSM" ganz bestimmt nichts befehlen. So erschien der Skipper nun höchstpersönlich und wutschnaubend in meinem Büro. Das Logbuch hatte er unter dem Arm. Was das denn solle und überhaupt... Ich schlug die Seite mit dem Eintrag von Kerteminde auf. Dort stand in seiner Handschrift:

„Beim Einlaufen in Kerteminde leichte Berührung mit einem unbekannten Unterwasserhindernis".

Na also, wieder so ein gelogener Eintrag eines Skippers. Und das auch noch von einem Fregattenkapitän. Ich klärte ihn auf und machte unmissverständlich klar, dass es sich hier um eine glatte Urkundenfälschung handeln würde und ich dem Kommandeur der Marineschule eine entsprechende Meldung machen würde. Und er bräuchte in Zukunft auch keinen Antrag mehr auf Zuweisung eines Dienstsegelbootes zu stellen, jedenfalls nicht, solange ich hier Bootsoffizier sein würde. Zerknirscht zog er von dannen. Der Kommandeur der „MSM" war auf meiner Seite.

In diesem Zusammenhang sei nur erwähnt, dass es einmal eine Segelsaison gegeben hat, in der in keinem Logbuch der Segelyachten der Marineschule eine Grundberührung eingetragen war. Beim Slippen der Boote im Herbst stellte sich dann aber heraus, dass es nicht ein einziges Boot gab, das nicht zum Teil sogar schwere Unterwasserschäden nach irgendwelchen Grund-Berührungen aufwies.

Ich hatte irgendwann vorher einmal einen Artikel verfasst mit dem Titel „Von der Ehrlichkeit heutiger Marineoffiziere"... Veröffentlicht habe ich den jedoch nie, von wegen „eigenes Nest beschmutzen" und so...

Ich war noch immer Bootsoffizier. Eines Tages erschien ein hoher Zollbeamter des Zollamtes Flensburg in meinem Büro. Ein Zollboot wäre am Vortag hinter der „Nordwind" hergefahren, als diese mit angemeldeten Zollwaren Richtung See ausgelaufen sei. Die „Nordwind" war auf einer Navigationsbelehrungsfahrt unterwegs gewesen und hatte einen Hörsaal Offizieranwärter an Bord.

Die Stammbesatzung der „Nordwind" bestand aus einem zivilen Kapitän und drei weiteren zivilen Seeleuten. Anlässlich solcher Navigationsfahrten wurden in der Regel vierundzwanzig Schüler mit ihrem Hörsaalleiter eingeschifft. Zu dieser Zeit fuhren auf der Flensburger Förde noch die beliebten „Butterdampfer". Um zollfreie Waren an Bord verkaufen zu können, musste entweder ein dänischer Hafen angelaufen oder die Dreimeilenzone seewärts überschritten werden. Das galt auch für die „Nordwind". Allerdings durfte diese nicht so ohne weiteres Dänemark anlaufen, ohne vorher eine dafür erforderliche diplomatische Anmeldung eingeholt zu haben. Immerhin stand die „Nordwind" in der Liste der Marineschiffe der Bundesrepublik Deutschland. Eine solche Anmeldung war allerdings viel zu aufwendig. So blieb nur das kurzfristige Verlassen der Dreimeilenzone, um an Bord Zollwaren verhökern zu dürfen. Nun war die „Nordwind" allerdings ein recht langsames Boot. Die Auslaufzeit lag in der Regel bei halb neun Uhr vormittags und die Rückkehr gegen halb fünf nachmittags. Ein späteres Einlaufen war deshalb nicht möglich, weil die Kadetten stets zum Abendbrot oben an der Schule angemeldet waren und pünktlich zum Essen zu erscheinen hatten.

Obwohl der Zollkreuzer die „Nordwind" die ganze Förde auslaufend im Auge behielt, dreht diese „rechtzeitig" wieder auf Heimatkurs, eben wegen der Essenszeiten der Kadetten. Aufgrund der bestehenden Entfernung bis zur Dreimeilenzone und der viel zu langsamen Geschwindigkeit konnte die „Nordwind" so oder so die vorgeschriebene Dreimeilengrenze in der zur Verfügung stehenden Zeit niemals erreichen. Da nun aber ein zollfreier Warenverkauf beim Zollamt angemeldet war, musste die extra dafür an Bord genommene Ware auch an die Kadetten verkauft werden. Ergo: der zivile Kapitän verkaufte illegal Zollwaren, an denen er offensichtlich auch noch ganz gut verdienen konnte. Das wollte nun der Zollbeamte vor Ort und mit meiner Hilfe klären.

Ich ließ den Kapitän holen mit der Aufforderung, das Logbuch mitzubringen. Der kam ohne Buch und teilte mir mit, er habe das Logbuch gestern mit zu sich nach Hause genommen. Dieses alleine war schon ein Verstoß gegen alle Regeln. Logbücher verbleiben ausnahmslos an Bord eines jeden registrierten Bootes oder

Schiffes. Ich schickte ihn nach Hause, um das Buch zu holen. Der Zöllner blieb bei mir sitzen und wir quatschten über dieses und jenes und vor allen Dingen über unseren bestehenden Verdacht eines Zollvergehens. Der Kapitän kam nach einer Stunde zurück mit der Bemerkung, er könne im Moment das Buch nicht finden. Nach Feierabend und nachdem die zivile Crew samt Kapitän von Bord gegangen waren, begab ich mich persönlich an Bord der „Nordwind". Ich fand kein einziges Logbuch, dafür aber jede Menge Listen, auf denen die Kadetten jeden Zolleinkauf mit ihrer Unterschrift bestätigt hatten. Diese Listen übergab ich den Zollbehörden. Die „Nordwind" bekam kurz darauf einen neuen Kapitän und ich eine Morddrohung vom bisherigen.

Natürlich bin ich als Bootsoffizier selber viel gesegelt und machte mit der „Ostwind", einer 12mR-Yacht aus dem Jahre 1939, die von der berühmten Werft Abeking & Rasmussen gebaut worden war, etliche Kurz- und Langfahrten. Mit über 21 Metern Länge bei nur 3,60 Metern Breite und einer Masthöhe von etwa 30 Metern besaß die „Ostwind", wie ihr Schwesterschiff „Westwind" übrigens auch, keine Maschine. Auf Langfahrten wurde deshalb zum Manövrieren in Häfen stets ein Schlauchboot mit Außenbordmotor nachgeschleppt. Solche Langfahrten führten beispielsweise hinauf nach Anholt, oft nach Kopenhagen und auch schon einmal nach Göteborg und weiter hinauf bis kurz vor Oslo. Meine Besatzung bestand stets aus 12 Mann, die ich auf freiwilliger Basis aus verschiedenen Bereichen der Marine einlud. Darüber hinaus segelte ich an manchen Wochenenden Tagestörns, zu denen ich Freunde und deren Familien einlud. Dann hatte ich immer mindestens 5 Mann „Stammcrew" mit an Bord. Anders wäre das Segeln mit diesen schönen Rennern nicht möglich gewesen. In der Regel und bei günstigem Wind führte solch ein Sonntagstörn von Flensburg nach Sonderburg in den Innenhafen und wieder zurück. Oft saßen dann bis zu 24 Personen auf dem Deck und genossen die rauschende Fahrt durch die schöne Flensburger Förde. Auch an schulinternen Regatten und dem „blauen Band der Förde" und natürlich an den jährlich stattfindenden Flottenregatten nahm ich regelmäßig teil, aber immer nur mit der „Ostwind". Die war einfach schneller als ihr Schwesterschiff. Meistens wurde ich Sieger. Während meiner gesamten Dienstzeit bei der Bundesmarine, das waren immerhin dreißigeinhalb Jahre, habe ich auf der „Ostwind" und „Westwind" zusammen mehr als zwanzigtausend Seemeilen zurückgelegt.

An Bord der „Ostwind".

Eines Tages wurde ich zum Kommandeur der Marineschule gerufen.

„Herr Kapitänleutnant Beeck, kümmern sie sich doch `mal um diesen General. Der will hier bei uns segeln und den Marine-Segelschein erwerben..."

Er gab mir einen Brief des kommandierenden Generals der Panzer, der in Neumünster Boberg seinen Dienstort hatte. Dieser bat darum, auf einer Yacht der Marineschule für den Marine-Segelschein „B" geprüft zu werden. Ich rief in Neumünster an und wurde direkt zu ihm durchgestellt. Ob ich der vorgesehene Prüfer sei und wie wir das am besten machen könnten. Ich lud ihn zu einem Montag ein. Er wollte seine eigene Crew mitbringen und segeln könnte er und die anderen drei auch.

„Bitte pünktlich um 08:00 Uhr im Bootshafen der Schule, Herr General..."

Ich bin in meinem ganzen Leben noch nie zu spät gekommen und hasste nichts mehr, als auf jemanden warten zu müssen. Die Sonne schien schon einigermaßen warm vom Himmel, kein Wölkchen zeigte sich und Schlag 08:00 Uhr stand ein General vor mir. Das Boot, einen Hanseaten, hatte ich vom Bootshafenpersonal gleich zu Dienstbeginn bereitstellen lassen, und so konnten wir sofort zur geplanten Prüfungsfahrt auf der Flensburger Innenförde auslaufen. Der Himmel bescherte uns ein tolles Segelwetter. Es stellte sich sofort heraus, dass der General ein sehr netter und außerordentlich freundlicher Mann war. Ebenso lernte ich seine drei Mitsegler kennen. Zwei Offiziere gehörten zu seinem Stab, der Dritte war sein persönlicher Fahrer, ich glaube, es war ein Hauptgefreiter des Heeres. Auch er war leidenschaftlicher Segler mit mehrjähriger Erfahrung. Ich konnte es mir quasi als „Badegast" bequem machen und beobachtete lediglich, wie er die Manöver fuhr, die ich ihm vorgab. Da alles wirklich wie am Schnürchen verlief, ließ ich ihn sogar noch in der Wasserslebener Bucht ein Ankermanöver fahren und, als er selber nach einem Spinacker fragte, blähte sich die bunte Blase bald über unserem Vorschiff und brachte erst richtig Fahrt ins Boot. Alle vier Kameraden vom Heer genossen offensichtlich das herrliche Wetter, den passenden Wind und die gute Stimmung an Bord.

Ich hatte schon sehr viele Prüfungsfahrten abgenommen. Meistens dauerten die so etwa eine viertel Stunde, bevor der nächste Prüfling an die Reihe kam. Nie wurde dabei geankert oder gar unter Spi gesegelt. Aber an diesem Tag und mit dieser hochrangigen Crew war das schon etwas Besonderes. Und selten lief eine Prüfungsfahrt so sauber und auch innerhalb einer Crew so spielerisch leicht und reibungslos ab, wie an diesem Tag.

Ich glaube, der Herr General hatte inzwischen total vergessen, dass dieses seine Prüfungsfahrt war. Ich ließ beidrehen, auch dieses Manöver beherrschte er so, wie ich es nicht hätte besser machen können, und ich bat alle vier Herren, sich zu erheben. Dann gratulierte ich dem General zu der bestandenen Prüfung. Der Fahrer kramte unten aus einem Gepäckstück Gläser und Sekt hervor.

„Herzlichen Glückwunsch Herr General und Prost meine Herren..."

Ich glaube, meine nächste Frage an ihn hätte ich mir ersparen können. Selbstverständlich würde er gerne noch den wunderschönen Tag auf der Förde verbringen. Wann käme er denn sonst schon einmal weg von seinem Schreibtisch. Ich ließ ihn und seine Herren nach Lust und Laune weitersegeln und genoss selber den herrlichen Sonnentag. Wir Nordlichter sind damit ja bekanntermaßen nicht absonderlich reich gesegnet.

Irgendwann fragte ich den Herrn General, ob ich nicht einmal bei ihm in seiner Einheit auf einem Panzer mitfahren dürfte. „Sie können bei mir sogar den Panzerführerschein machen..." bekam ich zur Antwort. Seine Mitsegler grinsten und ich wusste nicht, wie ich diese Antwort einzuordnen hatte.

Zwei oder drei Wenden später fragte ich ihn nun zum zweiten Male. Ich bekam dieselbe Antwort. Seine Herren grinsten noch mehr.

Und ein drittes Mal richtete ich diese Bitte auf Mitfahrt in einem Panzer schließlich an ihn.

„Sie können bei mir wirklich den Panzerführerschein erwerben, wenn sie wollen. Das einzige Problem: ihr Admiral müsste einen „Antrag auf Fahrausbildung" unterschreiben. Sehen Sie, mein G3 hier muss auch demnächst noch seinen Führerschein erwerben und ich schlage deshalb vor, sie besprechen alle Einzelheiten mit ihm. Sie werden zwei Wochen Zeit für die Fahrausbildung brauchen. Ich sorge dafür, dass sie ihren eigenen Fahrlehrer bekommen. Mein G3 kennt seinen schon".

Am kommenden Vormittag meldete ich mich beim Schulkommandeur.

„Na Beeck, wie war`s mit dem General? Kann er segeln?"

Ich hatte die Unterlagen für den Segelführerschein der Marine vorbereitet und mein Kommandeur unterschrieb den Bericht gerne. Er erkundigte sich noch kurz über die abgelaufene Prüfungsfahrt, als ich ihn bat, für mich einen „Antrag auf Fahrausbildung" zu unterschreiben.

„Beeck, sind sie verrückt, das kann ich doch niemandem erklären. Einen Panzerführerschein...?"

Ich begann eine kurze Erklärung damit, dass ich von Hause aus Marineflieger war und auch einmal Chef einer Schweren Sicherungskompanie und dass die Marine im Moment die Beschaffung des Flugabwehrsystems „Roland" planen würde. Nur wäre man sich noch nicht sicher, ob man die Waffen auf ein Rad- oder ein Kettenfahrgestell montieren sollte. Und falls Kette, dann gäbe es in der Marine niemanden, der von Kettenfahrzeugen eine Ahnung hätte.

Irgendwie schien er das als Argument zu akzeptieren und zusammen mit seiner guten Laune bekam ich die erhoffte Unterschrift.

Ich meldete mich in Neumünster-Boberg an und bekam einen Oberfeldwebel als „eigenen" Fahrlehrer zugeteilt. Vorstellungen von dem, was mich an den nächsten 14 Tagen erwarten sollte, hatte ich gar keine. Überrascht war ich aber nun doch, als ich zur Kleiderkammer geführt wurde, um eine komplette Panzerausrüstung zu empfangen. Neben der Panzerkombi gab es auch zwei blaue Arbeitsoveralls. Und noch am selben Tag fand ich mich in einer großen Panzerhalle wieder und durfte mit etlichen Gefreiten des Heeres zusammen die Ketten eines Kampfpanzers „Leopard 1" wechseln. Während der ersten Woche war ausschließlich technischer Dienst angesagt. Panzerwartung allgemein, Feuerlösch- und Lenzanlage und etliches mehr standen auf dem Stundenplan. Noch fiel ich den Gefreiten nicht so sehr auf, außer vom Alter vielleicht. Dienstgradabzeichen trug ich am „Blaumann" nicht. Aber als der erste Freitag kam und alle Fahrschüler, ich eingeschlossen, zum schriftlichen Fahrschultest im Klassenzimmer zu erscheinen hatten, da schauten mich dort alle an, als wäre ich gerade vom Mars eingeflogen. Zwischen all den grauen Heeresuniformen der Mannschaftsdienstgrade saß einer in blauer Marineuniform und mit zweieinhalb goldenen Ärmelstreifen.

Der aufsichtführende Feldwebel war mein „persönlicher" Fahrlehrer. Das beklemmende Gefühl von vorhin legte sich etwas. Der Test bestand aus zwei Teilen, nämlich dem militärischen und dem zivilen Prüfungsteil, die waren beide nach dem in der Bundeswehr neu eingeführten „Multiple Choice Verfahren" vorbereitet. Es gab pro Frage jeweils drei oder vier Antworten, von denen man die richtige ankreuzen musste. Ich besaß bereits einige militärische Führerscheine und kannte mich ziemlich gut aus mit dem „NATO-Lichtschalter" und dem Kolonnenkreuz an der Hinterachse von Militärlastkraftwagen, aber insgesamt gab es doch die eine oder andere Frage, von der ich wirklich keine blasse Ahnung hatte. Was nun?

Der Aufsichtführende spazierte langsam durch die Reihen. Als er bei mir vorbei kam, hielt ich meinen Kugelschreiber gegen die Nummer der Frage, zu der ich keine Antwort wusste. Er hielt inne, schaute auf mein Blatt, ging dann aber wortlos weiter. Plötzlich hörte ich ihn mit seinem Finger auf irgendeiner Bank drei Klopfzeichen geben. Tock-tock-tock...

„A-B-C..." schoss es mir durch den Kopf. Ich kreuzte „C" an. Noch drei- oder viermal wiederholte sich dieses nicht abgesprochene Spielchen. Ich bestand mit 96 %. Er hatte bewusst einmal falsch geklopft.

„100% wäre auch für einen Marineoffizier ungewöhnlich gewesen, dass sehen sie doch ein, oder...?"

Ich sah das nicht nur ein, sondern war ihm auch sehr dankbar.

In der zweiten Woche begann schließlich die reine Fahrausbildung. Ich lernte das automatische Getriebe zu bedienen, drehte den Panzer auf der Stelle im Kreis und machte mich mit den wirklich überdimensionalen Außenabmessungen des Ungetüms vertraut. Das war auch gut so, denn wenn man ein falsches Augenmaß nahm, walzte man unweigerlich alles rechts und links im Weg stehende unweigerlich in den Boden, egal ob Baum oder Auto. Im Übungsgelände bei Neumünster lernte ich tiefe Bodenwellen und steile Hügel zu meistern, „kletterte" über eine etwa einen Meter hohe Betonbarriere, brauste fast mit voller Fahrt durch sehr tiefe Wasserlöcher und hatte überhaupt eine Menge Spaß, diesen Gefechtspanzer durch die Gegend zu chauffieren. Auf freier Betonbahn erreichten wir immerhin 70 Stundenkilometer. Was mich wirklich beeindruckte, war die exzellente Federung des Panzers. Mancher Pkw fuhr sich dagegen wie ein Bollerwagen.

Am Ende der zweiten Woche hatte ich beim General zu erscheinen. Er gratulierte mir zur bestandenen Prüfung und überreichte mir den Bundeswehrführerschein „F4 - für alle Panzer".

Wir saßen noch in seinem Dienstzimmer, er ließ Kaffee holen und wir quatschten über dieses und jenes. Nachdem ich erneut bemerkt hatte, was für ein netter Mensch er war, konnte ich nicht umhin, ihm von meiner früheren Seefahrt bei der HAPAG zu erzählen und von den Panzern, die wir damals aus Kanada nach Deutschland transportiert hatten, und von meiner allerersten Musterung, bei der ich als „Untauglich für alle Panzer - über 1,80 m groß" eingestuft worden war. Er lachte, reichte mir die Hand zum Abschied und lud mich ein, zur Fahrertüchtigung ruhig einmal wiederzukommen.

Ich meldete mich beim Kommandeur der Marineschule als „Panzerfahrer" zurück. Der grinste nur...

Die „Nordwind", dessen erster ziviler Kapitän wegen wiederholten Zollvergehens abgelöst worden war, verlegte übrigens jedes Jahr zur Kieler Woche in den Marinestützpunkt nach Kiel-Wik. Von dort aus wurden mit täglich wechselnden Besuchergruppen sogenannte Regattabegleitfahrten durchgeführt. Bereits im ersten Jahr meiner Tätigkeit als Bootsoffizier wurde mir befohlen, während dieser 14 Tage den Kapitän zu vertreten und diese Fahrten an seiner Stelle durchzuführen. Warum man mich dafür bestimmte, weiß ich nicht. Wahrscheinlich wollte man in dieser Zeit einen „Uniformierten" statt eines zivilen Kapitäns an Bord haben. Ich wurde stets für diese vierzehn Tage von meinem Dienst an der „Burg" freigestellt. So verlegte ich denn mit den drei verbliebenen zivilen Seeleuten nach Kiel und bekam dort eine Liste mit den Personen, die in den nächsten zwei Wochen bei mir zu Tagesfahrten einsteigen sollten. Ich traute meinen Augen nicht, als ich die Namen las.

Um es kurz zu machen: ich lernte sehr viele Persönlichkeiten aus Politik, Wirtschaft und vom Film und Fernsehen an Bord der „Nordwind" kennen. Unter anderem waren Bundeskanzler Helmut Schmidt, Bundespräsident Heinemann, Robert Lembke vom Fernsehen, Präsidenten der Bundesrechnungshöfe, die Inspekteure der drei Teilstreitkräfte und der Generalinspekteur der Bundeswehr und wer weiß ich noch mit mir an Bord unterwegs. Zusammen mit hohen Politikern waren stets mindestens drei Sicherheitsbeamte an Bord, dazu schwebte ein Hubschrauber des Bundesgrenzschutzes über der Förde. Angeblich wurde sogar streckenweise die nach Süden entlang der Kieler Förde führende Einbahnstrasse von Laboe in Richtung Kiel gesperrt, damit Sicherheitsfahrzeuge parallel zu uns und entgegen der Einbahnstraße in Richtung Norden fahren konnten. Völlig „unauffällig" verhielten sich die schnellen Motorboote zu beiden Seiten der „Nordwind" und die Häufigkeit der Boote der Wasserschutzpolizei fiel besonders auf. Die Herren bei mir an Bord trugen allerdings keine Trenchcoats und keine Hüte mit breiten Krempen.

Ein besonderer Vorteil während dieser Fahrten bestand in der Verpflegung für die hohen Herren. Es gab hervorragende Häppchen aus einem Kieler Sternehotel und die dazugehörenden Hostessen, die diese Leckerbissen verteilen durften, zeigten uns ihr freundliches Lächeln. Und Sekt gab es selbstverständlich auch dazu. Das Segelspektakel auf den Regattabahnen und während der Paraden der Großsegler gab es für uns natürlich immer aus der ersten Reihe zu sehen.

Zu diesen Kieler-Woche-Fahrten wurde ich auch noch in späteren Jahren eingesetzt.

Die „Nordwind". (Dieses Foto fand ich im Internet.)

27. Kapitel
Als Truppenfachlehrer Nautik an der MSM

Offensichtlich hatte man sich in Bonn beim Verteidigungsministerium daran erinnert, dass ich ein ehemaliger Nautiker der Handelsmarine war. Nach dem Posten des Bootsoffiziers, den ich zwei Jahre zu besetzen hatte, wurde ich zum Fachlehrer Nautik berufen. Ich sollte nun jungen Offizieranwärtern beibringen, wie man ein Boot oder Schiff der Marine navigiert.

Die Marine bot seinerzeit verschiedenen Nicht-Natostaaten an, einige ihrer besten Marinekadetten hier in Deutschland ausbilden zu lassen. Das diente dem gegenseitigen Vertrauen zwischen fremden Staaten. Man gab ausgerechnet mir diese Ausländerklassen. Einerseits war mein Englisch ziemlich gut, andererseits war ich durch meine frühere Seefahrt sehr viel in der Welt herumgekommen. So glaubte man, in mir den richtigen Nautiklehrer für die ausländischen Kadetten gefunden zu haben. Diese Entscheidung war nicht schlecht. Ich hatte sehr viel Spaß und Freude mit diesen jungen Leuten, die unter anderem aus Bangladesch, Malaysia, Thailand, den Philippinen, Singapur und aus Kolumbien stammten. Ich lud sie ab und zu ein und bei mir zu Hause wurde gegrillt. Auch veranstaltete ich für sie nach Feierabend Computergrundkurse. Im Gegenzug luden sie mich hin und wieder auf ihre Stuben an der „Burg" ein, wenn sie dort heimische Gerichte zubereiteten. Richtige Kochkünstler konnte man dort kennenlernen.

Mancher dieser ausländischen Kadetten hatte im Unterricht erhebliche Probleme mit der deutschen Sprache. Ein Kadett aus Malaysia war gerade einmal sechs Monate lang in der deutschen Sprache unterrichtet worden und sollte nun den schwierigen Nautikunterricht bei mir bewältigen. Ich war offiziell aufgefordert, grundsätzlich nur auf Deutsch zu unterrichten. Das ging in der Praxis nun aber gar nicht. Vieles vom umfangreichen Lehrstoff haben sie erst verstanden, nachdem ich komplette Unterrichtsstunden noch einmal auf Englisch als Wiederholung brachte. Letztlich, wenn auch mit ein wenig Hilfe von meiner Seite, haben alle den Nautiklehrgang bei mir bestanden.

Anlässlich eines ihrer Besuche bei mir zu Hause ließ ich sie in mein Gästebuch schreiben. Hier sind einige ihrer Eintragungen:

> Kad. (Ecuador) Brümmel Vázquez B.
> Adresse:
>   Núñez de Bonilla N° 981 y
>   Núñez de. (Cdla. "La Gasca")
>   Quito
>   Ecuador
>
> Eine Sache muß ich hier unbedingt aussagen, und zwar, daß ich erstaunt bin, wie ein Lehrer so viel Geduld und Verständnis haben kann wie Sie Herr Kaloi. Aus diesem Grunde, danke ich Ihnen in Name meiner Kameraden und von mir selbst. Ich bleibe Ihnen, ihrer netten Frau und Sebastian für ihre Höflichkeit dankbar.
> Adresse meiner Marineschule:
>   Escuela Superior Naval.
>   Casilla 92-18
>   Guayaquil - Ecuador.
> Tlfn. (Quito) = 521-124

Bernard Song (Singapur)

49-L, JALAN RAJA UDANG
SINGAPORE 1332.

Thank you Very Much For The Invitation
I would like to invite you over to my place
when that is possible. Please do not hesitate
to drop me a line when you happen to be
there. You're very much welcome in Singapore.

Ich wünsche Ihnen Alles Gute
Es ist viel vergnügen bei Ihn zu sein.
Es freut mich auch ihnen kennenzulernen.
Vielen Dank!

[signature]
26.02.83

WANCHAI PUERKBANGNA

3/1 Mu 20
Bangpakong distrik,
Chacheongsao 24130, THAILAND

Ausbildung
Waffensystem bis 31.12.88

It's very nice to meet a teacher as Heer KL. Beek.

Nussbaum W.

26.02.87

MOHAMMED MOAZZAM HOSSAIN (BABUL)
13/10 SIR SYED ROAD,
MOHAMMEDPUR, DACCA-7,
≈ BANGLADESH ≈   26.02.83.

Herzlich willkommen in einem armes land wie Bangladesh, nict ganz

Hossain.

26.02.83.

In einer Nautik-Unterrichtsstunde gab es aus besonderem Anlass etwas zu schmunzeln. Auf dem Stundenplan stand die Berechnung von Stromdreiecken. Dazu holte der Klassen-Wochendienst von oben aus der Nautischen Lehrmittelverwaltung einen Stapel Millimeterpapier. Die Blätter wurden unter den Schülern verteilt. In der letzten Reihe meldete sich ein Schüler aus Malaysia und hielt ein Blatt empor, das mit dem Stapel Millimeterpapier gerade verteilt worden war. Ich traute meinen Augen nicht. In großen Lettern prangten dort die Worte „Reichs Marine Ministerium Berlin" vom Blatt und, noch schlimmer, der Reichsadler mit dem Hakenkreuz zierte den Bogen.

In der Lehrmittelausgabe suchte man nach einer Erklärung. Dieses Millimeterpapier stammte tatsächlich noch aus der Zeit des Dritten Reiches und trotz intensiver „Entnazifizierung" auch aller schriftlichen Lehrunterlagen an der Marineschule musste dieses Blatt übersehen worden sein. Das Blatt ging als historisches Erinnerungsstück nach Malaysia.

Irgendwann zu dieser Zeit hatte sich das WDR Fernsehen an die Führung der Marine beim Bundesministerium der Verteidigung in Bonn gewandt. Der Moderator der Sendung „Windrose" hatte von den beiden 12mR Yachten gehört. Immer auf der Suche nach interessanten und ungewöhnlichen Sportarten und sportlichen Events, wollte sich der WDR III in Bonn nach diesen Booten erkundigen. Ein Fregattenkapitän hatte dem Fernsehen jedoch lapidar mitgeteilt, die Boote würden selten gesegelt, und wenn überhaupt, dann nur bei ganz wenig Wind. Es würde sich einfach nicht lohnen, über diese Boote einen TV-Beitrag zu drehen.

Die Redaktion der „Windrose" gab aber nicht auf und meldete sich direkt beim Kommandeur der Marineschule. Der Flottillenadmiral wiederum beauftragte den „Fachleiter Seemannschaft", sich zu kümmern und der kam zu mir. Wir beide brauchten keine fünf Minuten und meldeten uns beim Kommandeur. Unser Vorschlag: Fernsehteam einladen für einen Wochenendtörn mit beiden 12mR Yachten und die „Nordwind" als Begleitboot mitschicken.

Das Fernsehteam kam mit zwei Kamerateams und sehr viel Ausrüstung. Ein Team kam zusammen mit dem Moderator zu mir auf die „Ostwind". Wir segelten von Freitag bis Sonntagabend. Das Wetter war teilweise sehr rau und die Aufnahmen, die bei mir an Bord und vom zweiten Team aus dem Radarmast der „Nordwind" gedreht wurden, ergaben einen ganz tollen Segelfilm. Gedreht wurde sogar mitten in der Nacht und bei strömendem Regen. Tagsüber herrschte dann beinahe schon zu viel Wind und entsprechender Seegang. Der sehr gelungene Filmbeitrag lief kurz darauf im Westdeutschen Fernsehen. Ich erhielt ausnahmsweise als Skipper der „Ostwind" eine Filmkopie. (siehe im Anhang „Meine Filme auf YouTube")

Eines Tages, es mögen Monate später gewesen sein, wurde ich zum Leiter der Nautischen Abteilung beordert. Er war mein unmittelbarer Fachvorgesetzter. Er fragte mich, ob ich nicht Lust hätte, ins Ausland zu gehen. Und ob ich die hatte! Bereits seit Rückkehr von meiner Ausbildung in den USA hatte ich oft und wiederholt den Wunsch geäußert, erneut im Ausland Verwendung zu finden. Bis dato hatte das allerdings nicht geklappt. Jetzt schien eine Gelegenheit gekommen zu sein. Aber erst einige Tage später konnte er mir dann verraten, dass in Cottesmoore in England ein Navigationslehrer gesucht würde. Jedoch wüsste er zu diesem Zeitpunkt auch noch keine Details.

Ich machte mich schlau. Dort bei der Royal Air Force in Cottesmoore wurden Piloten und Waffensystemoffiziere für das neu in der Bundeswehr eingeführte fliegende Waffensystem „Tornado" ausgebildet. Der „Tornado" war das Nachfolgemuster für den Starfighter „F-104". Die Marine war gerade dabei, das erste der beiden Jet-Geschwader umzurüsten. Diese wahrscheinlich einmalige Gelegenheit für eine Verwendung im Ausland wollte ich mir nicht entgehen lassen. So störte es mich auch nicht, dass mein Umzug nach England bereits vier Wochen nach dieser Ankündigung stattfinden sollte.

Vorne im Bild ein Starfighter „F-104" des MFG 2,
dahinter ein gerade eingeführter „Tornado" des MFG 1.

Wir schrieben das Jahr 1983. Zwei Jahre zuvor hatten sich mein Frau und ich voneinander getrennt. Unser gemeinsames Haus in Bollingstedt war 1981 verkauft und der Erlös geteilt worden. Ich wohnte inzwischen mit einer neuen Freundin und deren vierjährigem Sohn ganz in der Nähe der Marineschule in Flensburg zur Miete. Es gab viel zu klären in diesen nur vier Wochen, die mir bis zum angekündigten Umzug nach England noch blieben. Ich hatte trotz dieser kurzen Vorbereitungszeit sogar noch die Möglichkeit, einen Mitflug nach Cottesmoore zu bekommen. Dort war einer meiner ehemaligen Fliegerkameraden aus Tarp als Staffelchef einer „Tornado"-Ausbildungsstaffel tätig. Er hatte für mich bereits einige Häuser herausgesucht, die eventuell für meine bevorstehende Englandzeit als Mietobjekt infrage kommen könnten und die ich mir bei dieser Gelegenheit ansehen sollte. Eines davon gefiel mir gleich so gut, dass ich sofort einen Mietvertrag unterschrieb. Das hübsche Einfamilienhaus gehörte einem englischen Flight Commander, der für drei Jahre nach Deutschland versetzt worden war. Ich selber sollte für drei Jahre in England bleiben. Das passte also sehr gut.

In Deutschland musste ich nun packen. Da ich meine Freundin nicht einfach auf die Straße setzten konnte und das auch nicht wollte, entschieden wir gemeinsam, als „Verlobte" nach drüben zu ziehen. Ihren damals vierjährigen Sohn aus erster Ehe nahmen wir selbstverständlich mit. So schnell kann man „Vater" werden. Die Bundeswehr war mit allem einverstanden. Am 1. Oktober 1983 trat ich meinen Dienst in Cottesmoore in England in der Grafschaft Leicester an.

28. Kapitel
Lehrer beim TTTE Cottesmoore in England

Da mir in Deutschland an der Marineschule niemand wirklich sagen konnte, was für eine neue Aufgabe in Cottesmoore auf mich warten würde, interviewte ich anlässlich der Hausbesichtigung, die gerade einmal zwei Wochen vorher stattgefunden hatte, meinen ehemaligen Staffelkameraden. Der lebte inzwischen seit etwa einem Jahr in Cottesmoore und flog dort als Chef der deutschen Staffel und als Fluglehrer und kannte natürlich sämtliche Details.

In Cottesmoore wurde der fliegerische Nachwuchs für das neue Waffensystem „Tornado" ausgebildet. Das stand jetzt gerade bei drei europäischen Nationen in der Beschaffung. Engländer, Italiener und Deutsche wurden hier gemeinsam geschult. Die Ausbildungseinrichtung in Cottesmoore wurde deshalb „Tri-National Tornado Training Establishment", kurz „TTTE" genannt. Die Schüler aus diesen drei Ländern kamen mit den unterschiedlichsten Flugerfahrungen, die sie auf sehr unterschiedlichen Flugzeugmustern erworben hatten. Während deutsche Piloten hauptsächlich von der „F-104" kamen, tauchten aus England teilweise ältere Bomberpiloten oder Piloten von irgendwelchen fast schon „exotisch" zu nennenden Flugzeugmustern auf. Neu war nun die Tatsache, dass es den zweiten Mann im Cockpit gab, einen Waffensystemoffizier, oder für den täglichen Sprachgebrauch einfach „Backseater" genannt.

Ob für vorne oder hinten im Flugzeug vorgesehen: alle durchliefen zunächst die „Groundschool" und lernten das Flugzeug und seine Systeme und Einzelteile beinahe auswendig kennen. Und hier in der „Groundschool" wurde ich nun im 41. Kurs selbst erst einmal ausgebildet.

Während meiner Zeit als Navigationslehrer an der Marineschule Flensburg-Mürwik musste sich jemand in Bonn beim Verteidigungsministerium an mich erinnert haben. Schließlich hatte ich früher etliche Jahre als „F-104"-Pilot den Himmel „unsicher" gemacht. Nun machte man aus mir hier in Cottesmoore zunächst einen „Backseater", um mich anschließend als Lehrer dort an der Groundschool zu behalten.

Ein Theoriekurs an der „Groundschool" dauerte etwa 6 Wochen. Nach der halben Zeit wurden Piloten und „Backseater" stundenweise separat ausgebildet. So bekamen die angehenden Waffensystemoffiziere eine gezielte Ausbildung an den computergesteuerten Navigations- und Waffensystemen, am Radar und an noch etlichen Spezialeinrichtungen und Bedienfeldern, die es nur im hinteren Cockpit gab. Die Piloten dagegen bekamen während dieser Stunden die speziellen Dinge beigebracht, die es nur im vorderen Cockpit gab. Was beide Besatzungsmitglieder gemeinsam anging, paukten sie dann wieder zusammen. Die drei Nationalitäten spielten bei dieser Ausbildung keinerlei Rolle. Italiener, Engländer und Deutsche saßen nebeneinander auf der Schulbank. Unterrichtssprache war ausschließlich Englisch.

Neben der sehr umfangreichen Theorie im Klassenzimmer lag ein wesentliches Ausbildungsziel der „Groundschool" im Simulatortraining. Cottesmoore besaß zwei „Tornado"-Simulatoren, die sich in der Bedienung und im „Flugverhalten" nicht vom richtigen Flugzeug unterschieden. Die Cockpits waren exakt so aufgebaut, wie die der echten Flugzeuge. Auch verhielten sich alle Bedienelemente, und davon gab es hunderte, genau wie das „Original". Auch das „Fluggefühl" war beinahe echt und sogar das Geräusch der Triebwerke klang wie beim richtigen Exemplar draußen auf der Flight Line. Der einzige Unterschied: die Simulatoren konnten nicht abheben und nicht wirklich fliegen.

So lernte ich denn erst einmal selber als Schüler die „Emergency Checklist" auswendig, studierte Strompläne, Hydraulikleitungen, Triebwerksfunktionen und das Treibstoffmanagement des Flugzeuges, befasste mich mit dem „Main Computer", der automatischen Steuerung und Routenverfolgung, lernte die unterschiedlichsten Waffensysteme und deren Bedienung kennen und saß schließlich selber Stunde für Stunde im hinteren Sitz des Simulators. Mein fest eingeteilter Vordermann war ein erfahrener älterer Pilot und Umschüler der Royal Air Force. Wir hatten zusammen viel Spaß im Flugsimulator.

Gruppenbild meiner Ausbildungsgruppe 41 beim „TTTE Cottesmoore". Ich stehe zwischen der am Rumpf aufgemalten Zahl 4 und dem Balkenkreuz.

Nach dem Bestehen meines Lehrganges als Waffensystemoffizier blieb ich wie vorgesehen als „Groundschool"-Lehrer in Cottesmoore. Meine Verwendung war für drei Jahre vorgesehen.

Das Haus, das ich von dem Flight Commander für die drei Jahre meiner geplanten Versetzung gemietet hatte, lag in dem kleinen Ort Barrowden, etwas südlich des Sees „Rutland Water" gelegen. Es lag in der Straße „Dove Close", wo so etwa 20 hübsche und recht neue Einfamilienhäuser standen, die mit den in dieser Gegend üblichen groben Sandsteinen verklinkert waren. Das ergab insgesamt ein sehr gemütliches Straßenbild. Die Gärten waren relativ groß und durchweg sehr gepflegt. Unser Möbelwagen aus Deutschland war gerade nach dem Abladen abgefahren, als eine unmittelbare Nachbarin mit Blumen, Brot, Butter und ihren besten Wünschen bei uns klingelte. Wir klönten ein wenig vor der Haustür, nach innen konnte man noch nicht wirklich treten, und meine offizielle

Verlobte versuchte eher vergeblich, unseren Worten zu folgen. Ihre Englischkenntnisse stammten aus ihrer Schulzeit und reichten noch nicht für eine wirkliche Konversation.

Das Haus hatte einen hübschen, typisch englischen Kamin, der für das Wohnzimmer eher ein wenig zu groß schien. Von meiner Hausbesichtigung etwa zwei Wochen vorher wusste ich, dass es im ganzen Haus keine Wandfläche gab, die für unseren deutschen 3,60 Meter breiten Wohnzimmerschrank geeignet war. So kamen wir ohne den nach Barrowden. Er blieb in Flensburg in unserer alten Mietwohnung in der Solitüde stehen. Die Möbelpacker wollten ihn dort nach ihrer Rückkehr aus England selber abbauen und „entsorgen". Das war ein sehr teures und zeitlos schönes Möbelstück aus Palisanderholz und mit Teilen aus weißem Schleiflack. Aber nun hatte ich mich schweren Herzens und entschädigungslos vom liebgewonnenen Stück trennen müssen. Der Bund zahlte für solch einen Verlust keinen Pfennig. Es tat schon ein wenig weh, auch weil ich wusste, dass die Möbelleute damit noch gutes Geld machen konnten.

Wir schrieben den Oktober 1983 und es wurde in den nächsten Wochen ungewöhnlich kalt, selbst für englische Verhältnisse. Ich bekam das Haus einfach nicht warm. Zwar befeuerten wir täglich den großen Kamin mit Holz und Kohlen, die noch von einem richtigen Kohlenhändler angefahren wurden, aber warm wurde die Bude nicht. Seitlich am Haus und durch die Gartenpforte zu erreichen, befand sich ein großer, gemauerter Kohlenbunker. Der fasste etliche Zentner Kohle, die der Kohlenmann in Säcken vom Lastwagen herüberschleppte und hineinschüttete. Das erinnerte mich so ein wenig an die Nachkriegsjahre in Deutschland, als es auch bei noch aus allen Hausschornsteinen schwarz qualmte. Das Temperaturproblem lag an der Konstruktion englischer Häuser. Ich habe irgendwann zu dieser Zeit einmal den Satz geprägt, dass es auf der Insel zwei Dinge gäbe, von denen Engländer nichts verstünden: vom Kochen und vom Häuserbauen. Englisches Essen musste man einmal probiert haben, um den ersten Teil meines Satzes zu verstehen. Dass englische Einfamilienhäuser im Vergleich zu deutschen Häusern so schlecht abschnitten, lag am „BS", dem British Standard, vergleichbar mit der DIN, der deutschen Industrienorm.

Während in Deutschland auf beste Qualität gesetzt wurde, orientierte sich der „BS" am Können einfachster Handwerker. Gegen die in der Regel viel zu großen und nur einfach verglasten „Schaufenster", den riesigen Wohn- und Schlafzimmerfenstern in englischen Häusern, durch deren Rahmen es bei Wind wie Hechtsuppe zog, konnte man nicht gegenan heizen. Gummidichtungen und Pfalze an den hölzernen Fenster- und Türrahmen kannte man auf der Insel auch nicht. Ich habe einmal im englischen Fernesehen sogar einen Werbespott gesehen, in dem es gegen „europäisches" Isolierglas und gegen Doppelfenster ging. Die wären schließlich bei einem eventuellen Feuer im Haus viel schwieriger einzuschlagen, als die üblichen Standardfenster des Königreiches.

Ich kaufte eine Rolle Plastikfolie, schnitt diese passend für alle Fenster im Haus und klebte sie innen stramm am Fensterrahmen fest. Das war meine Art der „Doppelfenster" in einem englischen Haus. Die Temperatur stieg merklich, aber ich musste mich meinerseits trotzdem an kühleres Wohnen gewöhnen.

Etwa drei Wochen nach unserem Einzug klingelte der Hausbesitzer an meiner Tür. Man hatte seine Deutschlandtour gestrichen. Nun wollte er gerne sein Haus wieder haben. Zu Glück hatte ich eine dreimonatige Kündigungsfrist, begab mich aber an den kommenden Tagen auf erneute Haussuche.

Etwa 30 Häuser habe ich in den nächsten Wochen besichtigen können. Es würde ohne Weiteres für ein eigenes Buch gereichen, alleine darüber zu berichten, wie ich diese englischen Häuser erlebt habe. Man sagt uns Deutschen ja oft spöttisch nach, wir wären so sauber und fegten sogar jeden Sonnabend den Bürgersteig vor unseren Häusern. Glauben Sie mir. Das ist mir wirklich viel angenehmer, als in eine dieser überdachten Mülhalden einziehen zu müssen, die mir von den Eigenheimbesitzern völlig freimütig und oft auch noch mit Stolz gezeigt und angeboten wurden. Das Haus in Barrowden sollte sich im Nachhinein als absoluter Glückstreffer herausstellen.

Über einen Makler und ehemaligen Flight Commander der Royal Air Force fanden wir schließlich im nahen Ort Ketton erneut ein schönes, ziemlich sauberes und sehr geräumiges Haus mit vier

Schlafräumen, großem Garten mit zwei Fischteichen und einer Doppelgarage. Das Haus hatte sogar eine für diese Gegend in England damals völlig untypische Ölheizung.

Kurz vor Weihnachten 1983 zogen wir von Barrowden nach Ketton um und beendeten unsere Zeit als Verlobte. Wir heirateten in London vor dem Deutschen Konsul und wurden zusätzlich vor dem örtlichen Standesamt als Eheleute eingetragen. Etwa 65 Leute waren zur Feier in unser gerade neu angemietetes Haus gekommen. Die meisten Gäste gehörten zur TTTE Cottesmoore. Ganz neu zur eigenen Familie gehörte die Tochter meiner nun zweiten Ehefrau. Sie hatte bislang in Deutschland beim leiblichen Vater gelebt, sich mit ihm überworfen und bat uns, zu uns nach England ziehen zu dürfen. Nun sollte sie also als viertes Familienmitglied bei uns bleiben. Ich konnte sie in Stamford/ Leicestershire, der nächst größeren Stadt, auf einer der zehn besten Internatsschulen Englands unterbringen.

Nach Abschluss meines eigenen Tornado-Lehrganges begann ich nun, wie geplant als Lehrer im Flugsimulator „Backseater" zu unterrichten und im theoretischen Unterricht im Klassenzimmer zusätzlich auch die „Frontseater". Im Simulator „flogen" stets beide Tornado-Besatzungen gemeinsam. Unten an den Konsolen saßen ebenfalls ein Pilot und ein Waffensystemoffizier und überwachten die Schüler auf den „Flügen" und initiierten Notfälle. Dort verbrachte ich nun auch Stunde um Stunde. Zwischendurch setzte ich mich auch wieder entweder ins hintere, aber auch schon mal ins vordere Cockpit. Mein Simulatorkollege und ich „flogen" auf diese Weise etliche „Missions" selber. Oft probierten wir Dinge aus, die draußen auf der Flight Line aufgetreten waren und für die es keine schnelle Erklärung gab. Das Flugzeug befand sich selbst im täglichen Flugbetrieb noch immer in der Weiterentwicklung.

Ziel der Simulatorausbildung war das absolut korrekte Beherrschen aller normalen Flugmanöver vom Anlassen der Triebwerke bis zum Abstellen nach der Landung. Und daneben wurden immer wieder alle möglichen Notfälle geübt. Die ersten Schritte mussten gemäß der „Emergency Checklist" wortgetreu auswendig gekannt werden. Das Weiterlesen in der Checkliste kam dann immer erst an zweiter Stelle. Die ersten Nothandgriffe mussten erst aus dem Kopf abgearbeitet werden. Das machte allemal Sinn. Wer wollte erst noch in einer Checkliste blättern und lesen, wenn zum Beispiel ein Triebwerk brannte...

Meine neue Aufgabe als Lehrer gestaltete sich außerordentlich interessant. Auf Englisch unterrichtete ich nun Flugschüler aus Italien, England und Deutschland. Teilweise waren das junge Schüler, die gerade in ihren Ländern eine fliegerische Grundausbildung erfolgreich absolviert hatten, teilweise aber handelte es sich um sehr erfahrene und ältere Piloten. Gerade dieser Mix machte meine Unterrichtsstunden so sehr interessant.

Anfang 1984 unterhielt ich mich in der O-Messe mit unserem deutschen Dienstvorgesetzten und unserem deutschen Fliegerarzt über meine fliegerische Vergangenheit und über meine noch immer gültigen Privatpilotenscheine und der damit noch kürzlich in Deutschland verbundenen fliegerischen Aktivitäten. Es dauerte nicht lange, bis unser Fliegerarzt mich nach Fürstenfeldbruck zu einer erneuten Fliegertauglichkeits-untersuchung schickte. Man wollte versuchen, aus mir wieder einen voll dienstfähigen Piloten zu machen. Niemand sah so richtig ein, warum ich hier in England „nur" Navigatoren am Boden und im Simulator ausbilden, aber nicht einmal selber fliegen sollte. Ich sei doch lange genug als Pilot geflogen und würde ja auch jetzt noch immer offiziell als Scheinerhalter geführt, wenn auch im Moment nur auf dem Papier.

In „Fürsti" durchlief ich alle Untersuchungen mit Bravour. Erst im letzten und abschließenden Gespräch mit dem Chefarzt der Luftwaffe kamen meine alten Untersuchungsergebnisse aus der Uniklinik in München auf den Tisch. Der Chefarzt konnte oder wollte sich nicht entscheiden, mir erneut die volle Tauglichkeit zu bestätigen. Ich kam enttäuscht wieder nach Cottesmoore zurück. So unterrichtete ich weiter nur in den Klassenräumen und im Simulator.

Allerdings hörte nun auch der englische Fliegerarzt von meiner „Geschichte" und holte mich zu einer „englischen" Tauglichkeitsuntersuchung. Die Engländer hatten offensichtlich ein ganz anderes Untersuchungssystem. Da er nichts feststellen konnte, was gegen einen aktiven Flugdienst sprach, bekam ich von ihm die englische Tauglichkeitsbescheinigung. Damit konnte ich nun fliegen, allerdings nur mit den Engländern. Da nun aber die drei Nationen Italien, England und Deutschland gemeinsam diese Ausbildung betrieben, stellte auch jede dieser drei Nationen eine anteilige Anzahl an Flugzeugen zur Verfügung. So war es die Regel, dass zum Beispiel ein englischer Pilot mit einem italienischen Waffensystemoffizier auf einen deutschen „Tornado" flog, oder ein deutscher Flugzeugführer mit einem Engländer auf dem hinteren Sitz ein italienisches Flugzeug bewegte. Crews und Flugzeuge wurden bewusst gemischt. Ich hatte Glück, und die Engländer ließen mich hin und wieder mit einem Engländer auf einer englischen Maschine erst nur hinten fliegen, später dann sogar vorne. Diese „Einsätze" waren keine Schulflüge in dem Sinne, sondern Sonderflüge wie zum Beispiel die morgendlichen „Wetterflüge" oder Überführungsflüge zur oder von der Industrieüberholung eines Flugzeuges. Jedes Flugzeug musste nach einer bestimmten Flugstundenzahl zur Industrie zur Grundüberholung. Immerhin bekam ich während meines Aufenthaltes in England auf diese Weise etliche Flugstunden auf dem „Tornado" zusammen. Die deutsche Seite hielt sich zum Glück völlig heraus.

Die englische Königin, die Queen, hatte es sich zur Aufgabe gesetzt, jedes Jahr jeweils eine königliche Einheit des Heeres, der Marine und der Luftwaffe zu inspizieren. Zu aller Überraschung hatte sie sich auch Cottesmoore ausgesucht. Der Flugplatz wurde aus diesem Anlass ordentlich herausgeputzt. Schon Wochen vorher kam eine zivile Tischlerfirma von außerhalb der Kaserne angereist und setzte ausgerechnet an der Flugplatztischlerei eine neue Außentür ein. Die eigenen Tischler verstanden die Welt nicht mehr und sahen ihren Kollegen mit verschränkten Armen bei deren Arbeit zu. Einen Tag vor ihrer Ankunft wurden auch noch schnell etliche sandige Stellen auf den riesigen Rasenflächen des weitläufigen Flugplatzgeländes mit grüner Farbe aus Sprühdosen „ausgebessert". Auf dem Flugvorfeld wurden schließlich alle Tornados sorgfältig aufgereiht. Jedem Flugzeug wurde eine Besatzung und einen Wart zugeteilt. Auch ich wurde eingeplant und durfte zusammen mit einem Waffensystemoffizier und einem ersten Wart „Spalier" stehen. Die Queen fuhr in einem offenen Land Rover in Begleitung des Britischen Flugplatzkommandanten an uns vorbei. Sie winkte freundlich.

Anschließend war ein Treffen mit der Königin im Offizierkasino vorgesehen. Dazu wurden einzelne Offiziere aller drei Nationen ausgewählt und in zwei Gruppen eingeteilt. Die erste Gruppe wurde ihr vor dem Essen, die zweite Gruppe nach dem Mittagessen vorgestellt. Ich war einer der Glücklichen und durfte der Queen sogar die Hand reichen!

Draußen an der Zufahrtstrasse zur Offiziermesse standen alle Schulkinder aus Cottesmoore und aus noch weiteren Ortschaften der Umgebung. Kinder, Eltern und Lehrer schwenkten begeistert den Union Jack. Selbst „normale" Bewohner des kleinen Dorfes Cottesmoore hatten sich mit besonderer Genehmigung an der Strasse zur Offiziermesse aufreihen dürfen und konnten nun ihre Königin ganz aus der Nähe bestaunen. Für diese sonst eher ruhige und abgelegene Gegend war das ein Jahrhundertereignis.

Die Queen beim Besuch des TTTE Cottesmoore.

Gruppenbild aller Ausbilder und des Schulstabes, TTTE Cottesmoore. Ich stehe in der hintersten Reihe hinter der Dame mit der weißen Bluse und trage eine Sonnenbrille.

Es gibt eine „lustige" Fliegergeschichte zu erzählen. Eines Tages waren zwei Schüler unterwegs und übten „Touch and Go" Landungen. Dabei wurde das Flugzeug nur kurz auf der Startbahn aufgesetzt und anschließend sofort wieder Schub gegeben und durchgestartet. Die beiden Flugschüler hatten auf diesem Flug bereits drei oder vier Durchstartübungen erfolgreich absolviert. Nun aber war der Pilot etwas zu voreilig und betätigte den Fahrwerkshebel bereits, während sich der Tornado noch immer am Boden befand und beschleunigte. Es fehlte nur noch ganz wenig an der nötigen Abfluggeschwindigkeit und somit auch an Auftrieb. So aber zog der Flugschüler dem Flugzeug quasi das Fahrwerk unter dem Hintern weg. Der Flieger setzte augenblicklich mit seiner glatten Rumpfunterseite auf dem Asphalt der Startbahn auf und kam kreischend und funkensprühend zum Halt. Cottesmoore hatte ein Thema an der Bar und etwas zu Lachen.

Noch in derselben Woche starteten zwei Fluglehrer zu einem „Fluglehrerweiterbildungsflug". Sie ahnen es schon. Den beiden passierte genau dasselbe. Nun hatten auch alle Schüler einen

Grund, herzlich und aus Schadenfreude zu lachen. Es gab Freibier an der Bar.

Eine dieser Unglücksmaschinen gehörte der Royal Air Force. Sie wurde in eine der großen Hallen gebracht und dort repariert. Sie flog anschließend wieder. Die andere gehörte unserer eigenen Luftwaffe. Offensichtlich gab es bei uns andere Regeln. Unser Flugzeug, obwohl sogar weniger beschädigt als das der englischen Kollegen, wurde ausgeschlachtet und der Rest landete auf dem Schrottplatz. Nicht nur die Engländer schüttelten den Kopf.

Die Royal Air Force betrieb von Southampton aus mehrere große Segelyachten vom Typ „Nicholson 55". Anders als bei uns in Deutschland und an der „MSM" wurden diese Yachten von einem zentralen Bootsmanagement direkt an die verschiedensten Luftwaffeneinheiten vergeben. Diese mussten dann gemäß Befehl eine Besatzung nebst Skipper stellen und die zugewiesene Yacht während des vorgesehenen Zeitraumes segeln. In Cottesmoore gab es keinen Skipper außer mir. So hatte ich das große Glück, in zwei Sommern jeweils vierzehn Tage mit einer dieser schönen, alten Yachten zu den Britischen Inseln im Englischen Kanal zu segeln. Meine Crew bestand jeweils aus vierzehn englischen Seglern, die mehr oder weniger Ahnung von der Seefahrt hatten. Die Crew musste (!) gemäß einem ständigen Befehl immer aus männlichen und weiblichen Teilnehmern zusammengesetzt werden. Etwas anderes wurde nicht akzeptiert. So hatte ich viel Spaß mit den Jungs und Mädels der Air Force und sammelte Seemeilen und neue Erfahrungen.

Engländer sind ganz anders als wir Deutschen. Das Schiff sah in den ersten Tagen durchweg aus wie nach einem Bombenangriff. Ordnung an Bord war denen völlig fremd. Das kannte ich ja auch bereits von meinen diversen Hausbesichtigungen. Zwar hatte ich keine Lust, ihnen in vierzehn Tagen deutsche Sauberkeit und Gründlichkeit beizubringen, aber ein wenig ordentlicher sah es kurz darauf unter und an Deck dann doch schon aus. An das miese englische Essen hatte ich mich in gewisser Weise auch schon gewöhnt. Hier an Bord der Yacht war es allerdings wirklich schlimm. Es gab für mich vor der Reise keine Gelegenheit, in den Speiseplan und die

Ausrüstung mit der Verpflegung einzugreifen. Das wurde alles von „oben" gesteuert und automatisch auf dem Dienstweg angeliefert.

Um den Kontakt zu Deutschland aufrecht zu erhalten, ließ ich mir das Flensburger Tageblatt nach England nachliefern. Allerdings wunderte mich die Tatsache, dass die Tageszeitung sehr verspätet und bis zu vier Wochen nach ihrem Drucktermin bei mir in der Post landete. Ich rief in Flensburg beim Verlag an. Man versicherte mir, dass die ersten Drucke, die früh morgens vom Band liefen, grundsätzlich sofort auf den Weg zu Urlaubern ins Ausland und in meinem Falle nun auch nach England zum Versand kämen.

Schon 1982 hatte ich in Kiel bei der Oberpostdirektion eine Amateurfunklizenz der Klasse „B" erworben. Auch betrieb ich in England inzwischen eine sehr gut ausgestattete Kurzwellen-Funkanlage. Das war mein zweiter Weg, mit Deutschland in Verbindung zu bleiben. Hier in England war ich einem Funkclub beigetreten, der sehr aktiv war. Hin und wieder wurden Ausflüge zu interessanten Orten gemacht. Ein Ausflug führte uns zum Peterborough Royal Mail and Sorting Office. Einer unserer Mitglieder hatte dort einen guten Bekannten. Ein älterer Herr führte uns durch die riesigen Hallen, in denen sich Tonnen an Postgut stapelten und ständig durch neu angelieferte Postsäcke direkt von unten von der Eisenbahn ergänzt wurden. Gabelstapler bewegten Pakete und Postsäcke hin und her und im Briefzentrum erklärte uns unser Begleiter, dass die bereits vor Jahren installierte automatische Briefsortieranlage noch immer nicht problemlos funktionieren würde. Aus diesem Grunde säßen hier wie vor vielen Jahren noch immer hunderte von Frauen, die die Briefpost mit der Hand sortierten.

Ich beobachte mehrere Helfer, die Päckchen sortierten und mit mehr oder weniger geübtem Schwung in zig aufgespannte Postsäcke warfen. Es kam häufiger vor, dass etwas daneben ging oder gar nicht traf. Nie sah ich jemanden, der sich dann danach bückte, um den Fehlwurf zu korrigieren. Auf einer Stockwerkebene des großen Betongebäudes erklärte uns unser Begleiter den Unterschied zwischen „First Class" und „Second Class Mail". Ersteres waren in der Regel normale Briefe. Alles was größer war, wurde bereits automatisch auf die riesigen Haufen mit „Second Class Mail" geschüttet. Wieder und wieder nahm ein Gabelstapler Post von vorne weg und verschwand damit irgendwo hin. Ich überlegte noch, wann wohl das hintere Ende dieses Postberges jemals weitertransportiert werden würde. In diesem Moment belehrte uns der Begleiter, dass er bereits seit über 37 Jahren hier Dienst machen würde und er wäre stolz darauf, dass sich in dieser Zeit am System nichts geändert habe.

Ich seufzte unbeabsichtigt mit der Bemerkung

„...that I can see... das sieht man..."

Unser Begleiter stutzte im Satz. Einer unserer Funker raunte ihm zu, er solle die Bemerkung bitte gar nicht beachten.

„...he is German... das ist ein Deutscher..."

Nun wollte er von mir aber doch noch mehr erfahren. So erzählte ich ihm von der verzögerten Auslieferung des Flensburger Tageblattes, das bei mir bis zu vier Wochen zu spät eintraf. Er zeigte auf einen der riesigen Posthaufen, an denen sich der Gabelstapler gerade wieder zu schaffen machte.

„Sehen sie, das alles ist „Second Class Mail". Die wird nicht sofort, sondern mit ein oder zwei Tagen Verspätung bearbeitet. Darunter fallen auch alle Zeitungslieferungen, wenn sie nicht extra als „First Class" entwertet worden sind. Ihre Tageszeitungen liegen bestimmt auch hier in einem dieser Stapel."

Na Bravo, dachte ich bei mir. Er aber versicherte mir, an Peterborough könnte es bestimmt nicht liegen, wenn ich so lange auf Post warten müsste. Ich sollte doch auch einmal bei meiner örtlichen Poststelle nachfragen.

In meinem Wohnort Ketton lag die Poststelle im hinteren Ende des Krämerladens. Das war noch solch ein „Tante Emma Laden" aus Vorkriegszeiten. In England ändert sich manches nicht so schnell wie bei uns. Die Postausträgerin, die ich vom Sehen her gut kannte, wenn sie mit ihrem dreirädrigen Fahrrad bei uns durch die Straße fuhr, war sehr nett.

„Oh dear, let's have a look..."

Sie nahm mich durch eine Hintertür mit in den Garten hinter dem Haus. Bestimmt fünf oder sechs sehr einfache Bretterbuden standen dort, jeweils mit einem einfachen Vorhängeschloss verriegelt. Sie öffnete eines, schaute kurz hinein.

„Not here..." und ging zum nächsten.

Drinnen lagen Berge von Post. Sie kramte kurz zwischen Päckchen und braunen Umschlägen herum und kam stolz wieder ans Tageslicht.

„Here we are my Dear, all on hand..."

Sie reichte mir einen Stapel Flensburger Tageblätter, auf die ich bereits seit Wochen wartete. Ihre Erklärung hörte sich etwa so an: da es sich ja nur um „Second Class Mail" handeln würde, nähme sie nur dann welche auf ihrem Fahrrad mit, wenn sie genügend Platz in den Körben hätte. Ansonsten müsste ich eben ein paar Tage auf die Post warten.

Ich bestellte daraufhin das Tageblatt ab. Nichts war interessanter, als das Wetter von vor vier Wochen...

Meine Funkbude in Ketton, England mit den Rufzeichen DL9LAU und G4VON.
Dieses war meine Hauptverbindung nach Deutschland.

Alle zwei Wochen kam aus Manching in Süddeutschland eine „Transall" mit Ersatzteilen. Wenige Tage vorher konnten wir eine Bestellung aufgeben und mit diesem Flug bekamen wir dann frisches deutsches Brot, Brötchen, Leberkäse und Bretzeln aus Bayern angeliefert. Niemand von uns Deutschen konnte sich an das pappige Weißbrot der Engländer gewöhnen.

Ab und zu gab es auch eine Gelegenheit, auf einem solchen Flug kurz nach Deutschland zu fliegen. Ich nutzte auch einmal solch einen Flug, allerdings fand der mit einer zweimotorigen Marine „Do-28" statt. Mitten über dem Englischen Kanal begann der rechte Motor Öl zu verlieren. Die Motorgondel schwärzte sich zunehmend mit auslaufendem Motoröl. Der Motor wurde daraufhin abgestellt. Mit nur einem ging die Reise weiter. Die Piloten erklärten eine Luftnotlage und wählten den Internationalen Flughafen von Amsterdam als Notlandeplatz. Ich war froh, endlich festes Land unter uns zu haben. Mit diesem „Bauernadler" hätte man auf einem Acker sicherlich eine vernünftige Notlandung hinlegen können. Nun begann auch noch der linke Motor Öl zu verlieren. Zum Glück waren wir schon so dicht an Amsterdam heran, dass nun mit verminderter Motorleistung und mehr im Gleitflug zur rettenden Landbahn eingekurvt werden konnte. Ohne größere Probleme landeten wir mitten auf der längsten Startbahn von Amsterdam. Das Problem begann sofort, als die Piloten versuchten, die „Do-28" nun mit nur dem linken Motor am Boden zu rollen. Der Flieger drehte sich nur rechts herum. Was sie da vorne im Cockpit auch alles versuchten, linke Bremse treten und voll Ruder links, der Vogel drehte sich mitten auf der Betonpiste nur rechts herum. Also musste das Triebwerk abgestellt werden und wir steigen alle aus. Selbst das Schieben per Hand klappte nicht wie vorgesehen. Inzwischen waren etliche Feuerwehrwagen mit Blaulicht um uns herum aufgefahren, aber auch die konnten das Problem nicht lösen. Es verging viel Zeit, bis schließlich ein Trecker mit Seil auftauchte und das Flugzeug endlich die Hauptstart- und Landebahn freigab.

In der Zwischenzeit mussten dutzende von großen Passagiermaschinen auf ihren Abflug warten und vermutlich die gleiche Anzahl in der Luft Kreise fliegen, bevor die runter durften. Bestimmt ist auch die eine oder andere Passagiermaschine wegen knapper Treibstoffvorräte schließlich irgendwo anders gelandet.

An diesem Tag hat sich die Bundesmarine in Holland keine Freunde machen können.

Eine Marine „Do-28" (Foto aus dem Internet)

Die Zeit in England verging viel zu schnell. Man erlaubte mir, statt der vorgesehenen drei Jahre, insgesamt vier Jahre drüben zu bleiben. Ich hatte darum gebeten, damit die Tochter meiner Frau ihren Schulabschluss machen konnte. Sie kam daraufhin mit dem englischen „O-Level" nach Deutschland zurück, wo sie anschließend ihr Abitur machen konnte. Da der Sohn, beide Kinder stammten aus der ersten Ehe meiner Frau, rechtzeitig in Deutschland eingeschult werden sollte, bemühte ich mich bereits Anfang 1987 um eine Wohnung im Umkreis von Tarp. Ich wusste bereits, dass Tarp mein nächster Einsatzort sein würde. Allerdings konnte mir die Standortverwaltung des MFG 2 keinen Wohnraum nachweisen. Es gab im Jahr 1987 in Tarp und Umgebung weder geeignete Mietwohnungen noch Häuser. Ich schaltete daraufhin meinen Schwiegervater ein, der in Bollingstedt eine kleine Firma besaß und Leute kannte. Schließlich setzte ich mich sogar an einem Wochenende ins Flugzeug und flog nach Tarp zu einer Hausbesichtigung. Mein Schwiegervater hatte drei Häuser zur Auswahl gefunden. Ein Haus stand in Hüllerup und gefiel mir sofort. Das war auch das einzige, in das man einziehen konnte, ohne vorher umbauen oder noch groß renovieren zu müssen. Die Besitzer erlaubten mir, mit meiner Videokamera durchs Haus zu gehen und alles zu filmen. Am Montag flog ich wieder zurück nach Cottesmoore und zeigte meiner Familie das Video. Alle waren sofort begeistert. So rief ich von England aus in Hüllerup bei den Hausbesitzern an und verkündete meine Kaufabsicht. Es gab allerdings ein großes Problem: ich konnte in absehbarer Zeit nicht noch einmal nach Deutschland kommen, um einen Kaufvertrag abzuschließen. Es müsste erst einmal alles mündlich per Telefon geregelt werden.

Zum ersten August 1987 wollte ich den Sohn in Handewitt einschulen lassen. Er war inzwischen acht Jahre alt und hatte nur englische Schulen besucht. Sein Englisch war inzwischen besser als sein Deutsch. Ich wollte ihm unbedingt einen Monat Vorlauf in Deutschland gönnen, um sich an die hiesigen Verhältnisse anzupassen und um sich an seine Heimatsprache zu gewöhnen. Der Verkäufer müsste deshalb allerdings innerhalb von knappen vier Wochen das Haus übergabebereit geräumt haben. Am anderen Ende hörte ich nur einen tiefen Seufzer.

„Wie sollen wir das denn machen? Wir wollen doch erst ein neues Haus bauen..."

Langer Rede kurzer Sinn: sie zogen tatsächlich zum ersten Juli aus und kamen bei ihren Verwandten unter. Einen Kaufvertrag gab es noch keinen. Die Verkäufer hatten lediglich mein Wort und sie konnten mit meinem Notar und mit meiner Sparkasse telefonieren. Einen richtigen Kaufvertrag schlossen wir erst nach meiner Rückkehr aus England im Oktober 1987. Meine Frau konnte dagegen Anfang Juli in das Haus in Hüllerup einziehen.

Während der Umzugsfahrt nach Deutschland passierte uns eine kleine Panne. Der Möbeltransporter fuhr direkt vor uns zum Fährhafen nach Ramsgate, wir folgten dem in unserem Pkw. Wir waren etwas spät dran und die Fähre wartete bereits. Einmal hatte sie schon zur Abfahrt getutet. Der Möbelwagen konnte ohne Probleme den Zollbeamten passieren und war kurz darauf in der Ladeklappe des Fährschiffes verschwunden. Nun kontrollierte der Zollbeamte unsere Tickets.

„Anything to declare? Animals, pets, meat, weapons...?

Ich gab an, weder das eine noch das andere mitzuführen. Da man in England bis heute auf der falschen Seite der Straßen fährt, sitzt in England der Fahrer normalerweise rechts im Auto. Auf der rechten Seite stand nun auch dieser Zöllner. Da er sich mit mir unterhielt, ich saß nun aber links, steckte er seinen Kopf so ein klein wenig in unser rechtes Fahrzeugfenster. Die Scheibe hatte ich heruntergelassen. Genau in dem Moment, als ich ihm versicherte, keine Tiere mitzuführen, gab unser Kanarienvogel, der hinten unter einer Schicht Decken verborgen in seinem Käfig saß, einen unmissverständlichen Piepser von sich. Das war's!

„Bitte rechts raus und den Vogel vorzeigen".

Es gab eine heftige Diskussion. Die Fähre tutete erneut und die Schlange der hinter uns wartenden Fahrzeuge verkürzte sich zunehmend. Ein zweiter Zollbeamter fertigte die letzten Wagen vor der Abfahrt der Fähre ab. Mir war die Diskussion wegen dieses Tieres nun wirklich zu blöd. Auch meine Versicherung, es sei ein englischer Vogel, konnte den Zöllner nicht beschwichtigen. Auf Seite des Zolls gab es einfach kein Einsehen. Da ich meinen bereits auf der Fähre befindlichen Möbeltransporter unter keinen Umständen verlieren durfte, drängte nun wirklich die Zeit. Es blieb mir in meiner Situation nichts anderes übrig, als den Vogel an dieser Stelle und vor den Augen des königlichen Beamten aus seinem Käfig zu holen und ihn in den Himmel über England zu entlassen. Der schwirrte davon und unser Sohn schrie wie am Spieß. Wir durften auf die Fähre auffahren.

Ich war in einem der oberen Parkdecks angekommen, als ich eher durch Zufall über die Bordlautsprecher meinen Namen und unsere Autonummer vernahm. Ich sollte mich sofort mit meinem Fahrzeug erneut beim Zoll melden. Meine Familie war mit den Kindern inzwischen ausgestiegen und auf dem Wege nach irgendwo dort oben im Schiff. Stellen Sie sich bitte vor, auf einer gut ausgebuchten Fähre von einem der oberen Decks gegen den Fahrzeugverkehr wieder auf die Pier fahren zu müssen.

Man erwartete mich im Zollbüro. Ein dienstgradhöherer Beamter schaute mich grimmig an. Die nun folgende Diskussion war wieder heftig, letztlich ergebnislos und in meinen Augen so etwas von überflüssig, wie man es sich kaum vorstellen konnte. Nachdem ich wiederholt versicherte, der Vogel sei ein englisches Muster, ich als Pilot würde mich schließlich mit Freund und Feind am Himmel auskennen, der Kanarienvogel trüge sogar die englischen Hoheitsabzeichen an seinen Flügeln, und außerdem würde nun meine Fähre jeden Moment abfahren, legte man mir diverse Formblätter vor, die ich alle unterschreiben musste. Erst danach durfte ich wieder zurück an Bord. Hinter mir schloss sich die Rampe und ab ging es nach Dünkirchen in Frankreich.

Das Einräumen des Hauses in Hüllerup an diesem für mich kurzen Wochenende ging reibungslos über die Bühne und bereits zwei Tage später, es war ein Montag, unterrichtete ich wieder meine Flugschüler in Cottesmoore.

Noch einige Anmerkungen zur Fürsorge des Dienstherrn gegenüber seinen Soldaten. In dem großen Haus in Ketton, in dem wir nun fast vier Jahre gewohnt hatten, hingen natürlich in den verschiedenen Räumen an verschieden großen Fenstern verschiedene Gardinen. Nun konnte man anlässlich eines dienstlich verordneten Umzuges bei der Bundeswehr ein sogenanntes Gardinengeld beantragen. Das sollte ein wenig die Kosten mildern, die so ein Umzug in der Regel mit sich brachte. Dafür musste ich diverse Antragsformulare ausfüllen. Schließlich kam in England ein deutscher Beamter der „German Administration" zu uns nach Hause in Ketton, um sich vor Ort die vorhandenen Gardinen anzusehen und die Fenster auszumessen. Die Maße der Fenster im neuen Haus in Hüllerup musste ich mit Unterschrift belegen. Nun hatte dieser Mensch nichts Besseres zu tun, als unsere in England vorhandenen Gardinen dahingehend zu prüfen, in welchen Räumen und an welchen Fenstern diese im Haus in Hüllerup passen könnten. Am Ende seiner Feststellungen sollte ich dann im neuen Haus in Deutschland die Gardinen aus verschiedenen Räumen des Hauses in Ketton mischen. Nach seiner Beamtenauffassung wäre es nicht schlimm gewesen, in ein und demselben Raum zum Beispiel blaue und grüne Gardinen gleichzeitig hängen zu haben, selbst wenn diese unterschiedliche Längen gehabt hätten. Seit dieser Hausbegehung in England weiß ich, was ein „Beamtenarsch" ist.

Der gleiche Mensch hatte auch den Antrag abzulehnen, meinen eineinhalb Tonnen schweren und klappbaren Funkmast, der auf einem Wohnwagenfahrgestell aufgebaut war, als „Umzugsgut" transportieren zu können. Sicherlich gab es erheblich mehr Besitzer von Wohn- und Bootsanhängern, als solche, die mit mobilen Amateurfunkmasten unterwegs waren. Ich nehme an, dass dieses der Grund dafür war, dass ein solcher mobiler Funkmast im Katalog der Bundeswehr für „bezuschußbare" Anhängertransporte gar nicht aufgeführt war. Da es sich bei meinem Anhänger also weder um ein Wohnmobil und auch nicht um einen Bootsanhänger handelte, wurde eine „Bezuschussung" des Transportes abgelehnt.

Die letzten drei Monate meines Aufenthaltes in England wohnte ich in den Offizierunterkünften der RAF Cottesmoore. Der einhundertste Lehrgang, der im Tornadoprogramm in Cottesmoore lief, war mein letzter. Ich war gleichzeitig „Course Director" dieser Flugschülergruppe. Mit dem Abschluss dieses Kurses hatte ich genau sechzig Kurse in der Tornadoausbildung beim TTTE Cottesmoore erlebt. Etwa 1400 Flugschüler durchliefen insgesamt in diesem Zeitraum die Groundschool für die Um- und Neuschulung. Sie wurden ausnahmslos auch von mir unterrichtet.

In Cottesmoore, 1987

Mein letzter Kurs beim TTTE- Cottesmoore. Ich stehe hinten in der Mitte.

29. Kapitel
Zurück in Deutschland

Meine Beförderung zum Korvettenkapitän war längst überfällig. Ich stand, wie viele meiner Kameraden, im Dienstgrad Kapitänleutnant und im vieldiskutierten „Beförderungsstau". Herrn Oberst Hoppe, dem „DDO" oder „Dienstältesten Deutschen Offizier beim TTTE in Cottesmoore", wie er offiziell genannt wurde, hatte ich bereits Wochen vorher mitgeteilt, ich würde nicht noch einmal im Dienstgrad Kapitänleutnant nach Tarp gehen. Was er dann letztlich angestellt hat, damit ich doch noch befördert werden konnte, weiß ich nicht. Jedenfalls lud er mich am 30. September 1987 zum Abendessen zu sich nach Hause ein. Das Essen zog sich lange hin, wir hatten genug Gesprächsstoff und um Punkt Mitternacht wurde ich von ihm in seiner Wohnung zum Korvettenkapitän befördert.

Einen Tag später trat ich meine Versetzungsreise nach Deutschland an, wo ich von meiner Familie bereits erwartet wurde. Ich meldete mich zum Dienst beim Kommodore des MFG 2. Das sollte nun mein dritter Dienstposten im Geschwader werden.

„S3A" im Geschwaderstab lautete mein neuer Dienstposten. In dieser Eigenschaft war ich verantwortlich für die „scharfen" Befehle zur Mobilmachung des Geschwaders im Krisen- und Kriegsfall. Damit verbunden war auch die Planung von allen internen Geschwaderübungen und für die Vorbereitung auf die jährlich stattfindenden Überprüfungen durch die Nato. Diese Übungsplanungen und deren Vorbereitungen machten mir sehr viel Spaß. Der damalige Kommodore ließ mir freie Hand für solche „Kriegsspiele", die ich in den folgenden einundhalb Jahren vorbereiten konnte und deren Durch- und korrekte Ausführung ich schließlich auch zu überwachen und auszuwerten hatte.

Aus meinen früheren Zeiten als Flugzeugführer der 1. Staffel und später als Chef der SSichKp waren mir aus damaligen Übungen viele unangenehme Begebenheiten nur zu gut in Erinnerung geblieben, gegen die ich nun wirklich massiv angehen konnte. Als ein solches Negativbeispiel sei an dieser Stelle erwähnt, dass sich bei nächtlichen Alarmen selbst gestandene Portepèe Unteroffiziere von ihren Ehefrauen verleugnen ließen. Wenn nach den heulenden Sirenen die „Alarmbusse" durchs Dorf fuhren, um die Soldaten einzusammeln und auf ihre Alarmposten zu fahren, behaupteten manche Ehefrauen ganz frech, ihre Männer wären nicht zu Hause. Und das morgens um vier…

Ich plante eine über drei Tage angelegte Geschwadergroßübung. „Feindflugzeuge" aus Husum und sogar aus England wurden durch mich angefordert. Die Husumer „Alpha Jets", nach meiner Überzeugung eine der teuersten Fehlinvestitionen der damaligen Bundeswehr, sollten Sprühangriffe über Eggebek fliegen. Statt eines echten Kampfgiftes versprühte man dafür Zitronensäure. Auf diese Weise konnte man das „Gift" gut riechen. Die US Air Force hatte seinerzeit drüben in Alconbury etliche F-111 Jagdbomber stationiert. Das waren übrigens dieselben, mit denen Gaddafi damals nach einem Konflikt vor der afrikanischen Küste bombardiert wurde. Nach meinem „Regiebuch" für unsere Geschwaderübung kamen dann drei dieser Maschinen auf die Minute pünktlich und direkt aus England und griffen den Flugplatz Eggebek im Tiefflug an. Ein einziger Überflug hätte genügt, um wichtige Komponenten unseres Flugplatzes auszuschalten und den eigenen Flugbetrieb lahmzulegen. Gemäß meinem Übungsablauf musste die sogenannte „Startbahn-Schnellinstandsetzung" anschließend die (simulierten) Bombentrichter wieder „zuschütten". Nach der damals viel umstrittenen „Notstandsgesetzgebung" der Bundesregierung hätten im Ernstfall etliche große und auch kleinere Baufirmen aus dem Kreis Schleswig-Flensburg die meisten ihrer schweren Baumaschinen zu uns anliefern müssen. Damit wären dann eventuelle Schäden behoben worden. Die amtlichen Kennzeichen hunderter solcher Spezialfahrzeuge lagen bei mir im Panzerschrank. Das Kraftfahrzeugbundesamt in Flensburg versorgte mich auf Anforderung mit Daten.

Auffällig hoch war bei solchen „Angriffen" immer die Zuschauerzahl am Rollfeld. Egal ob zur Übung Fliegeralarm ausgelöst worden war und Luftangriffe unmittelbar bevorstanden: viele Soldaten strömten ohne Stahlhelm und ohne ABC-Schutzmaske ins Freie, um den fremden Flugzeugen bei ihrem „Vernichtungswerk" einfach nur zuzuschauen.

Es gab sogar etliche Dienstposten auf dem Flugplatzgelände, die so taten, als ginge sie das alles gar nichts an. Da ich diese Schwachpunkte von früher sehr gut kannte und es nicht lassen konnte, persönlich gerade solche Nischen zu besichtigen, während akuter Alarm ausgerufen war, traf ich etliche Herren an, die nicht einmal einen Kampfanzug trugen. Die saßen dort, wo sie immer saßen und spielten seelenruhig Karten. Die Büros in den Lärmschutzhallen zum Beispiel waren mir schon immer ein Dorn im Auge. Aber nicht nur diese. Nach der Übung musste sich der eine oder andere Soldat bei einem der drei Gruppenkommandeure oder sogar beim Geschwaderkommodore melden. Von Übung zu Übung wurde es allerdings mit der „Kampfmoral" langsam besser. Ich bin sicher, dass einige Herren froh waren, als ich nach meiner eineinhalbjährigen Zeit beim MFG 2 erneut zur Marineschule versetzt wurde.

Noch zwei Geschichten zu einer dieser Übungen. Ich ließ in Absprache mit der Standortverwaltung während der „Luftalarme" in der Kaserne in Tarp die Stromversorgung abschalten. Das hatte man vorher noch nie geübt. Im Kriegsfalle aber hätte man das aus Gründen der Verdunkelung mit Sicherheit so gemacht. Ich versicherte mich vorher, dass nur solche Stellen, die unbedingt am Netz bleiben mussten, nicht betroffen sein würden. Die STOV versprach mir das hoch und heilig. Während einer länger andauernden „Luftbedrohung" wurde in der Kaserne Tarp also über Stunden der Strom abgeschaltet. Irgendwann gegen Morgen rief mich ein verzweifelter Proviantmeister an. Aus seinen Gefrierräumen liefe schon das Wasser und wann er denn bitte wieder Strom bekommen könne. Die STOV musste daraufhin feststellen, dass in der Hauptschaltanlage zur Stromversorgung der Kasernenanlage etliche Leitungen gar nicht oder falsch bezeichnet oder ganz anders angeklemmt waren, als es die Pläne hergaben.

Auf der Basis in Eggebek machte ich das gleiche Spiel. Der Strom wurde abgedreht. Auf dem Flugplatz gab es, anders als in der Tarper Kaserne, in allen wichtigen Bereichen unabhängige Notstromversorgungen über Dieselaggregate, die beim Stromausfall sofort automatisch anspringen sollten. Das taten die Diesel meist auch wie vorgesehen. Nun aber stellten einige der Verantwortlichen in solchen Notstrombereichen mit Erschrecken fest, dass gar nicht genügend Treibstoff in den Tanks war oder das Kühlwasser fehlte. Selbst bei der Flugplatzfeuerwehr waren die Löschwasserbecken teilweise so gut wie leer.

Das größte Gebäude auf dem Flugplatz Eggebek war der oberirdische Bunker der ELOWA-Staffel. In diesem Bunker wurden hochempfindliche elektronische Bauteile der Flugzeuge gewartet und instandgesetzt. Außerdem befand sich hier im Bunker ein spezieller Computer, der über eine Standleitung mit der technischen Zentrale der Luftwaffe in Köln verbunden war. Die gesamte technische Logistik des Geschwaders sowie der Flugzeugklarstand liefen über diese Standleitung. Unten im Bunker gab es eine Notstromanlage mit drei Generatoren und einer sehr aufwendigen Stromverteileranlage. Bei Versagen der normalen Stromversorgung sollten diese Diesel sofort und ohne Verzögerung automatisch die interne Stromversorgung übernehmen. Ich hatte die Bedenken der Standortverwaltung nicht akzeptiert. Dort versicherte man mir, dass alle Anlagen stets gewartet und getestet würden und eine Überprüfung durch tatsächliches Abschalten des Stromes nicht erforderlich sei. Ich ließ gemäß meinem Übungsplan trotzdem abschalten. Wie vorgesehen sprangen die Diesel auch sofort an und alles schien in Ordnung. Dann aber kam ein Telefonanruf aus Köln im Bunker an mit der Anfrage, warum Eggebek die Computerstandleitung abgeschaltet hätte und was „da oben" los sei. Man fand daraufhin heraus, dass beim Anlaufen der Notstromaggregate ganz kurzfristig erhebliche Schwankungen in der Stromfrequenz auftraten. Statt konstanter 50 Hertz ging die Frequenz über und unter den Sollwert. Glühlampen machte das nichts aus, aber der Computer mit der Standleitung nach Köln konnte das nun gar nicht vertragen. Er schaltete sich einfach ab. Eggebek war dann sofort vom Computernetzwerk der Luftwaffe getrennt. Das Wiederherstellen der Verbindung war danach ein größeres Unterfangen. Das heutige Internet gab es damals noch nicht.

Ob dieser Mangel jemals behoben worden ist und wenn ja, wie viele zig-tausend Mark das an Kosten verursacht hat, ist mir nicht bekannt. In einem Ernstfall, und dafür übten wir ja schließlich, hätten Tarp und Eggebek erhebliche Probleme bekommen mit solchen und noch anderen bis dahin unbekannten oder unter einer Decke des Schweigens gehaltenen Problemen. Zum Glück ist dann ja der Ernstfall nie eingetreten.

Wappen des Marinefliegergeschwaders 2

Das alte Staffelwappen „meiner" 1./Staffel, der „F-104G" Aufklärerstaffel der Marine.

30. Kapitel
Noch einmal Dienst an der Marineschule-Mürwik als Nautiklehrer.

Nach eineinhalb Jahren im MFG 2 sollte ich noch einmal als Nautiklehrer an die Marineschule versetzt werden. Obwohl mir die Aufgabe in Tarp sehr viel Spaß gemacht hatte, freute ich mich nun darauf, wieder mit jungen Kadetten arbeiten zu können.

Allerdings bekam ich, angeblich aus Platzmangel, kein Büro im Hauptgebäude, sondern wurde ins Trampedachlager „verbannt". Dort hatte ich schon einmal in den siebziger Jahren als Hörsaalleiter gehaust. In einer der nun bereits mehr als 45 Jahre alten Holzbaracken bekam ich mein neues Dienstzimmer und gleich nebenan meinen Unterrichtsraum. Die Baracke lag unter hohen Bäumen und in meinem Arbeitszimmer war es selbst im Hochsommer zu kühl und immer zu dunkel. Ich musste auch am hellen Tag die Lampen einschalten, um genügend Licht zum Arbeiten zu haben. Ich war der einzige Bewohner in dieser Unterkunft. An normalen Unterrichtstagen bekamen meine Schüler vormittags sechs Stunden Nautik vermittelt. In den Pausen, wenn sich die gesamte Lehrerschaft der Marineschule in der Offiziermesse traf, schaffte ich es normalerweise nicht, mich auch dort rechtzeitig einzufinden. Der Weg von „meiner" Baracke war einfach zu weit. Es reichte dann zeitlich nicht mehr, in Ruhe eine Tasse Kaffee zu trinken. Meine Jungs warteten bereits wieder auf mich. Da ich in meinem Leben noch nie zu spät gekommen war, verzichtete ich auf die Pausen in der O-Messe. Diese Situation war für mich sehr unbefriedigend. Ich fühlte mich in meiner Baracke wie ein Ausgestoßener und hatte den ganzen Tag niemanden, mit dem ich reden konnte. Ich fühlte mich schließlich nur dann wohl, wenn ich vor meiner Klasse stand oder segeln konnte.

Ein Sprichwort besagt, dass einem Dinge an die Nieren gehen können oder dass einem die Galle überläuft. Bei mir trat letztlich beides ein. Ich habe mich über die schlechten Arbeitsbedingungen an der „MSM" schließlich dermaßen geärgert, dass ich während dieser Zeit als Nautiklehrer innerhalb von nur eineinhalb Jahren fünf Mal per Notarztwagen von der Marineschule ins Krankenhaus gefahren werden musste. Mich plagten jedes Mal Nierenkoliken. Beim dritten Krankenhausbesuch hat man mir dann auch gleich noch meine Gallenblase mit „ausgebaut".

Meine Kollegen Nautiker waren nämlich alles andere als hilfsbereit. Die legten sich nachmittags in ihren Dienstzimmern im Hauptgebäude eher zum Schlafen aufs Ohr, anstatt mir meine Fachfragen zu beantworten oder mich in meinen Unterrichtsvorbereitungen zu unterstützen.

Am meisten habe ich mich über einen Mitkollegen geärgert, der zu dieser Zeit als einziger noch astronomische Navigation unterrichtete. Nun eröffnete mir der Leiter der Nautischen Abteilung, dass auch ich in nächster Zukunft „Astro-Nav" unterrichten sollte. Meine diesbezüglichen Erfahrungen und Kenntnisse stammten allerdings aus meiner Handelsmarinezeit und lagen zu diesem Zeitpunkt bereits mehr als 24 Jahre zurück. Besagter Kollege hatte sich für seinen Unterricht eine sehr umfangreiche Unterrichtsmappe zusammenstellen lassen, nach der er unterrichtete.

Ich war gerade einmal wieder aus dem Krankenhaus gekommen und packte in meinem Büro persönliche Dinge, bevor ich einen Erholungsurlaub antreten sollte. Vorher bat ich diesen Kollegen, mir doch bitte seine Unterlagen eins zu eins kopieren zu lassen. Unten in der Schule gab es dafür extra eine Druckerei, die so etwas in nur wenigen Stunden problemlos erledigen konnte.

Als ich vier Wochen später nach meinem Urlaub bei ihm vorsprach, entschuldigte er sich mit den Worten, er habe viel zu viel zu tun gehabt und sei noch nicht dazu gekommen. Dabei hätte er seine Unterlagen einfach nur in der Druckerei abzugeben brauchen.

Ich meldete mich daraufhin beim Leiter der Nautischen Abteilung um ihm mitzuteilen, dass ich mich wegen dieser Umstände weigern würde, „Astro-Nav" zu unterrichten. Ich hätte noch an diesem Tag meine ersten Stunden geben müssen. Es ging dann auch ohne meine Astronomische Navigation.

Wieder nutzte ich die unterrichtsfreie Zeit zum Segeln und an mehreren Wochenenden war ich mit den großen Yachten der Marineschule, besonders mit meiner geliebten „Ostwind", mit einigen Stammseglern und mit Freunden und Kind und Kegel auf der schönen Flensburger Förde unterwegs.

Gerade war die Berliner Mauer gefallen und die ehemalige DDR hatte sich aufgelöst. Die ehemaligen Ostländer gehörten nun zu Gesamtdeutschland. Auch die DDR Streitkräfte gab es nicht mehr und die meisten Soldaten waren für immer ihre Jobs los. Allerdings machte man sich in Bonn beim Bundesminister für Gedanken darüber, ob und wenn ja, wie viele ehemalige Soldaten man von der gerade aufgelösten Ostarmee in die Bundeswehr übernehmen könnte. Mir sind Details darüber nicht bekannt. Aber eines Morgens tauchten zwölf ehemalige NVA Marineoffiziere bei uns an der Marineschule auf. Sie trugen bereits „unsere" Marineuniformen im Rang Leutnant und Oberleutnant zur See. Sie machten überhaupt keinen glücklichen Eindruck und müssen sich vorgekommen sein, wie auf einem fremden Stern. Man hatte diese Herren zu einem 14-tägigen „Demokratisierungskurs" an die Schule eingeladen. Man wollte ihnen die Gelegenheit geben, sich mit unserem politischen System und mit unserer Marine vertraut zu machen, nachdem sie vorher ihr bisheriges Leben lang nur von den westdeutschen Kapitalisten und Kriegstreibern gehört hatten. Nun saßen sie im Klassenzimmer und hörten etwas von parlamen-tarischer Demokratie, von der Aufgabe unserer westdeutschen Streitkräfte, insbesondere der Marine, sie lernten, wie wir in der Nato integriert waren, welche Schiffe und welche Bewaffnungen die Flotte besaß und wie unser täglicher Dienstablauf in den Kasernen, an Bord und in den Kommandostäben aussah. Sie hörten sich normalen Unterricht für die Kadetten der Marineschule an, wurden in verschiedene Einsatzgeschwader der Marine geführt, so nach Tarp zum MFG 2, zu den Zerstörern nach Kiel und zu den U-Booten nach Eckernförde. Man entführte sie nach Hamburg und überließ sie an manchen Abenden sich selbst. Ich nutzte die Gelegenheit, und lud einige von ihnen nach Feierabend zu mir nach Hause ein. Erst jetzt konnte ich ihre riesige Enttäuschung und ihren Frust feststellen, den sie mit sich herumtrugen. Der Oberleutnant zur See (neu) war früher Kriegsschiffkommandant der Volksmarine im Dienstgrad Fregattenkapitän. Die anderen hatten vor der Wende auch vergleichbar verantwortungsvolle Posten inne. Nun saßen sie bei mir zu Hause und der ehemalige Kommandant war den Tränen sehr nahe. Jahrelang konnte er seine Familie nicht wirklich sehen. Immer und ständig saßen er und seine Marinekameraden in Bereitschaft, stets in Erwartung eines Angriffes der Nato und somit des westdeutschen Klassenfeindes. Diese ehemaligen DDR-Offiziere konnten einfach nicht verstehen, wieso wir bereits jeden Freitag am frühen Nachmittag ins Wochenende fuhren, wieso jeden Tag unter der Woche gegen 16:30 Uhr alle Kasernen in Westdeutschland bis auf wenige Wachen am Haupttor fast leer waren, wieso es nicht auch bei uns rund um die Uhr Alarmbereitschaften gab und, und, und, wo man ihnen doch während ihrer gesamten militärische Laufbahn stets und immer über den gleich zuschlagenden Feind berichtet hatte. Es kostete Mühe, ihnen dennoch einen halbwegs gemütlichen Abend zu bereiten. Aber: ihre bisherige Welt war über Nacht total zusammengebrochen und in der „neuen" kamen sie zu diesem Zeitpunkt nun gar nicht zurecht.

Ich glaube, von diesen zwölf Offizieren wollten nach diesen 14 Tagen nicht einmal die Hälfte versuchen, bei uns übernommen zu werden. So tief saß der Schock bei ihnen nach der jahrelangen Ostpropaganda.

31. Kapitel
Mein letzter Dienstposten: IT-Sicherheitsoffizier der Flotte

Der Leiter der Nautischen Abteilung ließ mich zu sich rufen und fragte, ob ich mit Computern umgehen könnte. Das konnte ich mit ruhigem Gewissen bejahen. Seit meiner Zeit in England besaß ich inzwischen bereits meinen dritten oder vierten IBM-kompatiblen PC. In England hatte ich sogar erfolgreich an einem PC-Kurs für BASIC und für eine Database teilgenommen.

Beim Flottenkommando in Glücksburg sollte eine ganz neue Dienststelle eingerichtet werden. Dazu suchte man jemanden, der sich mit Computern auskennen würde. Die neue Stelle lief unter der damals noch ungewöhnlichen Bezeichnung „IT-Sicherheit in der Flotte" und sollte ganz neu geschaffen werden.

Zum 01. Januar 1991 wurde ich als erster IT-Sicherheits-Offizier der Flotte zum Flottenkommando versetzt und unterstand zunächst dem A2-Bereich. Das war die Abteilung, die sich mit allen geheimen Dingen in der Flotte befasste. Etwas später wurde ich dem A6 zugeordnet, landete also bei den Fernmeldern. Mein tatsächlicher Ansprechpartner in allen heiklen Dingen aber sollte der Befehlshaber der Flotte selber bleiben. Er hatte zu Beginn meiner Tätigkeit ein längeres Gespräch mit mir. Zu dieser Zeit hatten wir beide noch keine Ahnung, wie dieser Dienstposten mit Leben zu erfüllen sei. Er sagte mir allerdings zu, dass seine Tür jederzeit für mich offen stehen würde, besonders dann, wenn es in Zukunft irgendwo in der Flotte mit der IT-Sicherheit ein Problem geben sollte.

Da es keinerlei Vorgaben für diese völlig neue Dienststelle gab, in der Bundesmarine gab es zu dieser Zeit erst ganz wenige PCs, musste ich mich erst einmal schlau machen. Dazu verordnete ich mir selber diverse Lehrgänge bei zivilen Firmen, die sich mit der immer wichtiger werdenden Frage der Sicherheit in der Informations-Technik befassten. Ich wohnte in teuren Hotels, in denen IT-Firmen für sehr viel Geld Wochenendseminare abhielten. Auf diese

Weise kam ich ganz gut in Deutschland herum. Berlin, Köln und München waren einige Orte, wo derartige Veranstaltungen liefen. Nach Monaten der Vorbereitung war ich schließlich informiert genug, um mich an eine „IT-Sicherheitsanweisung" für den Bereich der Flotte" heranzuwagen. Ich weiß nicht mehr, wie lange ich an diesem Werk geschrieben und mit wie vielen Fachleuten aus der IT-Branche ich darüber diskutiert habe, bis die erste Version mit der Unterschrift des Befehlshabers der Flotte im gesamten Flottenbereich in Kraft gesetzt werden konnte. Zur Flotte gehörten alle Schiffe und Flugzeuge der Marine mit den zugehörigen Landdienststellen. Ebenso gehörten der Marinefernmeldestab 70 mit den drei Aufklärungsbooten "Alster", "Oste" und "Oker" zu meinem IT-Bereich.

Inzwischen gab es die DDR nicht mehr. Gleich nach der Eingliederung der Länder des untergegangenen Oststaates machte sich ein Fahrzeugkonvoi des Flottenkommandos auf den Weg gen Osten. Zurück kamen sie tonnenweise mit „Kriegsbeute". In einigen Abteilungen des Flottenkommandos konnte man kaum noch auf den Fluren treten. Überall stapelten sich Kisten mit Fernmeldegerät, Ferngläsern und Fotoapparaten der ehemaligen Volksmarine und allerlei sonstigem Sammelsurium. Mir war es mehr als peinlich, das Ergebnis dieses „Raubzuges" ansehen zu müssen. Zugegeben: es waren auch sehr aufschlussreiche Dinge dabei. So tauchten kistenweise Dienstvorschriften unserer Bundeswehr auf, die meisten waren „Geheim" oder zumindest „Nur für den Dienstgebrauch" eingestuft. Da diese Vorschriften alle im Original beim „Gegner" aufgefunden wurden, teilweise druckfrisch, konnten sie nur direkt aus erster Quelle, vermutlich direkt aus der Bundesdruckerei stammen. Keine dieser Vorschriften war jemals „vereinnahmt" worden.

Ein weiterer Konvoi machte sich zum Dänholm bei Stralsund auf. Dort hatten Offiziere der Bundesmarine bei ihrer ersten Sichtung einen unfangreichen Segel- und Motorbootsbestand der Volksmarine gefunden. Nun sollten alle Boote in Schleppzügen nach Flensburg an die Marienschule verbracht werden. Ein Bus, vollgeladen mit Bootssteurern, die solche Motorboote fahren konnten, hatte sich auf den Weg gemacht. Wie viel Zeit zwischen der Entdeckung dieses Bootsparks und der Ankunft unseres Abholteams lag, ist mir nicht mehr erinnerlich. Es waren aber nur wenige Wochen, vielleicht nicht einmal ein Monat. Bei der Ankunft des Abholteams war der Hafen allerdings leer. Es gab dort nichts mehr zu holen.

Der Oberbefehlshaber der Royal Navy interessierte sich sehr für die Hinterlassenschaften der Marine der ehemaligen DDR. Er landete von England kommend in Eggebek und von dort wurde er zum Flottenkommando abgeholt. Man hatte mich als Begleitoffizier für die Zeit seines Aufenthaltes in Deutschland auserwählt. Er wurde vom Befehlshaber unserer Flotte herzlich empfangen und kurz darauf bestiegen Sir Hugo White, unser Flottenchef und weitere Offiziere des Flottenkommandos einen Seaking Hubschrauber. Mein Platz war neben dem Gast aus England. Wir flogen direkt vom Flottenkommando zunächst nach Rostock und dort zur ehemaligen Befehlszentrale der DDR Marine. Interessant waren unter anderem riesige Schautafeln mit allen Einheiten unserer Flotte, den Kommandostrukturen der Bundesmarine und die noch etliche weitere derartige Übersichten zeigten. Die waren alle auf den neuesten Stand. Man erzählte sich, dass gleich nach der Übernahme durch die Bundeswehr ein Admiral unserer Marine hier im Treppenhaus einen gerade „abrückenden" russischen Admiral traf. Außer „Guten Tag" soll es aber keine weiteren Gespräche gegeben haben.

Als weiterer Fluggast gesellte sich ein Kapitän zur See unserer Marine zu uns, der inzwischen dort in Rostock seinen Dienstposten übernommen hatte. Der Weiterflug sollte uns nach Saßnitz auf Rügen bringen. Für mich persönlich war dieser Flugabschnitt ein sehr emotionaler. Wir überflogen nämlich zuerst den Ort Saal, bei Ribnitz-Damgarten gelegen, wo mein Onkel Hans und Tante Else vor der Enteignung einen großen Bauernhof besaßen, auf dem ich als Kind jedes Jahr die Sommertage verbringen konnte. Dort in Saal wohnten zu meiner Kindheit auch die Eltern meines Vaters, „Opa und Oma Saal". Wir überflogen die mir von damals so vertraute Saaler Kirche und das Haus meiner Großeltern. Auf dem Weiterflug kamen wir dann auch direkt über den Ort Breege auf Rügen. Ich habe im dortigen Schulgebäude mein erstes Lebensjahr verbracht. Mein Vater war dort Lehrer, bevor er zur Wehrmacht ging.

Nachdem wir über Kap Arkona und an den Kreidefelsen von Stubbenkammer vorbeigeflogen waren, landeten wir oberhalb von Saßnitz irgendwo auf einigen Betonplatten mitten auf einer Wiese. Etliche Fahrzeuge der ehemaligen Volksmarine warteten bereits auf uns. Diverse Polizeiwagen mit Blaulicht begleiteten uns in rasender Fahrt vom Landeplatz zum Hafen. Offensichtlich machte man das in der DDR früher so. Wenn Militär mit Blaulicht unterwegs war, leerten sich die Fahrbahnen schlagartig.

Unten im Hafen wartete ein bundesdeutsches Schnellboot auf uns. Bei völliger Windstille und entsprechend glatter See ging es mit Höchstfahrt nach Peenemünde. Dort dümpelten in einem DDR-Hafen zusammengeführte DDR Kriegsschiffe, die nun an der Kette lagen. Personal gab es dort überhaupt nicht mehr. Es lag eine Totenstille über den Schiffen und Booten. An der Stelling eines Raketenzerstörers wartete ein Zivilist. Er öffnete das Vorhängeschloss, das den Durchgang versperren sollte. Wir wurden durchs Schiff geführt. Nicht nur ich staunte über die primitiven und sehr kleinen Radargeräte auf der Kommandobrücke und über viele andere Einrichtungen, vor denen sich der Westen jahrzehntelang so gefürchtet hatte. Die Meinung aller Besucher: mit diesen Kriegsschiffen hätte die DDR im Kriegsfall nicht sehr viel erreichen können. Unsere Technologie war dieser um Jahre voraus. Nach der Besichtigung drehte ich mich zu unserem Begleiter um. Der schloss gerade wieder die Stelling ab. Ich nutzte die Gelegenheit, löste mich kurz von Sir Hugo White, eilte zurück zum Schiff und fragte den Zivilisten, welche Rolle er denn hier früher eventuell gespielt habe.

„Ich war einmal Kommandant dieses Schiffes..."

Nach einer Besichtigung von Peenemünde, sehr viel gab es dort nicht zu sehen, holte uns die Seaking wieder ab. Auf dem Weiterflug überquerten wir einen stillgelegten Flugplatz. Auf der langen Starbahn standen in Reih und Glied tausende von Panzerfahrzeugen, Militärlastkraftwagen, Geländefahrzeuge aller Art, Geschütze, Sanitätsfahrzeuge und noch vieles andere Großgerät der ehemaligen Volksmarine. An dieser Stelle hatte man erst kürzlich einen großen Sammelplatz eingerichtet und hier rostete nun die nicht mehr benötigte Ausrüstung der früheren DDR-Marine still vor sich hin.

Ich kündete eine allererste IT-Sicherheitsüberprüfung im eigenen Hause, also im Flottenkommando an, bevor ich dann später die einzelnen Geschwader und deren Boote und Schiffe auf die Einhaltung meiner Anordnungen überprüfen wollte.

Die allererste IT-Überprüfung in der Geschichte der Flotte begann im A3-Bereich. Für Punkt acht Uhr hatte ich mich angemeldet. Es war für mich genau so ein erstes Mal wie für den, den ich nun aufsuchte. Pünktlich erschien ich im Büro meines ersten Kandidaten. Ich bat ihn, mich an seinen PC zu lassen.

„Holen sie sich doch von meiner Sekretärin erst einmal einen Kaffee, ich muss hier noch etwas fertig machen..."

schlug er vor. Ich trinke keinen Kaffee und schaute über seine Schulter und zum Bildschirm. Was ich da sah, war alles andere als dienstlich. Er stellte gerade mit einem privaten Computer-Programm auf seinem dienstlichen PC und während seiner Dienstzeit eine Modelleisenbahnanlage zusammen. Ich schaute dort auf Pläne von HO-Schienenanlagen. Er habe noch keine Zeit gehabt, dieses Programm vom PC zu entfernen. Allerdings hatte er meine Ankündigung zu dieser Überprüfung bereits vierzehn Tage vorher bekommen. Ich ermahnte ihn und drohte unmiss-verständlich damit, dem Befehlshaber der Flotte sein Verhalten zu melden. Mit dem Hinweis, ich würde am kommenden Morgen zur gleichen Zeit erneut erscheinen, verabschiedete ich mich. Vierundzwanzig Stunden später stand ich wieder an seinem PC. Nichts hatte sich geändert. Er spielte noch immer mit seiner virtuellen Eisenbahnanlage. Ich fand bei genauerer Untersuchung seines PC noch weitere unerlaubte Programme. Die inzwischen in der gesamten Flotte verteilte „IT-Sicherheitsanweisung für die Flotte" verbot ausdrücklich die Benutzung privater Programme auf dienstlichen Rechnern. Sein Verhalten mir gegenüber empfand ich mehr als dreist. Er war zwar der allererste, der jemals im Bereich der Flotte durch einen IT-Sicherheitsoffizier überprüft wurde, aber möglicherweise hatte er sein Tun gar nicht als Missachtung eines gegebenen Befehls erkannt.

Wenn ich nun im eigenen Dienstbereich und nicht gleich jetzt beim allerersten Aufdecken eines massiven Verstoßes etwas unternehmen würde, dann wäre meine monatelange Vorarbeit bis zum Inkrafttreten der „IT-Sicherheitsanweisung für die Flotte" eine Farce gewesen. Ich bat darum, sein Telefon benutzen zu dürfen und rief aus seinem Büro und in seinem Beisein das Vorzimmer des Befehlshabers an. Zehn Minuten später mussten wir uns beide dort im Ausgehanzug melden. Ich berichtete kurz über den Vorfall und durfte gehen.

Einige Zeit später gab es seinen Dienstposten im Flottenkommando nicht mehr. Hatte er mir gegenüber doch auch noch argumentiert, er sei für die Einsatzplanung der Flotte im Krisen- und Kriegsfall zuständig. Im Moment hätten wir aber Krieg... Man kann sich kaum vorstellen, wie schnell sich ein derartiger Vorfall nicht nur in der gesamten Flotte herumsprach. Im Laufe meiner IT-Tätigkeit sollte ich später nur noch wenige derartige Querulanten treffen.

Während meiner fast fünfjährigen Zeit beim Flottenkommando hatte ich im Jahre 1992 Gelegenheit, mit dem Dienstsegelboot „Monsun" an einer Oldtimerregatta in Frankreich teilzunehmen. Per Transportflugzeug, das aus der gerade aufgelösten Luftwaffe der DDR stammte und von russischer Bauart war, wurden meine Crew und ich nach Brest geflogen. Die Piloten dieser Maschine waren von der ehemaligen DDR-Luftwaffe in unsere übernommen worden. Bei uns hätte auch so schnell niemand diesen Vogel fliegen können. Alle Beschriftungen, besonders auch die im Cockpit, waren in kyrillischer Schrift angebracht. Im französischen Marinestützpunkt Brest übernahmen wir die „Monsun" von der Vorgängercrew und verholten anschließend in den Stadthafen von Brest, direkt unter der alten Zitadelle gelegen. Es gab am Abend ein riesiges Feuerwerk zu Ehren der vielen historischen Segelboote, die sich inzwischen hier eingefunden hatten. Die Regatta führte am Tag darauf in das weiter südlich gelegene Duarnenez. In diesem beschaulichen und nun völlig überbelegten Hafen wurde ein tolles Volksfest unter Teilnahme vieler Nationen gefeiert. Erst zwei Tage darauf traten wir unsere Rückreise nach Flensburg an. Aus Anlass dieser als „Ausbildungsreise in ausländischen Gewässern/AAG 705/92" durchgeführten Segeltour legten wir 876.8 Seemeilen zurück.

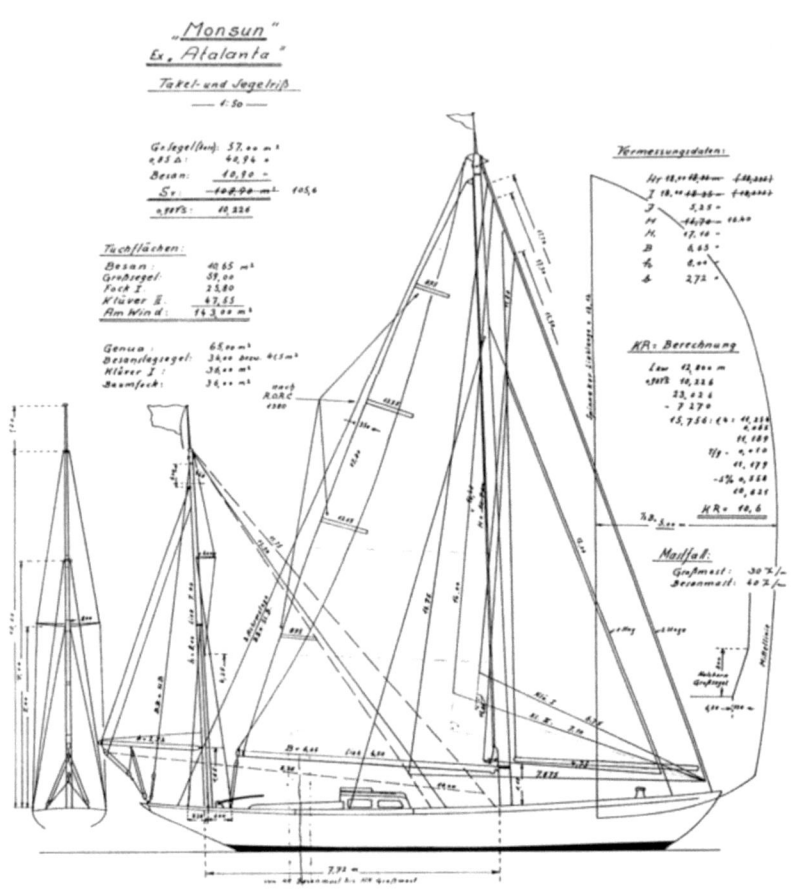

Segelriss der „Monsun", ex. „Atalanta". Das Boot wurde 1948 bei Ernst Hatecke an der Elbe in Stahl gebaut.

Meine IT-Inspektionen führte ich nun regelmäßig im Gesamtbereich der Flotte durch, anfangs noch vorher angekündigt. Dann aber, nach etwa einem Jahr hatte ich mir den Großteil der Flotte zumindest in einigen Teilbereichen genauer angesehen, kam ich unangemeldet wieder und vor allen Dingen bei solchen Dienststellen vorbei, die am wenigsten mit einer Inspektion gerechnet hatten.

Die ersten Viren trieben auf Computern ihr Unwesen und ein sehr wichtiger PC im eigenen Flottenkommando und ausgerechnet bei der SAR war gerade dann nicht zu benutzen, als er wirklich dringend gebraucht wurde. Wie ich feststellen musste, war er durch und durch mit Spielen aus heimischen Kinderzimmern beladen und nun durch mindestens einen sehr hartnäckigen Virus verseucht. Ich musste erneut und massiv mit Hilfe des Befehlshabers durchgreifen. Manche Köpfe brauchten eben etwas länger, um wichtige Dinge von belanglosen unterscheiden zu können.

Zu dieser Zeit flog die Marine mit Seeaufklärern vom Typ „Breguet Atlantik" Überwachungseinsätze in der Adria. Irgendwie hatte sich die Lage im Kosovo derart verschlechtert, dass ein Waffenembargo verhängt worden war. Die Seewege der Adria wurden daraufhin von mehreren NATO-Staaten aus der Luft und mit Kriegsschiffen überwacht. Die Bundesmarine startete zu Überwachungsflügen vom Flughafen Elmas/Gagliari auf Sardinien aus. In Elmas wurde dafür eigens ein deutsches Marinekommando installiert. Dort gab es einen einzigen dienstlichen PC, mit dem unter anderem alle Daten für die Seeraumüberwachung und die Daten der Flugzeugwartung gespeichert und alle Einsatzdaten bearbeitet wurden. Dieser PC hatte nun einen Festplattenabsturz, den vor Ort niemand beseitigen konnte. Der Einsatz unserer Überwachungsflugzeuge war davon massiv betroffen. Zum Glück wurde gerade eine Maschine am Heimatflugplatz Nordholz in Niedersachsen zur Ablösung einer Maschine in Elmas vorbereitet. Ich schnappte mir noch einen Computerspezialisten aus unserem Flottenkommando, eine neue Festplatte sowie etliche Rettungsprogramme und wir flogen zum Wochenende runter nach Elmas. Dem Einsatzkommando konnte mit der neuen Festplatte schnell geholfen werden und ich nahm die Gelegenheit wahr, auf einem Überwachungsflug mitzufliegen. Ich hatte bereits bei meinem Eintreffen in Elmas den verantwortlichen Fregattenkapitän gefragt, ob ich auch selber einmal während einer „Mission" mitfliegen dürfte. Da ich ehemaliger Pilot war, ließ man mich die „Breguet Atlantik" sogar über dem Einsatzgebiet für etliche Stunden selber steuern. Ich war überrascht, wie schwergängig die Ruder dieses inzwischen betagten Flugzeugtyps zu bedienen waren. Das Cockpit verlangte einiges an Körperkraft von seinen Piloten ab. Es dauerte zunächst etwa drei Stunden von Elmas bis in das zu überwachende Seegebiet. Dann begann das Absuchen der Adria aus der Luft, teils in sehr niedriger Höhe. Wir haben jedes in Sicht kommende Schiff im Tiefflug angesteuert, dessen Namen und Position notiert und über Funk Kontakt aufgenommen. Obwohl die „Breguet Atlantik" ein See-Fernaufklärer war, gab es an Bord dieser Flugzeuge kein Funkgerät, mit dem man sich mit einem Schiff hätte unterhalten können. Aus diesem Grunde hatte sich die Marine von der Wasserschutzpolizei in Cuxhaven kleine Handfunkgeräte für den Seefunk ausgeliehen. Da es auch keine passende Antenne an Bord der „Breguet" gab, wurde eine vorhandene Testantenne „fremd genutzt".

Der Bediener am geliehenen Funkgerät musste sich für jedes Gespräch mit einem Schiff von der internen Flugzeugkommunikation abstöpseln, dann über ein separates Kopfgeschirr mittels Handfunke mit dem Schiff sprechen, und sich danach erst wieder in die Bordkommunikation einstöpseln und zurückmelden. Bei Rückfragen vom Piloten oder dem Radarbeobachter war dieser arme Mann ständig damit beschäftigt, seine Köpfhörer zu wechseln.

Nach einem festgelegten Fragebogen wurden die Schiffe nach dem Woher und Wohin und nach der Art der Ladung gefragt. Kapitäne mussten ihre Reederei und ihre Chartergesellschaft angeben. Die Daten wurden vom Flugzeug direkt an eine Bodenstelle weitergefunkt, die sofort alle Angaben eines Schiffes überprüfte. Dafür wurde gegebenenfalls bei einer Reederei oder einem Charterer angerufen. Während die Überprüfung unten am Boden lief, flogen wir ständig im Tiefflug in der Nähe des Schiffes. Die abgefragten Daten und die Position eines beobachteten Schiffes wurden auch sofort an eine deutsche Fregatte übermittelt, die für diesen Überwachungsbereich zuständig war. Sobald irgendetwas nicht ganz plausibel zu sein schien, machte sich die Fregatte umgehend auf den Weg zu dem betreffenden Schiff und kontrollierte dieses dann vor Ort. Manchmal mussten dafür bewaffnete Soldaten der Fregatte mit schnellen Schlauchbooten zum betreffenden Fahrzeug übersetzen, um eine Durchsuchung an Bord durchzuführen. Wir selber waren dann aber bereits längst wieder mit unserem Flieger auf Suchkurs und zum nächsten Frachter unterwegs.

Nach einer Gesamtflugdauer von über 13 Stunden landeten wir wieder in Elmas und mit der nach Nordholz zurückfliegenden

Austauschmaschine flogen wir am folgenden Morgen wieder zurück nach Eggebek. Ein Dienstwagen brachte uns zurück zu unserer Dienststelle nach Glücksburg.

Noch einmal nahm ich mit der „Ostwind" an der Kieler Woche teil und noch einmal gewann ich die Flottenregatta. Ich genoss diese letzten mir möglichen Fahrten auf der schönen Rennyacht. Wir waren ein Jahrgang, 1939.

An der Pinne der „Ostwind" während einer Kieler Woche.

Mit dem Jahr 1995 kam das Jahr meiner regulären Pensionierung. Im Dienstgrad Fregattenkapitän und leider ein von oben befohlenes Jahr früher als ursprünglich vorgesehen, bereitete ich mich auf das Ende meiner über dreißigjährigen Marinezeit vor.

Der letzte Tag bei meiner Marine verlief dann eher unspektakulär. Ich hatte darum gebeten, mir meinen gesamten Urlaub des Jahres 1995 unmittelbar vor den Termin meines Ausscheidens zu gewähren. Ich wollte also im Anschluss an meinen Urlaub gar nicht mehr zum Dienst erscheinen müssen. Das wurde genehmigt. Nach dreißigeinhalb Jahren bei der Marine konnte ich in Ruhe die Übergabe an meinen Nachfolger vorbereiten. Auch hatte ich den Befehlshaber gebeten, auf eine der sonst üblichen Verabschiedungen in der Offiziermesse zu verzichten. Mir war bei allen derartigen Veranstaltungen, die ich im Laufe meiner Karriere erlebt hatte, stets unangenehm aufgefallen, dass ausscheidende oder versetzte Offiziere von ihren Vorgesetzten bei diesen Gelegenheiten in den höchsten Tönen gelobt wurden, obwohl die Vorgesetzten in vielen Fällen den zu Verabschiedenden gar nicht richtig kannten. Der jeweilige Personaloffizier hatte stets ein entsprechendes Kärtchen vorbereitet, von dem alle Höhen und Tiefen aus dem Leben eines Menschen vor versammeltem Offizierchor abgelesen wurden. Viele der teilnehmenden Offiziere, oft auch deren mit anwesende Ehefrauen, kannten den Betroffenen oft nicht einmal vom Sehen her. Und nach dem offiziellen Teil einer Verabschiedung haben sich dann bisweilen mehr als einhundert „Gäste" auf Kosten der oder des Verabschiedeten vollaufen lassen. Das war mir alles höchst zuwider. So bat ich um eine Verabschiedung in den Räumen des Befehlshabers und nur im Kreise der Abteilungsleiter.

Der Admiral hatte großes Verständnis für meine Entscheidung und machte es dann auch kurz. Er wünschte mir alles Gute und übergab mir das vom Bund dafür vorgesehene Abschiedsgeld in Höhe von 600,- DM (in Worten: sechshundert). Der Bundeswehr war ein Stabsoffizier mit einer insgesamt dreißigeinhalbjährigen Dienstzeit immerhin dieses Trinkgeld wert. Eine Urkunde für treues Dienen, meine abschließende Beurteilung und eine Zusammenfassung meines militärischen Werdeganges drückte er mir schließlich auch noch in die Hand.

Ich war Pensionär.

Irgendwie fehlte mir dann aber doch meine Marine. Allerdings genoss ich es an den folgenden Tagen, nicht so früh aufstehen und nicht von Hüllerup durch Flensburg zum Flottenkommando fahren zu müssen. Ich hasste diese Fahrstrecke von etwa vierundzwanzig Kilometern, auf der ich an einundzwanzig Ampeln warten musste, weil die automatisch auf rot geschaltet wurden, sobald man sich einer näherte. Die schnellere Osttangente, über die seit mehr als dreißig Jahren heiß diskutiert wurde, gab es damals noch nicht.

Nachruf

Meine Marine ist tot !

Von allen Standorten, an denen ich in dreißigeinhalb Jahren beschäftigt war, gibt es im Grunde genommen keine mehr so, wie ich sie kannte.

Kaserne in Glückstadt:
Verwaist und größtenteils verfallen. Nur die Sporthalle wird von Schulen und Vereinen genutzt.

Marineschule-Mürwik:
Nach etwa 20-jähriger (!) Renovierung glücklicherweise noch immer Ausbildungsstätte der Marineoffiziere.

Uetersen:
Jetzt Unteroffizierschule der Luftwaffe.

Sheppard AFB/Texas:
Keine Ausbildung deutscher Flugschüler mehr, aber noch immer einer der größten Flugplätze der US Air Force.

Luke AFB/Arizona:
Keine Ausbildung deutscher Piloten, aber für die USAF in Betrieb.

Homestead AFB/Florida:
Von einem Hurrikan verwüstet. Wieder aufgebaut. Jetzt Reserveflugplatz.

MFG 2 Tarp/Eggebek:
Kasernenanlage total abgerissen. Flugplatz unbenutzbar. Auf der ehemaligen Startbahn stehen Solarzellen. Etliche Bunker und Hallen werden von privaten Firmen genutzt.

Marineschule-Mürwik:
Die großen Segelyachten gibt es bei der Marine nicht mehr. Von den beiden 12mR Yachten segelt nur noch die ehemalige „Ostwind". Sie ist in Privatbesitz, jetzt unter ihrem alten Namen „Sphinx".

Westerland/Sylt: Kasernenanlage verwaist und größtenteils verfallen.

Flottenkommando:
Nach Umzug des Flottenkommandos nach Rostock nur noch mittelfristig als Außenstelle des Flottenkommandos und mit sehr reduzierter Belegschaft in Betrieb. Die Zukunft der weitläufigen Anlage ist ungewiss.

Durch die in den letzten Jahren wiederholt durchgeführten Strukturänderungen und Reformen innerhalb der Bundeswehr und in der Marine ist von „meiner Marine" nicht mehr viel übrig geblieben. Schade.

Anhang

Bei YouTube liegen vom Autor selbst gedrehte Filme und Videos, die einige in diesem Buch beschriebene Ereignisse als Film-Dokumente belegen.

Geben Sie bei Google ein: Kanal von wbeeck und klicken Sie dann auf
Kanal von wbeeck - YouTube

Wenn Sie aber schon bei YouTube sind, suchen Sie nach wbeeck

Folgende zum Buch passende Filme bzw. Videos sind dort vorhanden:

1. T-37 Flugausbildung in Texas 1966 -1967
2. T-38 Flugausbildung in Texas 1967
3. EXPO 1967 - Weltausstellung Montreal 1967
4. Starfighter F-104 G - Ausbildung in den USA / Luke AFB - Arizona/ 1968
5. Besuch auf dem Schießplatz „Range 2" - USA
6. Schneekatastrophe - Operation „Heulift" 1967
7. Überleben auf See -Sea Survival
8. Das war Segeln - An Bord der ehemaligen „Ostwind" (Ein WDR III-Film)
9. Das war Segeln - Ein Segeltörn mit der Bundesmarine nach Finnland 1982
10. Das war Segeln - An Bord der „Monsun" und „Taifun"
11. Das war Segeln - Flottenregatta 1991 der Bundesmarine

Über den Autor:

1939 auf der Insel Rügen geboren hat er dort seine Kindheit verbracht. Nach dem zweiten Weltkrieg siedelte die Familie nach Celle in Niedersachsen über, wo er zur Schule ging. Wegen zu großer Differenzen mit seinem Vater verließ er von heute auf morgen die Oberrealschule aus der Unterprima und sein Elternhaus und wurde Seemann. Er erwarb später an der Seefahrtschule in Hamburg das nautische Patent zum Wachoffizier und wechselte nur Monate später zur Bundesmarine. Nach seiner Offizierausbildung an der Marineschule Mürwik wurde er schließlich in den USA zum Starfighterpiloten ausgebildet. Die Sportfliegerei, die er bereits im Alter von nur fünfzehn Jahren begonnen hatte, kam ihm während dieser Ausbildungszeit zu Gute. Aus gesundheitlichen Gründen musste er die schnelle Fliegerei nach knapp acht Jahren wieder aufgeben. Er bekleidete im Anschluss an seine Pilotenkarriere bei der Marine diverse nicht weniger interessante Dienstposten und wurde schließlich in England Lehrer für fliegende Besatzungen des Waffensystems

„Tornado". Vier Jahre unterrichtete er dort beim TTTE Cottesmoore Piloten und Waffensystemoffiziere aus drei Nationen. Zurück in Deutschland hatte er verschiedene Dienstposten als Stabsoffizier inne und diente schließlich die letzten fünf Jahre seiner Marinezeit unter dem Befehlshaber der Flotte als IT-Sicherheitsoffizier. Nach seiner regulären Pensionierung im Alter von 57 Jahren segelte er als Skipper an Bord einer privaten Luxusyacht um die halbe Welt. Dadurch angeregt hatte ihn die Seefahrt noch einmal so gepackt, dass er im Alter von nunmehr 59 Jahren noch einmal als Zweiter Offizier eine Karriere bei der „christlichen" Seefahrt begann. Heute beschäftigt er sich überwiegend nur noch mit seinen Hobbies. So erstellt er unter anderem Filmdokumente, die heute teilweise auch im Internet zu finden sind und bereits in den Offenen Fernsehkanälen Flensburg und Kiel gezeigt wurden. Seiner Segelleidenschaft ist er bis heute treu geblieben. Inzwischen sind seine beiden mit der dritten Ehefrau „angeheirateten" Söhne selber verheiratet und ein Enkelkind verlangt bereits die Aufmerksamkeit des Opas. Er hat mehrere Bücher veröffentlicht.

Carola Hartmann Miles-Verlag

Politik, Gesellschaft, Militär

Rüdiger Schönrade, *General Joachim von Stülpnagel und die Politik,* Berlin 2007.

Uwe Hartmann, *Innere Führung. Erfolge und Defizite der Führungsphilosophie für die Bundeswehr,* Berlin 2007.

Dietrich Ungerer, *Militärische Lagen. Analysen – Bedrohungen – Herausforderungen,* Berlin 2007.

Klaus M. Brust, *Söldner – Ausverkauf der Exekutive,* Berlin 2007.

Ingo Werners, *Fahren, Funken, Feuern. Hinweise für die Einsatzvorbereitung,* Berlin 2010.

Peter Heinze, *Bundeswehr „erobert" Deutschlands Osten,* Berlin 2010.

Reinhard Schneider, *Neuste Nachrichten aus unseren Kolonien. Pressemeldungen von den Aufständen in Deutsch-Ostafrika und Deutsch-Südwestafrika 1905-1906,* Berlin 2010.

Dieter E. Kilian, *Politik und Militär in Deutschland. Die Bundespräsidenten und Bundeskanzler und ihre Beziehung zu Soldatentum und Bundeswehr,* Berlin 2011.

Hans Joachim Reeb, *Sicherheitskultur als kommunikative und pädagogische Herausforderung – Der Umgang in Politik, Medien und Gesellschaft,* Berlin 2011.

Reiner Pommerin (ed.), *Clausewitz goes global. Carl von Clausewitz in the 21st Century,* Berlin 2011.

Hans-Christian Beck, Christian Singer (Hrsg.), *Entscheiden – Führen – Verantworten. Soldatsein im 21. Jahrhundert,* Berlin 2011.

Dieter E. Kilian, *Adenauers vergessener Retter – Major Fritz Schliebusch,* Berlin 2011.

Ingo Pfeiffer, *Gegner wider Willen. Konfrontation von Volksmarine und Bundesmarine auf See,* Berlin 2012.

Eberhard Birk, Heiner Möllers, Wolfgang Schmidt (Hrsg.), *Die Luftwaffe zwischen Politik und Technik. Schriften zur Geschichte der Deutschen Luftwaffe, Bd. 2,,* Berlin 2012.

Eberhard Birk, Winfried Heinemann, Sven Lange (Hrsg.), *Tradition für die Bundeswehr. Neue Aspekte einer alten Debatte,* Berlin 2012.

Holger Müller, *Clausewitz' Verständnis von Strategie im Spiegel der Spieltheorie,* Berlin 2012.

Dieter E. Kilian, *Kai-Uwe von Hassel und seine Familie. Zwischen Ostsee und Ostafrika. Militär-biographisches Mosaik,* Berlin 2013.

Jahrbuch Innere Führung

Uwe Hartmann, Claus von Rosen, Christian Walther (Hrsg.), *Jahrbuch Innere Führung 2009. Die Rückkehr des Soldatischen,* Eschede 2009.

Helmut R. Hammerich, Uwe Hartmann, Claus von Rosen (Hrsg.), *Jahrbuch Innere Führung 2010. Die Grenzen des Militärischen,* Berlin 2010.

Uwe Hartmann, Claus von Rosen, Christian Walther (Hrsg.), *Jahrbuch Innere Führung 2011. Ethik als geistige Rüstung für Soldaten,* Berlin 2011.

Uwe Hartmann, Claus von Rosen, Christian Walther (Hrsg.), *Jahrbuch Innere Führung 2012. Der Soldatenberuf zwischen gesellschaftlicher Integration und suis generis-Ansprüchen,* Berlin 2012.

Uwe Hartmann, Claus von Rosen (Hrsg.), *Jahrbuch Innere Führung 2013. Wissenschaften und ihre Relevanz für die Bundeswehr als Armee im Einsatz,* Berlin 2013.

Einsatzerfahrungen

Kay Kuhlen, *Um des lieben Friedens willen. Als Peacekeeper im Kosovo,* Eschede 2009.

Sascha Brinkmann, Joachim Hoppe (Hrsg.), *Generation Einsatz, Fallschirmjäger berichten ihre Erfahrungen aus Afghanistan,* Berlin 2010.

Schwitalla, Artur, *Afghanistan, jetzt weiß ich erst… Gedanken aus meiner Zeit als Kommandeur des Provincial Reconstruction Team FEYZABAD,* Berlin 2010.

Erinnerungen

Blue Braun, *Erinnerungen an die Marine 1956-1996,* Berlin 2012.

Harald Volkmar Schlieder, *Kommando zurück!,* Berlin 2012.

Harald Volkmar Schlieder, *Opa Willy. 1891 Dresden – 1958 Miltenberg. Von einem, der aufsteigen wollte. Eine sächsisch-deutsche Lebensgeschichte in Frieden und Krieg,* Berlin 2012.

Harald Volkmar Schlieder, *Mein Vater – Musiker und Offizier. 1918 Dresden – 1998 Miltenberg,* Berlin 2013.

Reinhart Lunderstädt, *Aus dem Leben eines Hochschullehrers. Persönlicher Bericht,* Berlin 2012.

Wulf Beeck, *Mit Überschall durch den Kalten Krieg. Ein Leben für die Marine,* Berlin 2013.

Romane

Christoph Karich, *Bewährung im Grünen Meer,* Berlin 2009.

Robert B. Thiele, *Die Treuhänderin,* Berlin 2012 (2013 als Paperback unter dem Titel „Der General" neu erschienen).

www.miles-verlag.jimdo.com